平等権

法の下の平等（第14条）包括的平等権 合理的差別は認める

両性の本質的平等（第24条）	婚姻生活における男女平等
教育機会の均等（第26条）	ひとしく教育を受ける権利」
選挙権の平等（第44条）	1人1票＋1票の価値の平等

請求権 ＝ 受益権

請願権（第16条）	行政腐敗の是正機能
国家賠償請求権（第17条）	公務員の不法行為についての国・地方の賠償責任（代位責任）
裁判を受ける権利（第32・37条）	裁判請求権
刑事補償請求権（第40条）	不当抑留・拘禁の後に無罪となった場合

参政権 ＝ 国民主権

間接

公務員の選定・罷免権（第15条）	─ 選挙権 ─ 被選挙権（立候補の自由）

直接

最高裁判所裁判官の国民審査権（第79条）	（任命後初の）衆議院総選挙の際
地方特別法の住民投票権（第95条）	国会議決＋住民投票
憲法改正の国民投票権（第96条）	国会発議（衆・参両議院総議員3分の2以上の賛成）

社会権 ＝ 作為請求権

生存権（第25条）
「健康で文化的な最低限度の生活」（プログラム規定説）

教育を受ける権利（第26条）	義務教育（無償）
勤労権（第27条）	職業紹介
労働基本権（三権）（第28条）	団結権・団体交渉権・団体行動権（争議権）

大学受験●名人の授業シリーズ

清水の
新 政治攻略

政治のしくみと時事

東進ハイスクール●講師
清水雅博

はじめに

清水の最新特別講義を誌上でバーチャル体験

～うわさの名講義で政治分野を攻略せよ！～

「基本的な制度・しくみの延長線上に，現実の時事問題がある」。この切り口が，数々の的中を生み出した。あの噂の名講義，"政治経済攻略"の政治分野を誌上で再現した。個人情報保護法と新しい人権，聖域なき構造改革としての道路公団民営化や郵政民営化，三位一体の改革と市町村合併，司法改革など，注目の時事テーマを鋭い切り口で解説した。全国の受験生に清水の講義を誌上でバーチャル体感してもらいたい。

最新の政治講義で政治分野の時事を押さえろ!!

～日本国憲法と政治のしくみでは，100点を狙え！～

日本国憲法の人権や統治は，出題パターンが決まっている。まずは，政治の"しくみ"を理解して出るパターンを確実に押さえて，とれる問題で100％得点することが合格への近道だ。その上で，最近注目されている時事的動きを勉強する。行政改革としての小さな政府論と聖域なき構造改革，司法改革，地方分権推進と三位一体の改革，選挙制度改革，いずれも"改革"が時事問題攻略のカギとなる。本書は，まさに今の"政治改革"の内容をわかりやすく解説した"最新の時事講義"だ!!

「政治経済」選択者はもちろん，センター「現代社会」選択者も必読!!

～「現代社会」の7～8割は「政治経済」分野からの出題だ～

センター「現代社会」の7～8割は，「政治経済」分野からの出題だ。「現代社会」でも単なる常識問題は減少し，正確な政治経済的知識と理解を問う出題が増加しつつある。特に，現代社会は，今，注目される時事テーマの基本的な流れを問うことが多いので，本書で時事対策をしてほしい。

Q&A方式で問題点と解答を明確化

～入試で問われるポイントをキーワードで押さえてしまえ！～

1）まず，各テーマごとに出題される問題点とポイントを明確化し，受験生の疑問点を指摘した。2）次に，その解答が的確にキーワードで示される。3）最後に，解答に至る理由づけが展開される。このパターンが，誌上講義の基本スタイルとなっている。この3つのパターンを守れば，政治分野の理論的思考方法は自然と身につくはずだ。

チェックで講義内容を確認し，例題で実戦力アップ

～各講の例題で私大・センター試験のマーク問題対策もバッチリ～

各講には，必ずチェックと例題が置かれている。誌上講義の理解度を試すための小テストの役割を果たしている。合格のための絶対条件は2つ。情報の"イン・プット（入力）"と"アウト・プット（出力）"だ。誌上講義を読んで内容を理解することでイン・プット，チェックで読んだ内容を思い出すことでアウト・プット。さらに例題で選択肢を読んで講義内容を正誤判定できるかをトレーニングすることで，マーク式の実戦力アップを図ってほしい。

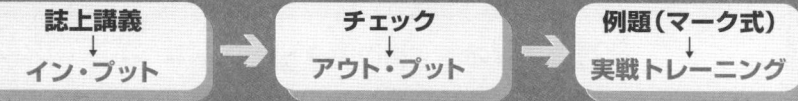

また，本書では『政経ハンドブック』『現社ハンドブック』の該当ページを表示した。本書と併せてハンドブックを読めば，実力は飛躍的にアップする。アウト・プット・トレーニングとしては，論点別出題分類で効率的に得点をアップさせる『政経問題集』『現代社会問題集』を活用してほしい。

最後に，清水の講義をぜひ体験して下さい。レギュラー講義は全ての論点を穴なく扱い，夏期・冬期講習では，憲法講義，問題演習，時事問題講座などの特別講義を行います（P.223参照）。

● 2007年9月　　清水 雅博

名人の授業シリーズ
清水の 新 政治攻略 ●政治のしくみと時事

目次
CONTENTS

はじめに ……………………………………………… ❷
本書の構成 …………………………………………… ❻
CHECK & INDEX …………………………………… ❷❷⓿

第1講 ●民主政治の基本原理

- テーマ1 国家の機能 ………………………………… ❽
- テーマ2 社会契約説 ………………………………… ❿
- テーマ3 民主政治 …………………………………… ⓮
- テーマ4 法の支配の歴史と現状 …………………… ⓲

第2講 ●基本的人権の歴史

- テーマ1 基本的人権の内容と歴史 ………………… ㉖
- テーマ2 人権の国際化 ……………………………… ㉜

第3講 ●各国の政治制度

- テーマ1 権力分立の考え方 ………………………… ㊵
- テーマ2 イギリスの政治機構 ……………………… ㊸
- テーマ3 アメリカの政治機構 ……………………… ㊻
- テーマ4 その他の国の政治機構 …………………… ㊿

第4講 日本国憲法の諸原理

- **テーマ1** 憲法の三大原理 …………………………… 58
- **テーマ2** 平和主義と有事立法 ………………………… 64
- **テーマ3** 基本的人権の尊重 …………………………… 70

第5講 日本の政治機構

- **テーマ1** わが国の三権分立 …………………………… 110
- **テーマ2** わが国の政治制度のしくみ ………………… 114
- **テーマ3** 司法改革と問題点 …………………………… 129

第6講 地方自治

- **テーマ1** 地方政治のしくみ …………………………… 138

第7講 選挙と政党

- **テーマ1** 選挙のしくみ ………………………………… 148
- **テーマ2** 政党と圧力団体の流れ ……………………… 156
- **テーマ3** 行政国家の問題点と改革 …………………… 162

第8講 国際政治

- **テーマ1** 国際社会と国際機構 ………………………… 178
- **テーマ2** 戦後の国際関係 ……………………………… 186

本書の構成

全8講が，それぞれ1〜4のテーマで構成されています。
導入→授業→確認→実戦という流れで，確実に理解できるようになっています。

この講義でのポイントをチェック。これから何を勉強していくのか，頭に入れてから授業に入りましょう。

導入

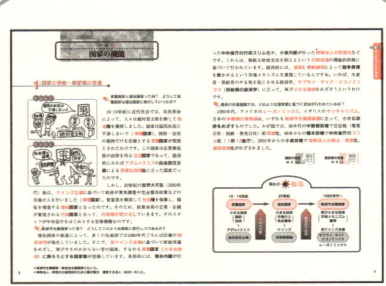

明解に授業が展開されていきます。イラストでイメージをつかみましょう。

授業

清水の **超 整理** は，授業の内容をビジュアル化。**CHECK** では赤シートを使って，さらに知識を確認します。

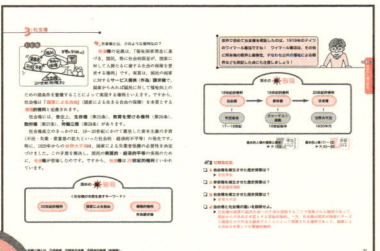

確認

『政経ハンドブック2007▶2009』『現社ハンドブック2007▶2009』の該当ページを表示。両書をうまく活用しましょう。

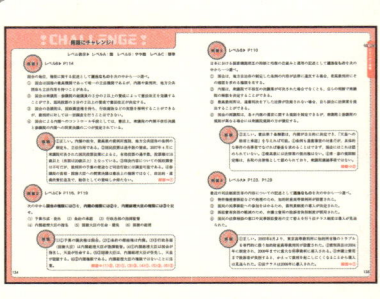

実際の入試ではどんなふうに出題されるのか？ 例題で演習して，実戦力を身につけていきます。

実戦

民主政治の基本原理

第 1 講

国家は国民の社会契約によって権力を与えられた以上、国民の人権を守る契約上の責任を負うはずです。夜警国家から福祉国家への役割の変化、自然権の保障を目的とする法の支配の原理は頻出ですね！

テーマ

1. 国家の機能
2. 社会契約説
3. 民主政治
4. 法の支配の歴史と現状

国家の機能

1：国家の機能〜国家観の変遷

夜警国家と福祉国家って何？　どうして夜警国家は福祉国家に移行していったの？

　18・19世紀に近代社会では，市民革命によって，人々は絶対君主制を倒して**自由権**を獲得しました。国家は国民生活に干渉しないで（**消極国家**），国防・治安の維持だけを任務とする**夜警国家**が理想とされたわけです。この国家は必要最低限の法律を作る**立法国家**であって，経済的にみれば**アダム＝スミス**の自由放任主義による**安価な政府**論に立った国家だったのです。

　しかし，20世紀の**世界大不況**（1930年代）後は，**ケインズ主義**に基づいて政府が景気調整や完全雇用政策などの市場介入を行いました（**積極国家**）。貧富差を解消して**社会権**を保障し，福祉を増進する**福祉国家**となったのです。そのため，政策当局の立案・企画が重視される**行政国家**となって，**行政権が肥大化**していきます。そのスタッフが中央省庁をはじめとする官僚機構なのです。

新保守主義国家＊って何？　どうしてこのような国家に移行しつつあるの？

　福祉国家の推進によって，多くの先進国では1980年代ごろには巨額の**財政赤字**が発生していました。そこで，**反ケインズ主義**に基づいて財政再建をめざし，再びカネのかからない昔の国家，すなわち**夜警国家（小さな政府）** に戻ろうとする国家観が登場しています。具体的には，**橋本内閣**が行

＊新保守主義国家…新自由主義国家ともいう。
＊特殊法人…特定の公益目的のために国が設立・運営する法人（会社）のこと。

った**中央省庁の行政スリム化**や，**小泉内閣**が行った**特殊法人の民営化**などです。これらは，無駄な財政支出を抑えるという**行政改革**の理論的根拠に基づいて行われています。経済的には，**減税**と**規制緩和**によって**競争原理**を働かせるという市場メカニズムを重視しているんですね。いわば，生産者・供給者のやる気を起こさせる経済学，**サプライ・サイド・エコノミクス**（**供給側の経済学**）に立って，再び**小さな政府**をめざそうというわけです。

最近の先進諸国では，どのような国家観に基づく政治が行われているの？

1980年代，アメリカの**レーガノミックス**，イギリスの**サッチャリズム**，日本の**中曽根行革路線**は，いずれも**新保守主義国家観**に立って，**小さな政府をめざす**ものでした。わが国では，80年代の**中曽根政権**で**三公社**（電電公社・国鉄・専売公社）の**民営**化，96年からの**橋本政権**で**中央省庁のスリム化**（**1府12省庁**），2001年からの**小泉政権**で**特殊法人の廃止・民営**化，**郵政民営**化がめざされました。

国家の機能	国家観の変遷
現社ハンドブック ▶▶ P.162	政経ハンドブック ▶▶ P.12

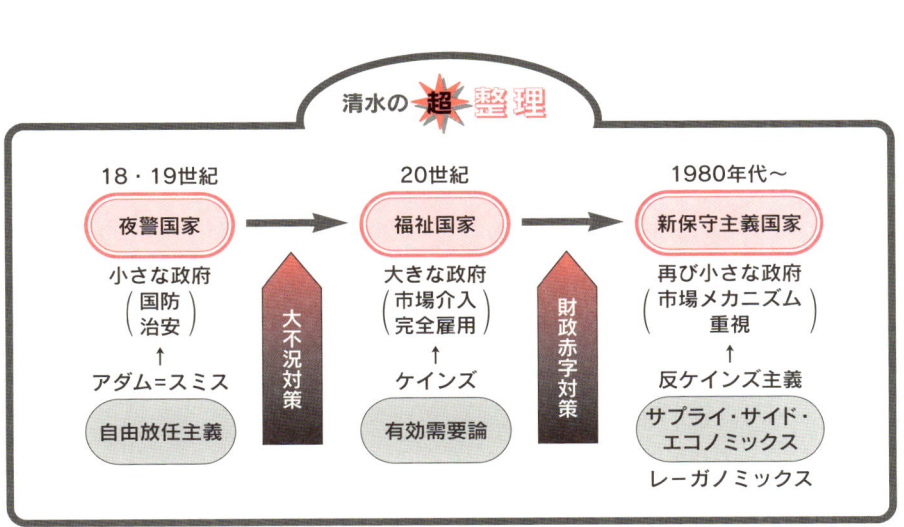

清水の超整理

18・19世紀	20世紀	1980年代〜
夜警国家	福祉国家	新保守主義国家
小さな政府（国防・治安）	大きな政府（市場介入・完全雇用）	再び小さな政府（市場メカニズム重視）
↑アダム＝スミス	↑ケインズ	↑反ケインズ主義
自由放任主義	有効需要論	サプライ・サイド・エコノミクス／レーガノミックス

（大不況対策 → 福祉国家 → 財政赤字対策 → 新保守主義国家）

テーマ2 社会契約説

1: 社会契約説〜ホッブズ，ロック，ルソー

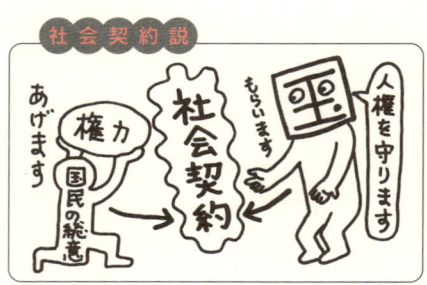

🖊 社会契約説ってどういう考え方なの？

　近代国家の権力はどのようにして与えられるのか，**国家権力が正当化される根拠**を考えていったのが**社会契約説**なんです。

　ホッブズ，ロック，ルソー＊の考え方の共通項は，**国民の総意によって国家に権力を与えた**ということです。この国民の総意のことを**社会契約**とよんだのです。国民は自らの人権を守ってもらうために国家に権力を与えた。よって，国家は国民の人権を守る義務を負うと考えていくのです。この考え方を最もよくあらわしているのが，**ロック**の考え方です。

> 中世の絶対君主制を支えたのは王権神授説です。国王の権限は神によって授けられた。ゆえに，国王の権限は絶対的とする，フィルマー『家父長制論』，ボシュエらの考え方です。社会契約説はこの王権神授説を批判して登場しました。

🖊 ホッブズ，ロック，ルソーの社会契約説の違いはどこにあるの？

　3人の考え方の違いは前国家的な自然状態における人間の捉え方と，社会契約の内容の違いにあらわれています。

🖊 ホッブズの社会契約説の内容は？

　ホッブズ（英・1588〜1679年）は，人間の自然状態を"**万人の万人に対**

＊代表作はそれぞれホッブズ『リバイアサン』(1651)，ロック『市民政府二論』(1690)，ルソー『社会契約論』(1762)。ロックの『市民政府二論』は，第一論では王権神授説（フィルマーの『家父長制論』を批判），第二論で自説の社会契約説を展開している。

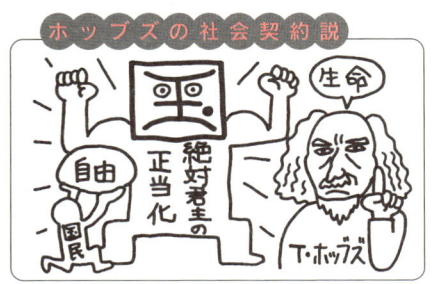

する闘争状態"と捉えました。いわゆる**性悪説**です。彼はイギリスのピューリタン革命期（1642～49年）を生きた人で，まさに血で血を洗うような革命を目のあたりにしてこう思った。「人間はなんて悪いものだ。殺し合いをしている」。だから彼にとって，国家とは何よりも**生命**を守ってくれるものでなければならなかった。そして「**生命を保全してもらうためには強い国家権力が必要だ**」と考えたのです。そこで彼は社会契約の内容を国民は理性の命令に従って**自らの自然権・主権を国家に全面的に譲渡・放棄**すべきだと捉えました。そこにおいては主権の委託・信託ではなく，全面譲渡でなければならなかった。こうして自然権と主権を譲り受けた国家がいわば国家主権を行使し，強い政治を行えば国民の生命を守れると考えたわけです。

しかし，**ホッブズの考え方には大きな矛盾がありました**。彼の考え方は**結果的に絶対君主制**を正当化してしまうのです。絶対君主は国民の人権を守るどころか逆に侵害してしまいますよね。

🖋 ロックの社会契約説の内容は？

ロック（英・1632～1704年）は，ホッブズを批判して人間の自然状態を"**自由・平等・平和**"と捉えました。いわゆる**性善説**です。しかし，たまに人のモノを盗む人がいる。そこでロックは「**財産権**と財産秩序の保護のために国家が必要だ」と考えた。国家はそんなに強い必要はなく，**国民は主権を自らが保有し，ただ主権の執行を国家に委託・信託すればよい**。これがロックの社会契約の内容なのです。だから，彼によると**主権**はあくまで**国民**にあり，国家は国民の**主権執行を委託**された信託**権力＝公共権力**にすぎない。国家は，国民の人権を守る契約上の義務を負うこと

になる。もし信託権力が国民の委託契約の趣旨に背いて人権侵害の政治を始めたとすると国民は委託契約を取り消すことができる。この**委託契約取消権**のことを彼は**抵抗権**[*1]とよんだのです。

そしてロックの考える国家は、国民の**委託**によって成立する国家なわけですから**間接民主制＝代表民主制**でした。つまり、主権者たる国民が議会議員に権力の執行を委託する国家です。ロックは**国民主権**、**間接民主制**を主張し、**抵抗権**を正当化した人物だとして入試に問われるのです。

ルソーの社会契約説

■ルソーの社会契約説の内容は？

ルソー（仏・1712～78年）も、ロックと同じく人間の自然状態を"**自由・平等・平和**"と捉えて**性善説**に立ちましたが、彼は個々人の**独立性・孤立性**を特に重視しました。守るべき権利は個々人が持つ**自由一般**であり、いわば個人の尊厳であった。ルソーはかなりの理想主義者[*2]であったといえます。彼によると**主権は個々の人民に存在する（人民主権）自らが行使するものであって、権力者に委託も信託も、ましてや譲渡・放棄もできない**と考えました。だから、ルソーは**人民主権**、**直接民主制**を主張したのです。ロックの国民主権・間接民主制と対比して覚えておきましょう！

ルソーによる**国家**は、主権を持つ個々の**人民の集合体**にすぎない。だからルソーの社会契約は、**集合する契約**となるわけです。ただし、自ら議決権を行使する際には自分勝手に利己心で議決するのではなく、全国民の公共的利益を実現する意思、すなわち**一般意思**に従って議決しなければならないとしました。

＊１…ロックの抵抗権思想によって正当化されたのが、イギリス市民革命の集大成、名誉革命（1688年）であった。

＊２…ルソーの全人民が政治参加し、全員が一般意思に従うという理想国家は、原始的で牧歌的な小さな共同体がモデルで現代巨大国家ではあり得ない。"自然へ帰れ"というルソーの言葉が彼の哲学を表している！　また、『人間不平等起源論』で不平等の原因は文明社会と財産であると唱え、文明社会と財産を否定した牧歌的な平等社会が人間の理想であるとしている。ここにおいては、人民主権・直接民主制が成り立つのである。

ロックの国民主権とはナショナル主権！ ナショナルとは代表者の意思を国民全体の意見とみることができるので、間接民主制を正当化しました。一方、ルソーの人民主権はピープル主権！ ピープルは人々であって、国家においては個々人が自ら主権を行使する以外に民主主義はあり得ないと考え、直接民主制を正当化しました。

社会契約説 ▶ P.164 【現社ハンドブック】　　社会契約説 ▶ P.14 【政経ハンドブック】

清水の超整理

	ホッブズ	ロック	ルソー
自然状態	闘争状態	自由・平等・平和	自由・平等・平和 独立
守るべき権利	生命	財産	自由一般
社会契約の内容	主権の譲渡・放棄	主権執行の委託・信託	主権者の集合・融合（一般意思に服従）
主権	国家主権	国民主権	人民主権
政体	絶対君主制	間接民主制	直接民主制

CHECK

☐ **1** ホッブズとロックは、それぞれ自然状態をどのように捉えたか。
▶ホッブズ ── 闘争状態，ロック ── 自由・平等・平和

☐ **2** ロックとルソーは、それぞれどのような民主制を想定したか。
▶ロック ── 間接民主制，ルソー ── 直接民主制

テーマ 2
民主政治

1:民主政治

市民革命後の近代国家ではどのような政治が行われているの？

　自由権という人権を確立すること，すなわち人権保障が近代国家の目的です。
　国民の人権を守るためには，**国民（人民）の，国民（人民）による，国民（人民）のための政治**を確立すること，すなわち**民主主義（デモクラシー）**の確立が必要ですね。政治の目的は，自由権などの人権保障で，その手段が民主政治とする考え方。これが***リベラル・デモクラシー（自由民主主義）**，自由を守るための民主主義という考え方ですね。

だから，自由民主主義という名前にはすばらしい歴史があるんですね。「自由民主党」も国民本位の政治をしないと，名前が泣きますよね！

現在の日本の政治のもとで民主主義・民主政治はどのように行われているの？

　もちろん現代は人口の多い巨大国家ですから，国民全員が政治の決定に議決権を行使するという直接民主制は，技術的に実行不可能です。ですから，ロック流の考え方に立って主権者たる国民が選挙によって代表者（議会議員）を選んで，代表者が基本的な政治決定を行う，つま

*リベラリズム…自由権を重視する考え方のこと。

り，**間接**民主制＝**代表**民主制を民主政治の基本にすえました。いわゆる**議会制**民主主義ですね。**間接**民主制を基本とする日本国憲法の条文をチェックしてみましょう。

> **憲法前文第1段** 日本国民は，正当に選挙された国会における**代表者**を通じて行動し，……ここに**主権が国民に存する**ことを宣言し，…
> **憲法第15条1項** **公務員を選定し，及びこれを罷免する**ことは，国民固有の権利である。
> **憲法第43条1項** 両議院は，**全国民**を**代表**する選挙された議員でこれを組織する。

ただし，全てを代表者に委ねる**間接**民主制にしてしまうと国民の利益が守られない可能性がある。ですから，**国政上，重要な3つのケース**については，国民自身で決定するという**直接**民主制を導入しています。

✏️ 日本国憲法に規定されている直接民主制を3つ教えて！

第1に，国の最高法規である**憲法**を改正する際の**国民投票**です。*

> **憲法第96条1項** この憲法の改正は，各議院の総議員の3分の2以上の賛成で，国会が，これを発議し，国民に提案してその承認を経なければならない。この承認には，特別の**国民投票**又は国会の定める選挙の際行はれる投票において，その**過半数の賛成**を必要とする。

```
衆議院（総議員の2/3以上の賛成）┐
                              ├→ 国会が発議 →  国民投票を実施
参議院（総議員の2/3以上の賛成）┘                過半数の賛成
```

第2に，特定の地方だけに適用される**地方特別法**を国会が制定する際の**住民投票**です。

> **憲法第95条** 一の地方公共団体のみに適用される特別法は，法律の定めるところにより，その地方公共団体の**住民の投票**においてその**過半数の同意**を得なければ，国会は，これを制定することができない。

```
国会の議決（法律案）       住民投票
（出席議員の過半数）   →   過半数の賛成
```

（**地方特別法の具体例**）
広島平和記念都市建設法，長崎国際文化都市建設法など，権利・義務をともなわない法律例がある。

---

*2007年，安倍内閣は憲法改正の国民投票法を制定。①投票年齢は18歳以上（当面は20歳以上），②有効投票の過半数，③関連事項ごとに○×方式，④議決成立のための最低投票率の規定なし，⑤3年後施行。

以上の2つは，国民ないし住民が投票で決定している点で**レファレンダム**（**国民表決**）の例ですね。

第3に，**最高裁判所の裁判官15人**（長官1人＋裁判官14人）**を対象とする国民審査**です。

> **憲法第79条2項** 最高裁判所の裁判官の任命は，その**任命後初めて行われる衆議院議員総選挙の際国民の審査**に付し，その後**10年を経過した後初めて行われる衆議院議員総選挙の際更に審査**に付し，その後も同様とする。

司法府のトップである**最高裁判所の裁判官**を，当該裁判官任命後，初めて行われる衆議院総選挙の際，**国民審査**にかけ，以後**10年ごとに審査を繰り返す**というものです。国民がクビを切れるという点で，**リコール**（**国民解職**）の具体例といえるでしょうね。

ただし，この国民審査は，ほとんど機能していません。なぜなら国民審査は，不適格と思う裁判官に×を記し，×が過半数を超えれば**罷免**となります。裁判官のことはよくわからない人は棄権して白紙で出すので，この白紙票は全て信任票に算入される。だから，過去，×が過半数を超えて罷免された裁判官は誰もいないのです。

直接民主制が少なすぎるのでは？

そうですね。国民が**リコール**できるのが**最高裁判所の裁判官**だけというのは，少なすぎるのではないでしょうか。わが国には，**国会議員リコール制もない**。ましてや**内閣総理大臣や国務大臣のリコール制もない**。つまり，政治腐敗をした国会議員や大臣をクビにする請求権すら国民に与えられていないのですね。しかも，**議院内閣**制であるため，行政府の長である**内閣総理大臣**も**国会で指名**する。2001年に小泉純一郎が首相に就任する前に，首相公選制※の導入を訴えていました。せめて，行政府の首長ぐらい国民が直接選挙で選べてよいのではないかという主張でしたね。

リコール以外にもう1つ，大きな問題点は，**国政上の重要議案について国民投票で決定できる制度がない**という点ですね。**2007年に成立した国民投票法**は**憲法改正**に限られています。

＊首相公選制…戦後，イスラエルで一時導入されたが，首相の所属政党と議会の多数派政党がくい違い，政局が混乱，停滞するという問題点も露出したため，廃止された。

フランス，スイス，北欧諸国など，多くのヨーロッパ諸国では，**重要政治問題についての国民投票**制が導入されています。重要問題ぐらいは，国民自身で決める。これは**民主主義**の大原則です。

ところが，日本には**国民投票制**がない。全て国会におまかせなんですね。だから1990年代半ばから，地方レベルで，重要問題について自主的な**住民投票条例**を作って住民の意見を聞いてみようという動きが加速しています。

ただし，**住民投票**の結果は，地方においては***条例**として法的拘束力を持つとしても，国に対しては何の拘束力も持たないんです。いわば国政に対する地域住民の民主的アピールにすぎない。ここに限界がありますね。

民主主義の形態　現社ハンドブック　▶▶ P.166　　民主主義の形態　政経ハンドブック　▶▶ P.16

清水の超整理

＜わが国に導入されている直接民主制度＞

	イニシアティブ 国民発案	レファレンダム 国民表決	リコール 国民解職
憲法		①地方特別法の**住民投票**（第95条） ②憲法改正の**国民投票**（第96条）	①最高裁判所裁判官に対する**国民審査**（第79条）
*地方自治法	①監査請求 ②条例の制定・改廃請求		①長・議員・役員に対する解職請求 ②地方議会に対する解散請求

＊最近では地方公共団体自身の判断で条例を制定して住民投票制を導入する例が増えている。これは条例によるレファレンダム制である。地方自治法上，認められたレファレンダムではない。

＊条例…地方がイニシアティブ（発案）を持って，地方（都道府県，市区町村）だけに適用されるルールを地方議会で作る場合。

法の支配の歴史と現状

1：国家支配の正統性

✏️ **政治権力に国民が納得するための国家支配の正統性は，どこにあるの？**

　支配の正統性を歴史的に分析した人にドイツの社会学者**マックス・ウェーバー**がいます。彼は，支配が正統化されてきたパターンには以下の3つの類型があると分析しました。

　第1が，**伝統的**支配。中世封建制の時代には，人々は，世襲制の国王に従うとか，キリスト教的な教会制度に従うといったように，**伝統に従って，支配に納得していた**んです。

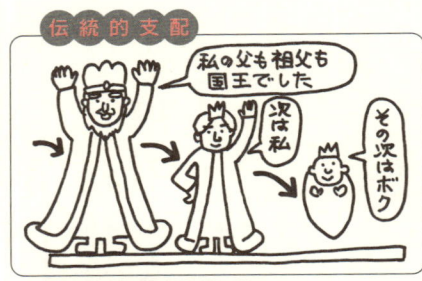

　第2が，**カリスマ的**支配。ナポレオンやヒトラーのように，天与の資質のある天才が登場し，あの人に従えば全てうまくいくと人々が信頼してしまう場合。いわば**独裁政治を民衆が支持した**という場合です。

　しかし，以上の2つが間違っていることは明らかですね。

　こうして登場した**第3**の考え方が，**合法的**支配。合理的な法律・ルールが作られ，そのルールに人々は従っていくという場合ですね。**議会制民主主義や現代の官僚制がその典型例**といえますね。私たちは，自分たちが選んだ代表者が作った合理的なルールだから，それに従ってい

＊マックス・ウェーバーは『支配の社会学』『経済と社会』の中で，合法的支配にも重大な落とし穴があることを指摘した。法の支配の名のもとに，「悪法」の支配が行われる危険性である。これが官僚制の

く。つまり，法の支配が行われるから，国家の政治権力に従っていくわけです。

だから，現代の政治というのは，国民代表議会による法律によって支配が行われる実質的法治国家となっているわけです。ここにいう，**実質的法治主義**は，入試でいえば，「法の支配」を意味しています。

2: 法の支配と法治主義

✏️ 「法の支配」と「法治主義」の概念の違いは？

入試で「法の支配」といっている**実質的法治主義**は，もともと**英米系の市民革命**の歴史の中で登場した考え方で，**人権保障を目的**としています。一方，入試で単純に「法治主義」といっている**形式的法治主義**は，もともと**19世紀ドイツ・プロシア**で登場した考え方で，目的は人権保障ではなく，むしろ国王による政治を円滑・効率的に国民に及ぼすために，**法律を利用する**という考え方があったのです。

✏️ 「法の支配」の定義は？

「法の支配」の定義は，人権保障を目的に，権力者の恣意的支配（人の支配）を排し，治者（権力者），被治者（国民）ともに**自然法・正義の法に拘束される**というものです。この原理の意義は，国家**権力者といえども正義の法に従って統治**をしなければならない という点にあります。「たとえ国王といえども神と法の下にあるべし」という13世紀の**ブラクトン**，17世紀の**エドワード・コーク**の考え方は，まさに権力者たる国王に向けられていた。国王といえども，人権保障を目的とした正義の法・自然法の支配を行わなければならないと唱えたのです。ここでいう「法」とは**自然法・正義の法**で，歴史的にはイギリス通常裁判所で確立された**判例法**＝「**コモン＝ロー**」を意味していました。

問題点なのである。大切なのは支配の手段となる「法」の内容の正しさなのである。

✎ 「法治主義」の定義は？

「**法治主義**」は，法律を道具として政治を行う方が効率的だとする**法治行政**のことです。法で支配を行うべきだとする点では「**法の支配**」と共通しますが，ここでいう「法」とは行政指針を示すものにすぎず，**法内容の正統（正当）性を要求しない**点で大きく異なります。だから「法」とは自然法・正義の法である必要はない。「**悪法といえども法なり**」に表されるように，たとえ悪法でも法に基づく政治を行えば足りるという「形式」が重視されるのです。

清水の超整理

	正義の法に基づく支配	法律による支配
	法の支配（rule of law） （イギリス・アメリカ・日本国憲法）	法治主義（rule by law） （プロシア憲法（独）・明治憲法）
目的	人権保障	行政の効率的運用
法内容	自然法・正義の法	悪法も法なり
法の規制対象	国家権力者（国王）・国民	一般国民
	◀「国王といえども神と法の下にある」	◀ 国民はたとえ悪法であっても法に従うべし
	↓	↓
	市民革命の原理	立憲君主制の原理

✎ 現在の日本国憲法にみられる「法の支配」の具体例は？

よく入試に出題される問題ですね！

人権保障を目的にする規定や権力者に正義の法の支配を要求する規定は，

すべて「**法の支配**」のあらわれといえます。

具体的には，①**違憲立法審査**制度（憲法第81条）。権力者たる国会議員が日本国憲法に定める基本的人権を侵害する悪法を作った場合，それを裁判所が違憲・無効と判断して排除する制度ですよね。②**公務員の憲法尊重擁護義務**（憲法第99条）。これも公務員＝権力者は憲法が定める人権を守れといっているわけですね。その他にも，③**基本的人権の不可侵性**（憲法第11条・第97条），④**法の下の平等**（憲法第14条），⑤**罪刑法定主義**（憲法第31条），⑥**租税法律主義**（憲法第84条）なども，**人権保障を目的とする自然法の支配**を要求している例といえます。

これに対して，明治憲法下の**臣民**の権利に付されていた「**法律の留保**」については，権利の制限は法律によるとしながらも，その法律は各種治安立法といわれる悪法であって，人権を制限することを目的とした法律にすぎなかったわけです。ですから，「**法律の留保**」は形式的「**法治主義**」の例となりますね。よく問われるポイントですから，注意してくださいね。

3：現在のわが国の法体系

✎ 現在の日本の法律の種類は，どう体系化されているの？

もちろん「**法の支配**」を行うわけですから，根本規範である**自然法**を**実定法**に高めています。

第1に，**自然法**というのは，**前国家的な理性の法**であり，国家成立以前から，人間の理性に基づいて当然守られるべき**自然権**を保障する**永久不変の法**と定義される。たとえば，人間の生命とか精神的自由といった当然の権利を保障する理性の命令なのです。

第2に，**実定法**というのは，国家が成立した後に人々が作り出した規範であることから，**後国家的な人為の法**と定義されます。ただし，人が作ったルールですから，条文があるとは限らない。**明確な法典を作って条文を置いてある法律を成文法**，明確な法典や条文はないけれど，みんなが守るべき掟のことを**不文法**といっています。

＊不文法には慣習法や判例法などがある。人々が繰り返し守ってきた掟のうち，法的確信が一般的にえられたものを慣習法とよんでいる。慣習法も実定法の1つであることに注意。

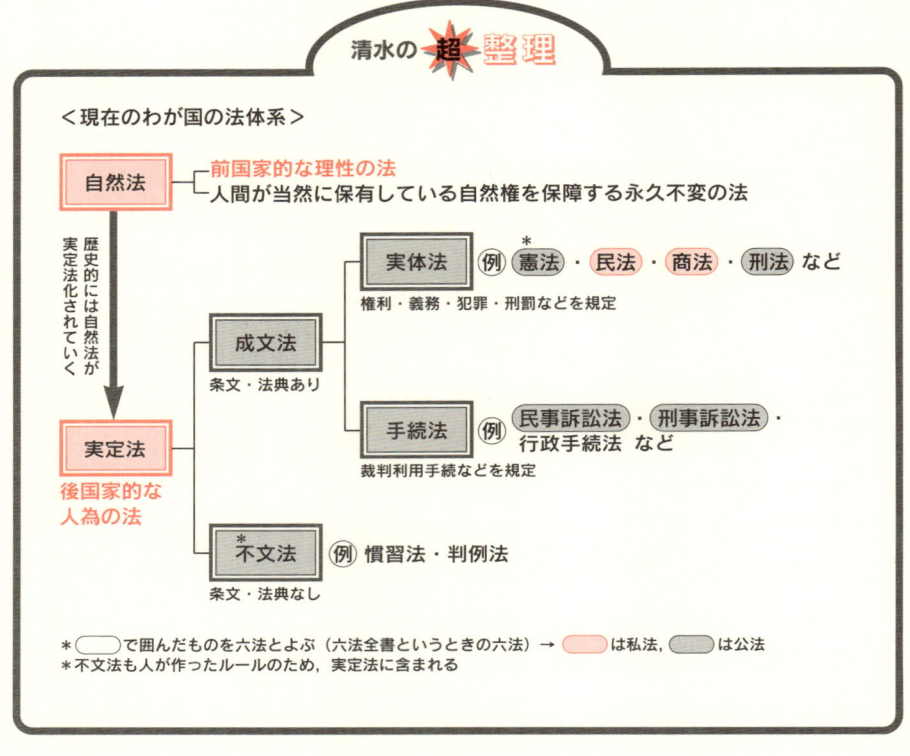

　もちろん,「**法の支配**」のもとでは,その**実定法**の内容が**自然法**に違反してはならないわけです。つまり,**自然法を実定法化する国家が支配の正統性を持つ**,これが「**法の支配**」の原理の核心なんですね。

　もし両者にギャップが生じたとき,つまり,自然法の内容に反した実定法が作られたとき,どうすればいいんでしょうか？ そう,それが**違憲立法審査**制度なんですね。裁判所が,悪法である実定法をチェックして,違憲・無効と判断して排除していく。司法,特に最高裁判所は"**憲法の番人**"なんですね。

✏️ 法律は「私法」「公法」と区別されることもあるけど,この２つはどう違うの？

　「**私法**」とは,私人と私人の権利義務を定めて,トラブルを解決する法律

＊私法の例…①民法（個人と個人の契約責任の問題や不法行為に対する損害賠償責任などを定めている），②商法（私企業と私企業の契約責任の問題や組織の問題を定めている）

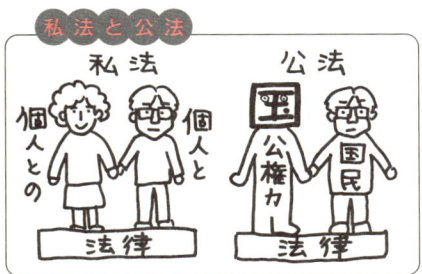

です。たとえば、六法の中の民法、商法が「私法」です。一方、「公法」とは、公権力（国・地方）と国民の権利義務の関係を定める法律です。たとえば、六法でいえば、憲法、刑法、民事訴訟法や刑事訴訟法が「公法」です。

最近、私法の公法化、公法の私法化が進んでいるって、どういう意味なの？

最近、私法と公法の中間に位置する中間法とよばれる社会法が作られているんです。これは、資本主義的な自由契約を認める市民法の中で、全く自由な契約を認めると経済的弱者に不利な契約が結ばれてしまう。だから**国が経済的弱者保護の観点から、契約自由の原則を修正して、契約内容の最低基準などを設定する法律（公法）を作って、私法の領域に介入**しているんです。たとえば、労働基準法や最低賃金法や独占禁止法、借地法、借家法などが典型例ですね。このような例は、公法が私法を修正しているので**公法の私法化**、あるいは、私法の領域が公法によって修正を受けているので**私法の公法化**とよばれています。

法の支配と法治主義　現社ハンドブック　▶ P.168
法の支配と法治主義　政経ハンドブック　▶ P.18

✍ CHECK

☐ **1** 六法を私法と公法に分割せよ。
　▶ 私法…民法、商法←私人間・私企業間の権利義務関係を定める
　　公法…憲法、刑法、民事訴訟法、刑事訴訟法←公権力と国民の関係を定める

☐ **2** 私法の公法化ないし公法の私法化とは何かを説明し、具体的法律を挙げよ。
　▶ 国が経済的弱者保護の観点から、契約自由の原則を修正し、契約内容の最低基準などを設定する法律（公法）を作って、私法の領域に介入する現象のこと。
　　労働基準法、最低賃金法、独占禁止法、借地法、借家法

＊公法の例…①憲法（公権力は個人の人権を侵害しないという形で、国民の基本的人権を守っている）、②刑法（犯罪者を公権力が逮捕し、社会から隔離して更生させるという点で、公権力と犯罪者個人との関係を定めている）、③民事訴訟法、刑事訴訟法（個人の公権力である裁判所の利用手続を定めている）

問題にチャレンジ！

レベル表示▶ レベルA：難　レベルB：やや難　レベルC：標準

例題1　レベルC▶ P8

国家の役割に関する記述として**適当でないもの**を次の中から一つ選べ。
① 近代国家は夜警国家であったが，現代国家は福祉国家である。
② 現代国家は，行政権よりも立法権の機能が拡大した立法国家である。
③ 財政赤字に悩む最近の国家は，再び小さな政府をめざしている。
④ 規制緩和を求める最近の動きは，競争原理を重視する反ケインズ主義者によって主張されている。

解説　②誤り。夜警国家が立法国家。現代の福祉国家では政策の企画・立案を行う行政権が肥大化し，行政国家化が進んでいる。①正しい。③1980年代以降，小さな政府論が登場し，行政スリム化が進められている。④政府の認許可を減らして民間の自由競争を認めることを規制緩和という。ケインズの市場介入に反対する反ケインズ主義の主張である。　**解答⇒②**

例題2　レベルB▶ P10，P19

国家の支配や民主政治のあり方に関する記述として**適当なもの**を次の中から一つ選べ。
① 社会契約説は，天賦人権思想を批判して登場し，国家権力の根拠を人々の合意に求めて，民主主義を正当化した。
② ロックは人民主権に基づく直接民主制を主張したのに対して，ルソーは国民主権に基づく間接民主制を主張した。
③ 法の支配は，公権力は法律に基づいて支配を行えば足りるとする法治主義を批判し，悪法による支配を認めない考え方である。
④ 実定法とは，実際に法律に定められた法律のことであるから，判例法や慣習法などを含まない。

解説　③正しい。自然法・正義の法の支配を権力者に要求。①王権神授説を批判して登場。アメリカの天賦人権論は，むしろ社会契約説の自然法思想を徹底させ，人権の不可侵性を重視した。②ルソーが人民主権・直接民主制を主張し，ロックが国民主権・間接民主制を主張。④実定法は，人が定めた掟で，成文法のみならず不文法（判例法や慣習法）も含む。　**解答⇒③**

基本的人権の歴史

第2講

国内人権の確立した順序，18世紀：自由権→19世紀：参政権→20世紀：社会権を押さえ，自由権＝消極的権利，参政権＝能動的権利，社会権＝積極的権利の違いを理解しよう！　人権の国際化を進める個別条約もよく出題されるので，要チェックだ！

テーマ

1 基本的人権の内容と歴史

2 人権の国際化

基本的人権の内容と歴史

1: 自由権

✎ 自由権とは、どのような権利なの？

　自由権の定義は、「国家権力、特に行政権による国民生活への介入を排除することによって個人の自由を実現する権利」です。「国家からの自由」を本質とする消極的権利ともいえます。国家、たとえば国王が、国民の生活に干渉せずに国民が国家から解放されたとき、国民は自由を獲得するのですから、自由権は消極的権利ともよばれるのです。

　17〜18世紀の市民革命を経て確立されたことから、自由権は18世紀的権利ともよばれます。国民は市民革命によって国王を倒して、①精神的自由、②経済的自由、③人身の自由という3つの自由を手に入れたわけです。

　自由権獲得の歴史背景が市民革命であったということを押さえましょう。

　イギリスは、13世紀のマグナ・カルタ以来、国王に対して自然法に基づく法の支配を要求して、17世紀に発生したピューリタン革命、名誉革命という2度の市民革命によって絶対君主制を倒しました。その結果、17世紀末には権利章典（1689年）が採択され、自由権と民主政治を獲得しました。

　次に、アメリカは、イギリスで弾圧されていたピューリタン（純粋なキリスト教徒）たちが信教の自由などの精神的自由を求めて作った国です。だから、18世紀のアメリカ独立戦争（イギリスの植民地支配からの解放と独立を求めた）中に採択されたバージニア権利章典やアメリカ独立宣言（いずれも1776年）には、自らの自由は天（キリスト教の神）が与えてくれ

た生まれながらの権利であるとする**天賦人権性**が高らかに宣言されているのです。国王に対して自然権を認めさせたイギリスとは異なり，アメリカでは人権の天賦人権性，不可侵性，自然権性が強調されていたのです。

清水の超整理

イギリス

1215年	マグナ・カルタ	国王に対して不当課税や不当逮捕を止めるように要求。（財産の自由，人身の自由を要求→法の支配を要求）*1
1628年	権利請願	マグナ・カルタと同じ法の支配を要求
1642〜49年	ピューリタン革命（清教徒革命）	清教徒が国王に信教の自由を要求
1688年	名誉革命	信教の自由や財産の自由を求めて革命　← ロックが抵抗権によって正当化
1689年	権利章典	─自由権　請願の自由，信教の自由，人身の自由，財産の自由などを規定 ─民主政治（王権制限　→　議会主権の確立）　立法権　課税権

アメリカ

1775〜83年	アメリカ独立戦争	イギリス本国の植民地支配（不当課税）に対抗して独立を求める*2
1776年6月	バージニア権利章典（州憲法）	天賦人権，生来的権利を明記した世界初の近代的成文憲法
1776年7月	アメリカ独立宣言	天賦人権，生来的権利を明記した歴史文書。幸福追求権や抵抗権を明記。「われわれは自明の真理として，すべての人は平等に造られ，…天賦の権利を付与され…」
1787年	アメリカ合衆国憲法	当初，連邦政府などの統治規定のみ。後に，修正憲法という形で人権（自由権）規定を追加した。

フランス

1789年	フランス革命	絶対君主制に基づく不平等な身分制社会（アンシャン・レジーム）を倒した激烈な革命*3　← 農民・労働者・学生などが中心
1789年	フランス人権宣言	自由権と平等，所有権の神聖不可侵性，抵抗権を明記。「人は自由かつ権利において平等なものとして出生し，かつ生存する」（第1条）

＊1…法の支配の要求として，「罪刑法定主義」（犯罪と刑罰はあらかじめ法律に明記せよ），「租税法律主義」（税金に議会が制定する法律によって課すべし）＝「承諾なくして課税なし」が求められた。
＊2…アメリカ独立戦争を正当化したのは，トマス・ペインの『コモン・センス』（常識論）。「代表なくして課税なし」を要求。
＊3…フランス革命を正当化したのは，シェイエスの『第三身分とは何か』である。答えはゼロであるとした。

市民革命の順序は，イギリス（17世紀）→アメリカ（18世紀）→フランス（18世紀）！
フランス人権宣言（1789年）は自由と平等を明記し，自由権の集大成といわれています。

清水の 超 整理

＜自由権の本質を表すキーワード＞

| 18世紀的権利 | 国家からの自由 | 消極的権利 |

＊不作為請求権

＊自由権は，国民が国家に干渉しないことを求める点で，不作為請求権という性質を持っている。

2：参政権

参政権

国民が国政に参加する権利

選挙権　選挙権　被選挙権　普通選挙

 参政権とは，どのような権利なの？

　参政権とは，「国民が国政に参加する権利」で，「**国家への自由**」を本質とする**能動**的権利です。もともとは，主権者が主体的・能動的に考えて代表者を決定し，選挙によって政治を委任するという選挙権や被選挙権（立候補する権利，議員となれる権利）を意味していました。参政権，特に**選挙権獲得の歴史背景は普通選挙運動**だということを押さえてください。

　普通選挙制度とは，一定年齢に達した全ての人々に選挙権・被選挙権を与える選挙制度のことです。具体的には，財産・性別資格制限の撤廃を意味します。この普通選挙要求運動が19世紀に盛んになったことから，**参政権は19世紀的権利**といわれています。

＊女性に選挙権を与えることは男女普通選挙である。男女平等選挙という表現は誤りなので注意。

清水の超整理

<選挙権の歴史>

1837〜48年	イギリス	チャーチスト運動←世界初の選挙権要求運動 ・男子普通選挙・平等選挙などが要求された
1848年	フランス	男子普通選挙制度←世界初の男子普通選挙
1893年	ニュージーランド	女子選挙権←世界初の女子選挙権
1918年	イギリス	男子普通選挙制度
1919年	ドイツ	ワイマール憲法 ・男女普通選挙・平等選挙を規定
1928年	イギリス	男女普通選挙制度
1971年	スイス	女子選挙権を認める←女子選挙権の確立は極めて遅かった

日本では，1925年に25才以上男子普通選挙制が確立しました。女子選挙権は戦前には認められておらず，戦後1945年に，やっと認められたんです。

清水の超整理

<参政権の本質を表すキーワード>

19世紀的権利　　国家への自由　　能動的権利
　　　　　　　　　　　　　　　　選挙権・被選挙権

3: 社会権

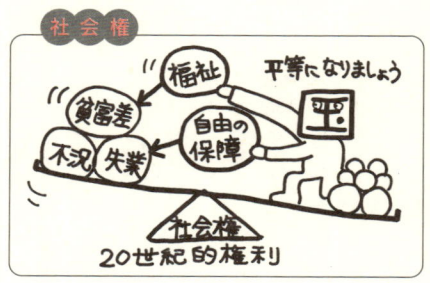

🖊 社会権とは、どのような権利なの？

　社会権の定義は、「福祉国家理念に基づき、国民、特に社会的弱者が、国家に対して人間たるに値する生活の保障を要求する権利」です。実質は、国民の国家に対する**サービス提供（作為）請求権**で、国家からみれば国民に対して福祉向上のための諸条件を整備することによって実現する権利といえます。ですから、社会権は「**国家による自由**」（国家による生きる自由の保障）を本質とする**積極**的権利と定義されます。

　社会権には、憲法上、**生存権**（第25条）、**教育を受ける権利**（第26条）、**勤労権**（第27条）、**労働三権*** （第28条）があります。

　社会権成立のきっかけは、19～20世紀にかけて露呈した資本主義の矛盾（不況・失業・貧富差の拡大といった社会的・経済的不平等）の発生です。特に、1929年からの**世界大不況**は、国家による失業者保護の必要性を決定づけました。この矛盾を解決し、国民の**実質的・経済的平等**の実現のために、**社会権**が登場したのです。ですから、**社会権は20世紀的権利**といわれています。

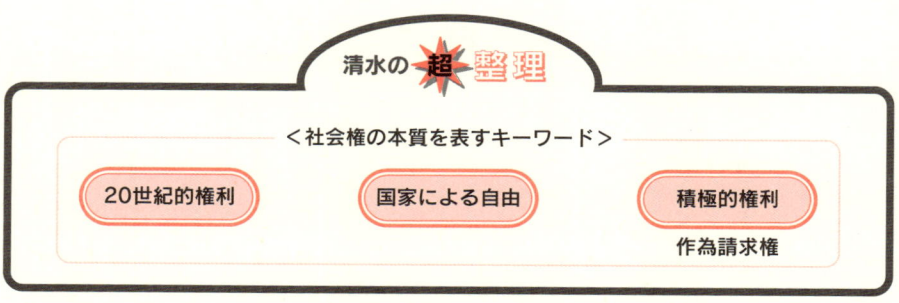

＊労働三権とは、①団結権、②団体交渉権、③団体行動権（争議権）。

世界で初めて社会権を明記したのは，1919年のドイツのワイマール憲法ですね！ ワイマール憲法は，その他に所有権の限界と義務性，すなわち公共の福祉による限界なども明記した点にも注意しましょう！

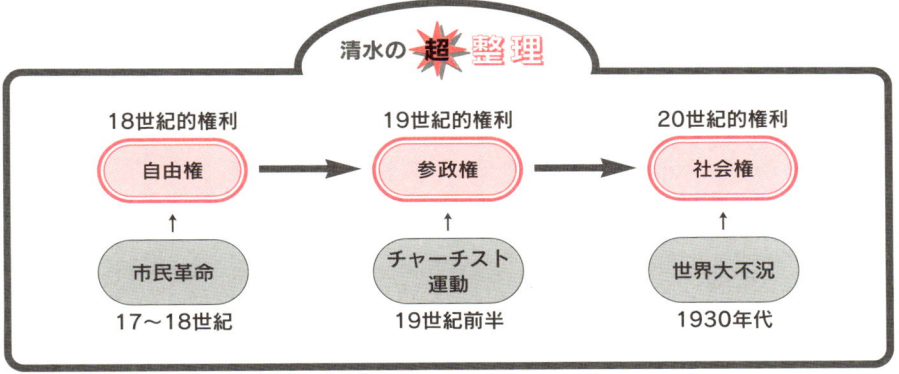

基本的人権の種類と歴史　現社ハンドブック ▶▶ P.170

基本的人権(1)～(3)　政経ハンドブック ▶▶ P.20～25

CHECK

☐ **1** 自由権を確立させた歴史背景は？
　▶ 市民革命

☐ **2** 参政権を確立させた歴史背景は？
　▶ 普通選挙運動

☐ **3** 社会権を確立させた歴史背景は？
　▶ 世界大不況

☐ **4** 自由権と社会権の違いを説明せよ。
　▶ 自由権は国家の国民生活への干渉を排除することで保障される権利であって，国家からの自由を本質とする消極的権利。一方，社会権は国民が国家にサービス提供などの作為を請求することによって保障される権利であって，国家による自由を本質とする積極的権利

テーマ2 人権の国際化

1：国際化の意義

📝 人権の国際化ってどういう意味？

自由権→**参政**権→**社会**権の登場は，国内の政治においての人権保障の話だったですね。でも，世界中には人権意識のない国や，人権保障を確立する民主的な政治体制ができていない国も多いですよね。

そこで第二次世界大戦後には，**国連を中心**に人権を世界各国に拡大するという考え方が登場しました。その目的は，**戦争の防止と平和の実現**にあります。そもそも，人権無視国が世界侵略を行うという事実は，歴史経験則といえるでしょうね。だって，戦争は人を無差別に殺すという最大の人権侵害ですからね。では，**世界平和を実現するには**，どうすればいいか？ それは戦争原因を取り除くこと，つまり，**まず各国国内で人権を確立し，世界中で人権意識を高めること**だと考えた。これが，人権の国際化の意味なんですね。

つまり，**人権意識が世界中で確立されれば，世界侵略を防止することができる**というわけですね。

📝 人権国際化を最初に唱えたのは誰？

1941年，アメリカ大統領**フランクリン・ルーズベルト**が議会への教書で述べた「**4つの自由**」に始まるといわれています。

彼は世界侵略をする野蛮な国家から，**4つの自由**を守る必要があると述べた。それが①**言論の自由**，②**信仰の自由**，③**欠乏からの自由**（生存権），④**恐怖からの自由**

（平和的生存権）でした。いわば，自由を守るための戦争という大義名分で第二次大戦を開始したんですね。もっとも，人権の国際化を平和の基礎とする発想は，第二次大戦後に本格化したんですけどね。

世界人権宣言(1948)って何？

まずは，**世界人権宣言**の意義から押さえていきましょう。**大西洋憲章（1941年）**や**国際連合憲章（1945年）**で人権尊重が唱えられてきた中で，その集大成として国連総会で採択されました。意義は「**人権保障の国際基準を世界に示したこと**」にあります。宣言には，**世界平和実現のためには人権尊重が不可欠であることを明言**すると同時に，**生存権（社会権）**なども規定しました。ただし，世界人権宣言の限界・問題点は**単なる宣言**にすぎず，**法的拘束力を持たない**という点にあります。

国際人権規約(1966採択，76発効，79日本批准)って何？

「**世界人権宣言を条約に高め，各国に対して法的拘束力を付与した**」点に**国際人権規約**の意義があります。

この規約は「**経済的・社会的及び文化的権利に関する国際規約（A規約）**」，「**市民的及び政治的権利に関する国際規約（B規約）**」，B規約の**選択議定書**の3つからなります。A規約は社会権を，B規約は自由権・参政権を，**第一選択議定書**はB規約に定められた権利を，所属の国家によって侵害された個人が，規約**人権委員会**に対して救済申立できることを規定しています。

ただし，これも条約なので，批准しない国家に対して法的拘束力を持たないという点に限界があります。また，**留保批准**（規約全体は批准しても一部については批准しない）を行えば，その国家にとって都合の悪い人権規定については，保障義務を逃れることができてしまいます。

第一選択議定書は，人権を所属国家から侵害された者の**個人通報制度**を定めていますが，日本はこれを批准していませんから，日本国民は日本国政府から人権侵害を受けても規約**人権委**

員会に通報して救済の申立をすることができないことになります。これは大問題ですね。早期の批准が望まれます。

ちなみに，第二選択議定書は「死刑廃止条約」ですが，わが国は，これも批准していませんね。わが国は死刑存置国であることから考えれば批准していないことは，わかりますよね。

日本は，①公務員の争議権，②高等教育の無償化，③休祝日の給与，④選択議定書などの批准を留保しています。④によって，日本国民は人権委員会に救済申立ができないのは問題点ですよ。

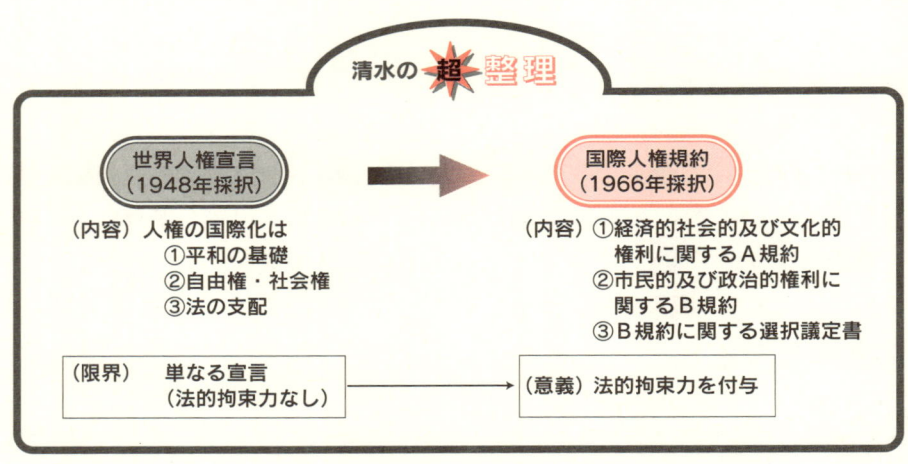

清水の超整理

世界人権宣言
（1948年採択）

（内容）人権の国際化は
　　　①平和の基礎
　　　②自由権・社会権
　　　③法の支配

（限界）　単なる宣言
　　　　（法的拘束力なし）

→

国際人権規約
（1966年採択）

（内容）①経済的社会的及び文化的
　　　　　権利に関するA規約
　　　　②市民的及び政治的権利に
　　　　　関するB規約
　　　　③B規約に関する選択議定書

（意義）法的拘束力を付与

2: 人権の国際化を進める個別条約

個別に特定の人権について国際化を進めるための条約にはどのようなものがあるの？

条約はたくさんあります。入試としては日本がその条約を批准して加入しているか否か，批准したとしてどのような国内法を制定したかが問われ

やすいです。

　日本が批准した条約は，以下の通りです。条約を国内に施行する国内法の名称も押さえてくださいね。

清水の超整理

＜人権の国際化を進める個別条約＞

難民の地位に関する条約　（1951年採択・54年発効）　1981年 日本批准

政治難民（亡命者）・戦争難民を保護する義務←経済難民は認めない！
難民を迫害の待つ国に強制送還することを禁止（ノン・ルフールマン原則）
[国内法] 出入国管理及び難民認定法（1982年）

人種差別撤廃条約　（1965年採択・69年発効）　1995年 日本批准

人種差別問題の少ない日本は批准が遅れた
[国内法] 北海道旧土人保護法を廃止→アイヌ文化振興法（1997年）を制定

女子差別撤廃条約　（1979年採択・81年発効）　1985年 日本批准

1976〜85年　国連婦人の10年の最中に採択
[国内法] ①男女雇用機会均等法制定（1985年制定・86年施行）
　　　　女子に対する就職・昇進・待遇上の差別禁止
　　　　事業主の努力規定→差別禁止義務規定（違反事業主の実名公表）
　　　　（1985年制定）　（1997年改正・99年施行）

②国籍法改正（1984年改正・85年施行）
　日本国籍取得の条件
　「父系血統主義」→「父母両系血統主義」
　　（父が日本人）　　（父または母が日本人）

子どもの権利条約　（1989年採択・90年発効）　1994年日本批准

18歳未満の児童の権利。生存権，プライバシーの権利，虐待からの解放など人格権，精神的自由を保障
[国内法] 日本は批准当初，日本では子どもの人権は守られているから国内法制化は不要としていた。後に教育関係法規を改正し，「児童生徒の人権に十分配慮する」という文言を努力規定として追加

わが国が批准していない条約に注意しよう！ 死刑廃止条約（国際人権規約第二選択議定書）と集団殺人を禁止するジェノサイド条約の2つです。

人権の国際化　**現社**ハンドブック
▶▶ P.172

人権の国際化　**政経**ハンドブック
▶▶ P.26

✎ CHECK

☐ **1** 世界人権宣言と国際人権規約の性質上の相違点を説明せよ。
　▶世界人権宣言－単なる宣言，国際人権規約－法的拘束力を持った条約

☐ **2** わが国が現在批准していない人権に関する条約を2つ答えよ。
　▶ジェノサイド条約，死刑廃止条約

☐ **3** わが国が以下の条約を批准するに際して，制定あるいは改正した法律の名称をそれぞれ1つずつ答えよ。
　（1）難民の地位に関する条約
　（2）人種差別撤廃条約
　（3）女子差別撤廃条約
　▶（1）出入国管理及び難民認定法，（2）アイヌ文化振興法，（3）男女雇用機会均等法（または国籍法）

問題にチャレンジ！

レベル表示▶ レベルA：難　レベルB：やや難　レベルC：標準

例題1　レベルC▶ P26

以下の語句のうち，**自由権に関するものには**①を，**参政権に関するものには**②を，**社会権に関するものには**③を記せ。

(1) 能動的権利　　(2) 消極的権利　　(3) 積極的権利
(4) 国家による自由　(5) 国家からの自由　(6) 国家への自由

解説　自由権は「国家からの自由」を本質とする「消極的権利」。参政権は「国家への自由」を本質とする「能動的権利」。社会権は「国家による自由」を本質とする「積極的権利」。

解答⇒ (1)②，(2)①，(3)③，(4)③，(5)①，(6)②

例題2　レベルC▶ P27

人権に関する歴史文書の採択された年代の早い順序に並べたものとして**適当なもの**を次の中から一つ選べ。

① バージニア権利章典→アメリカ独立宣言→権利章典→フランス人権宣言
② フランス人権宣言→アメリカ独立宣言→権利章典→バージニア権利章典
③ アメリカ独立宣言→バージニア権利章典→フランス人権宣言→権利章典
④ 権利章典→バージニア権利章典→アメリカ独立宣言→フランス人権宣言

解説　人権に関する歴史文書は，イギリス→アメリカ→フランスの順である。イギリス権利章典（1689年），バージニア権利章典（1776年6月），アメリカ独立宣言（1776年7月），フランス人権宣言（1789年）。

解答⇒④

例題3 レベルB ▶ P29

選挙に関する記述として**適当でないもの**を次の中から一つ選べ。
① 男子の普通選挙を世界で初めて確立したのは、フランスである。
② 女子の選挙権を世界で初めて確立したのは、ドイツのワイマール憲法である。
③ 女子の選挙権を認めたのが1970年代と極めて遅いのは、スイスである。
④ 日本は戦前に男子普通選挙を確立したが、女子の選挙権を認めたのは戦後である。

解説 ②誤り。女子の選挙権、世界初はニュージーランド（1893年）。①男子普通選挙、世界初はフランス（1848年）。③スイスが女子選挙権を認めたのは1971年。④日本は1925年に男子普通選挙を確立した。女子選挙権は戦後の1945年。　　　　　　　　　　　　　　　**解答⇒②**

例題4 レベルA ▶ P33

人権に関する国際的な文書の説明として**適当でないもの**を次の中から一つ選べ。
① 難民条約は、難民の母国への送還が最も効果的な救済方法だとし、締約国での住居提供などの保護措置を補完的措置としている。
② 世界人権宣言は、世界的なレベルでの人権保障をめざした最初の国際的文書であり、すべての人間は、生まれながらにして自由であり、尊厳および権利について平等であることを規定している。
③ 国際人権規約には、「経済的、社会的および文化的権利に関する国際規約（社会権規約）」と「市民的および政治的権利に関する国際規約（自由権規約）」があり、両方とも締約国に法的拘束力を持つ。
④ 女子差別撤廃条約は、男女平等社会の実現を目的とするものであり、締約国に対して、平等を促進する法律の整備を義務づけるとともに、差別的な慣行を撤廃するように求めている。

解説 ①誤り。「難民の地位に関する条約」では、難民の保護を第一と考える。母国への強制送還では、難民の保護にならない。②世界人権宣言は1948年に国連総会で採択。人権の国際化の考え方を初めて規定。③国際人権規約は、1966年に採択、76年に発効。世界人権宣言を条約化して法的拘束力を付与するのが目的。④女子差別撤廃条約は、1979年に採択、81年に発効。各国に女子差別を撤廃する努力義務を課す。　　**解答⇒①**

第3講 各国の政治制度

ロック流の立法府優位の三権分立制を導入したイギリス議院内閣制とモンテスキュー流の厳格な三権分立制を導入したアメリカ大統領制の違いを理解しよう。大統領制と議院内閣制を複合させたフランスやドイツの政治機構にも注意。

テーマ

1. 権力分立の考え方
2. イギリスの政治機構
3. アメリカの政治機構
4. その他の国の政治機構

テーマ 1 権力分立の考え方

1：権力分立の必要性

チェック=アンド=バランス

✏️ **そもそも権力分立とは？**

　有名な**モンテスキュー**の言葉に「権力の集中は濫用を招く。絶対的権力は絶対的に腐敗する」とあります。権力が1人または特定の階級に集中すると、権力者は自らの利益追求を優先し、大多数の国民の利益を犠牲にしてしまうことは歴史上の経験則なんです。だから、権力を分けて権力を分立することと、権力相互の監視によって濫用を防ぐことが必要となる。つまり、**権力相互の抑制と均衡**（チェック=アンド=バランス）によって権力濫用を防ぎ、国民の自由を守る。つまり、権力分立は**自由主義**原理のあらわれなんです。

> もともと権力分立という概念は広く、狭義では三権分立を、広義では国会の二院制（上院 vs 下院）、地方政治（中央政府 vs 地方政府）、裁判所の審議制度（三審制）、行政委員会制度（内閣 vs 行政委員会）なども含みます。

2：権力分立を主張した思想家

✏️ **世界で初めて権力分立を唱えた人物は？**

　答えは議会政治の母国**イギリス**の**ハリントン**。彼は、議会を2つの院に分けて、**提案・審議の院**と**議決の院**とすれば、悪法の制定を防げると考え

ました。提案の院は，自分に有利な法案を提出しても，議決の院に否決されてしまう。また，議決の院は，自ら法案は提出できない。これで自分たちに有利な法案は最初から出てこないので，公正な議決ができるわけです。

三権分立を初めて唱えた人物は？

答えは**イギリス**の**ロック**。**ロック**は国家権力を**立法**権，**執行**権，**同盟**権（連合権ないし**外交**権）の３つに分けました。この三権のうち，国民の代表からなる議会に優越的地位があるとする**立法**権優位の**三権**分立論を唱えたんです。ただし，国王に**執行**権と**同盟**権が属し，**議会**に**立法**権が属すると考えた点で，**国王 vs 議会**の**二権**分立だと捉えることもできます。

ですから入試の正誤判定では，「ロックは世界で初めて三権分立を唱えた」ときても〇，「ロックは世界で初めて二権分立を唱えた」ときても〇と判断します。評価しているレベルが異なるだけのことですね。

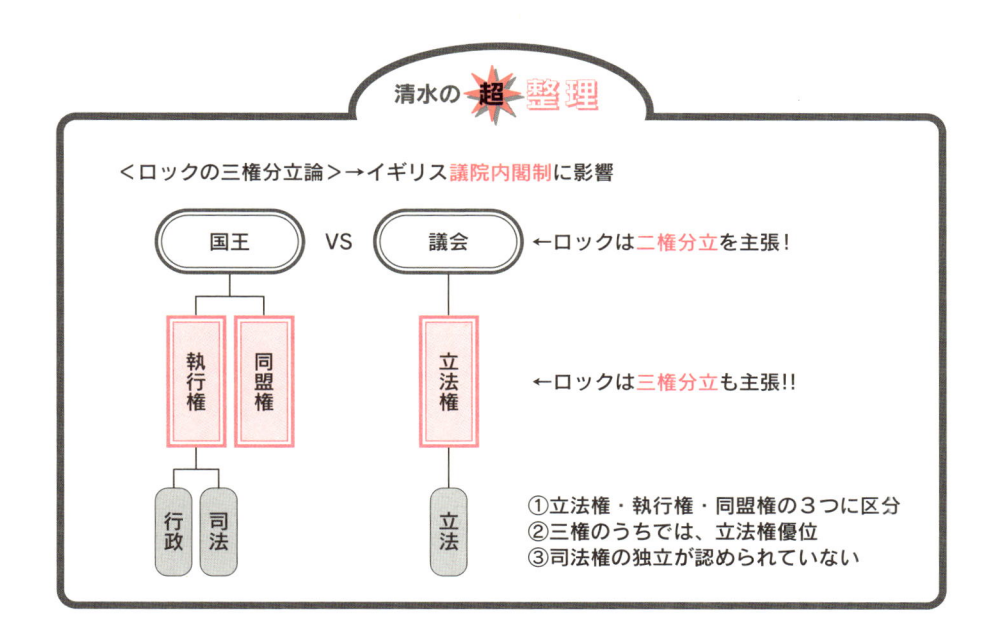

清水の超整理

＜ロックの三権分立論＞→イギリス議院内閣制に影響

国王 VS 議会　←ロックは**二権分立**を主張！

執行権・同盟権　｜　立法権　←ロックは**三権分立**も主張!!

行政・司法　｜　立法

①立法権・執行権・同盟権の３つに区分
②三権のうちでは，立法権優位
③司法権の独立が認められていない

ロックの三権分立論は，国民代表の議会すなわち**立法権が優越的地位にあり，行政権などを掌握する執行権をコントロールする**というしくみにつながります。それが，**イギリス議院内閣**制ですね。

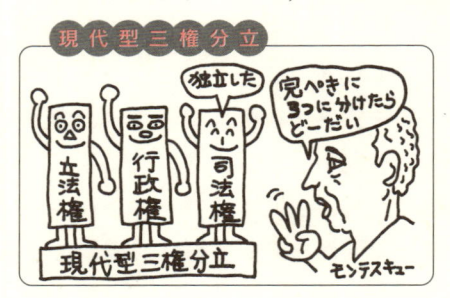

現代型三権分立を初めて唱えた人物は？

答えはフランスの啓蒙思想家**モンテスキュー**（『**法の精神**』）。**立法**権，**行政**権（執行権），**司法**権（裁判権）という現代型の厳格な**三権**分立論を唱えたことで有名な人です。

ロックとの違いは，**司法**権（裁判権）を独立させたという点と，立法権優位ではなく**三権は対等であり，別々であるとする独立性を重視**したという点です。

モンテスキューの厳格な**三権**分立は，アメリカ**大統領**制につながりました。

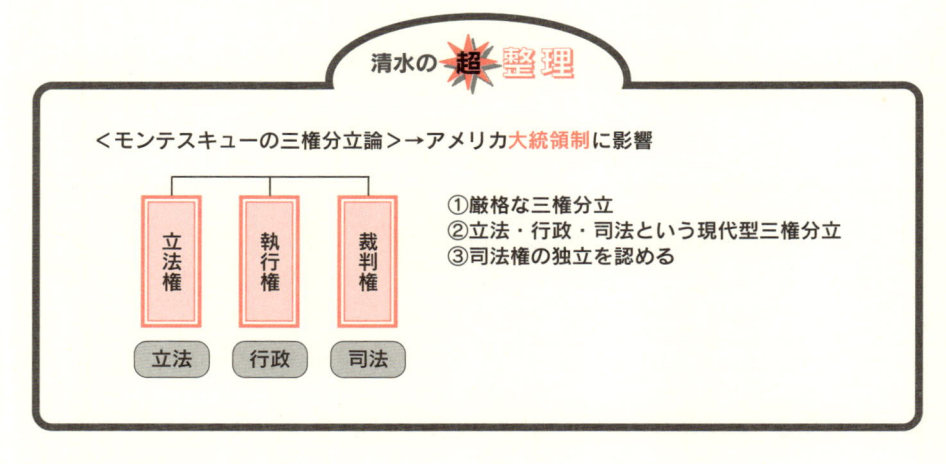

―― 清水の超整理 ――

＜モンテスキューの三権分立論＞→アメリカ**大統領**制に影響

立法権	執行権	裁判権
立法	行政	司法

①厳格な三権分立
②立法・行政・司法という現代型三権分立
③司法権の独立を認める

CHECK

☐ **1** 三権分立を初めて主張した人物と三権を答えよ。
　　▶ロック，立法権・執行権・同盟権

☐ **2** 現代型三権分立を初めて主張した人物と，三権を答えよ。
　　▶モンテスキュー，立法権・執行権（行政権）・裁判権（司法権）

＊フランス革命（1789年）前の1748年に『法の精神』を著し，当時のフランスのアンシャン・レジーム（旧制度）とよばれる身分制社会のもとで身分階級別に三権を分担する穏健的改革を唱えた（立法権は貴族，執行権は国王，裁判権は人民に与える）。革命を起こせという急進的改革派ではないことに注意。

テーマ　イギリスの政治機構

1: イギリス議院内閣制の特徴

イギリスの政治機構の特徴は？

議院内閣制をとっています。行政権を持つ内閣を，国民が直接コントロールするのではなく，**国民から選ばれた議会**が国民に代わって信任・不信任という形でコントロールするしくみです。

議院内閣制の特徴は，第1に議会（下院＝庶民院）で一番議席を多く占めている多数党の党首が，国王によって首相に指名されるという点です。日本との違いは，国会でいちいち首相を指名する議決をとらないという点。なぜなら，イギリスは伝統的に二大政党制の国なので，多数を占める政党が決まれば，その党首が国会で首相に指名されることが明らかなんですね。

第2に，行政権を担う内閣は，首相を首長として同一の政党で国務大臣を出す政党内閣となる点にあります。首相が国務大臣の任免権を持ち，内閣は議会（下院）に対して責任を負います（責任内閣制[*2]）。具体的にいえば，下院から信任を与えられ，また下院によって不信任される。つまり，議会（下院）が内閣をコントロールするのですね。不信任された内閣は，直ちに責任をとって総辞職するか，あるいは下院に対して解散権を行使して

---

*1…国王は実質的権限を奪われた象徴的存在。バジョットは「国王は君臨すれども統治せず」と表現した。
*2…議院内閣制（責任内閣制）を慣行化したのは，18世紀半ばのウォルポール首相。所属政党が議会の少数派になったため，首相を辞任したことに始まる。

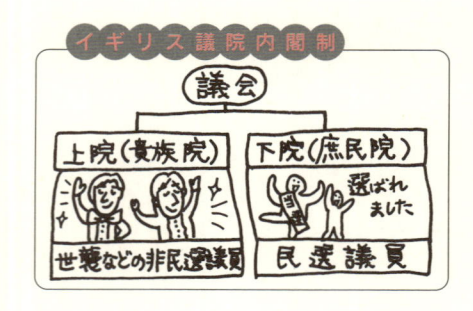

対抗することができます。解散権を行使して，総選挙に持ち込んで，**不信任決議の是非を選挙を通じて国民に問う**という選択肢があるわけです。

第3に，**立法権**を持つ**議会**は，**上院**（貴族院）と**下院**（庶民院）の二院制です。**上院**は，貴族・僧侶や一定の貢献をした人からなる非民選議員で構成されています。

一方，**下院**は，定数646人，任期5年で，**小選挙区制**によって選出される民選議員で構成されています。選挙で選ばれるのは**下院**だけですから，**下院優越の原則**がとられていて，**下院**は**金銭法案（予算）の先議権**や**内閣不信任決議**権を持ちます。また，**法律案**についても，**下院**が可決した法案を**上院**が否決した場合，**下院**が再度出席議員の3分の2以上の多数で再可決すると法律は成立します。

第4に，**司法（裁判所）ですが，司法権の独立はあまり認められていません**。最高裁判所にあたる**最高法院**は上院議長1人＋上院議員（法律貴族）6人で構成されており，いわば上院の中に組織されているようなものなんです。だから**違憲立法審査**権はありません。

2：イギリス政党政治〜二大政党制

✏ イギリスの二大政党制って何？

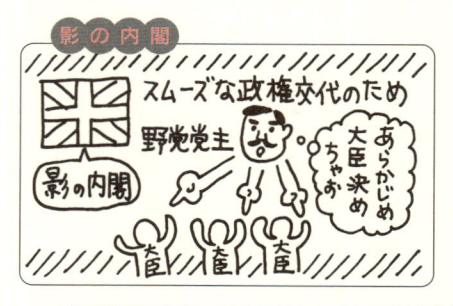

保守党と**労働**党です。1979〜97年まではサッチャー首相，メージャー首相と保守党政権がつづきましたが，1997年の下院選挙で労働党が勝ち，ブレア政権となり（2007年6月辞任），労働党ブラウン政権が引き継いでいます。**二大政党制**で

＊下院優越の原則…日本はこれをまねて衆議院の優越を憲法で定めた。
＊違憲立法審査権…イギリスは市民革命の歴史から議会への信頼が強いので，議会をチェックする必要がなく，裁判所に違憲立法審査権を与えていないと考えられている。

すから**野党もスムーズな政権交代に備えて，あらかじめ各国務大臣を決めておく慣行**があります。これを**影の内閣**（シャドウ・キャビネット）とよんでいます。

> 鉄の女サッチャー政権では，財政再建のため小さな政府をめざして福祉切り捨てを行いました。税金も「所得の大小にかかわりなく1人○○ポンド」と人頭税を導入したため，低所得者層には負担が重く一般庶民の反発を招いてしまったんです。

✏️ なぜイギリスが二大政党制になりやすいの？

小選挙区制をとっているからです。1選挙区1人選出ですから，小政党の候補者は1位になりにくく議席を得られない。やはり**1位になりやすいのは支持基盤の大きい大政党の候補者**という結果になるんですよ。

各国の政治機構 ▶▶ P.174（現社ハンドブック）　各国の政治機構(1) ▶▶ P.28（政経ハンドブック）

清水の 超 整理

＜イギリスの政治機構～議院内閣制＞

＊国王は「君臨すれども統治せず」。
＊首相は下院の多数党の党首。

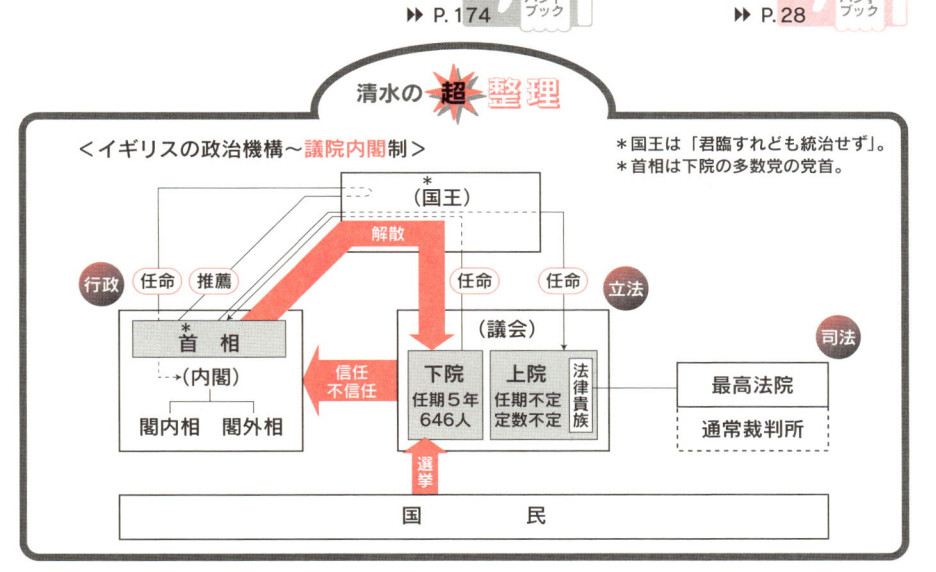

- 行政：国王 → 任命・推薦 → ＊首相 →（内閣）→ 閣内相・閣外相
- 立法：（議会）下院 任期5年 646人／上院 任期不定 定数不定 法律貴族
- 国王 → 任命 → 議会
- 首相 ⇔ 下院（信任・不信任／解散）
- 司法：最高法院／通常裁判所
- 下院 ← 選挙 ← 国民

✍ CHECK

☐ **1** イギリス議院内閣制のもとでは，首相は誰が就任する慣行となっているか。
　▶多数党の党首

☐ **2** イギリスは上院と下院，どちらの権限が優越するか。その理由は何か。
　▶下院。下院は民選だから

テーマ 3 アメリカの政治機構

1：アメリカ大統領制の特徴

アメリカの政治機構の特徴は？

　大統領制をとっていますね。大統領制の特徴は，**国民**が**行政**権を持つ**大統領をコントロールする**点にあります。**行政**権を持つ**大統領**は，連邦議会が不信任という形でチェックするのではなく，**国民が４年に１回の選挙を通じて民主的にチェックする**というしくみです。とにかく，**行政**権を持つ**大統領**と**立法**権を持つ**連邦議会**は厳格に分立していて，お互い干渉し合わないという点を押さえてください。

　特徴の第１は，**連邦議会**は，**大統領**に対する**信任**決議や**不信任**決議を出すことはできず，逆に，**大統領**も**連邦議会**に対する**解散**権を持たないことです。

　第２は，**大統領**ないし大統領の行政権行使のための官僚組織である**連邦政府**には，法案提出権や予算案作成提出権がないことです。立法権や予算議決権は議会の専権事項ですからね。ただし，大統領が議会に対して全く何もいえないというのは，ちょっと硬直的すぎる。だから，議会に対して，こんな法律案はどうでしょうか，こんな予算案はどうでしょうかという**公式のメッセージを送る**ことができます。これを大統領の**教書送付**権とい

＊教書…年頭教書，予算教書，経済教書，外交教書，特別教書などがある。

います。

　第3に，**大統領**や**連邦政府**のトップにいる長官は，**議会議員との兼職は禁止**されています。行政府と立法府は全く別です。この点，議院内閣制では原則として議会議員から首相や国務大臣が任命されるのと異なります。

　第4は，大統領や長官は議会への出席権や発言権を持っていないことです。これも厳格な分立のあらわれといえます。

　次に，**大統領の地位と権限は，極めて強大**です。大統領の**任期は4年**で，**三選禁止**です。第42代クリントン大統領（民主党）も，第43代ジョージ・ウォーカー・ブッシュ大統領（共和党）も二選を果たした偉大な大統領ということになりますね。

> 4年＋4年の8年が大統領の任期の最大限。F.ルーズベルト大統領は三選していますが，当時は合衆国憲法に三選禁止規定はなく，1951年の憲法改正で，大統領の独裁化を防止するために規定されたんです。

　大統領は国民の直接選挙によってではなく，**間接**選挙によって選ばれることもよく出題されますね。**国民は538人**（上院定数100人＋下院定数435人＋コロンビア特別区3人＝538人）**の大統領選挙人を選び，大統領選挙人が大統領を選ぶ**というものですね。

歴代の大統領

32代 F.D.ルーズベルト（民主党）1933〜45	38代 G.R.フォード（共和党）1974〜77
33代 H.S.トルーマン（民主党）1945〜53	39代 J.E.カーター（民主党）1977〜81
34代 D.D.アイゼンハワー（共和党）1953〜61	40代 R.W.レーガン（共和党）1981〜89
35代 J.F.ケネディ（民主党）1961〜63	41代 G.H.W.ブッシュ（共和党）1989〜93
36代 L.B.ジョンソン（民主党）1963〜69	42代 W.J.クリントン（民主党）1993〜01
37代 R.M.ニクソン（共和党）1969〜74	43代 G.W.ブッシュ（共和党）2001〜09

＊兼職の禁止…厳格な分立の唯一の例外として，上院議長は副大統領が務めることになっている。

清水の超整理

アメリカ大統領選挙 = 4年に1回のうるう年に行われる
（1年がかりの民主主義を楽しむお祭りみたいなもの）

2月
民主党・共和党それぞれが公認大統領・副大統領候補者を一本化するために各州で予備選挙ないし党員選挙を実施しはじめる。
（国政選挙ではなく，各党が自主的に実施する大統領候補者を決めるための選挙。）

7〜8月
民主党・共和党は党員大会を開き，各党の公認大統領候補者を1人に絞り込む。
各党の大統領候補者の事実上の一騎打ちとなる。

予備選挙　　　　　　　　　**党員大会**

以下、国政選挙としての大統領選挙が実施される

間接選挙

11月　**一般選挙**　国民による大統領選挙人（538人）の選挙
❶支持する大統領候補を明記した選挙人団（共和党の選挙人団，民主党の選挙人団）に国民は○を記入
❷各州ごとに実施し，1票でも多く獲得した選挙人団が，その州全体の選挙人を獲得（勝者総取り方式）
↓
選挙人の過半数を得た政党の大統領候補者の当選が事実上決定

12月　**大統領選挙人の投票（形式的な選挙）**
❶大統領選挙人が大統領選挙を実施
❷選挙人は自己の所属政党の公認候補者に投票する慣行

翌年1月　新大統領の正式な就任式が行われる

　大統領は以下の強大な権限を持っています。①**軍の統帥権**（最高指揮命令権），②**議会への教書送付権**，③**法律執行権**，④**法案拒否権**（議会可決法案の執行を停止し，議会に差し戻す権限。議会の再考を促す権限である。差し戻された法律案を**議会が出席議員の3分の2以上で再可決すると，法案を執行しなければならない**），⑤**臨時議会の召集権**，⑥**議会の停会権**，⑦**高級官吏の任免権**（上院の同意が必要），⑧**条約締結権**（上院の同意が必要），⑨**恩赦決定権**（確定判決の刑を恩恵によって減免）。

大統領はこのような権限を持ち，しかも**任期4年**の間，議会から不信任されないので，政治的失敗に対する責任を問われることはないのです。ですから，アメリカ大統領は**任期4年**の間，**強力なリーダーシップを発揮できるという長所**があります。ただし，**もし無能な大統領や独裁的な大統領が出た場合，4年間はアメリカの政治は混乱したままになるという欠点**があります。とはいえ，大統領は**任期4年**の間，絶対クビにならないというわけではありません。**大統領弾劾**制度で議会によって**弾劾罷免**の議決が出されるとクビになるんです。これは政治的失敗に対する責任ではなく，大統領が**憲法違反や国家反逆罪，一般の法律に違反した場合の法律責任として大統領をクビにする**ものなんです。

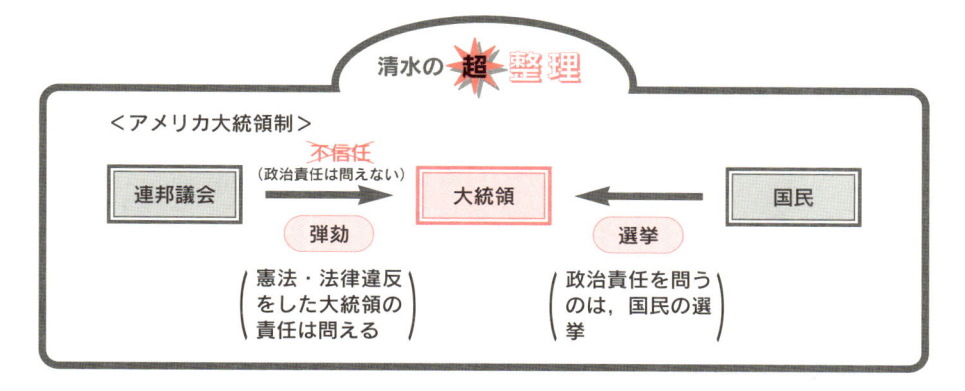

清水の**超整理**

＜アメリカ大統領制＞

連邦議会 →（**不信任**（政治責任は問えない））→ 大統領 ←（**選挙**）← 国民

弾劾：憲法・法律違反をした大統領の責任は問える

選挙：政治責任を問うのは，国民の選挙

2：アメリカ議会と裁判所の地位と権限

✎ アメリカ連邦議会はどういう構成になっているの？

連邦議会は**二院制**。**上院**（**元老院**）は，各州2名×50州＝100名という各州のトップエリートで構成され，任期は**6年**。**下院**（**代議院**）は，各州に人口比例で定数が配分され，435名で構成され，任期は2年と短いですね。

*1…下院の出席議員の過半数の賛成で弾劾の訴追を行い，上院が出席議員の3分の2以上の賛成で弾劾罷免の決定を行う。
*2…2年ごとに3分の1を改選する。

上院と下院の権限はどっちが優越なの？

両院の関係では，①大統領への条約締結同意権，②大統領の高級官吏（長官や最高裁判所裁判官など）の任命への同意権を**上院**のみが持つ点で**上院優越**事項があります。ただし，**下院**は予算先議権と，大統領などの連邦官吏弾劾訴追権を持っている点で，**下院優越**事項もあります。**弾劾議決権**は，上院の出席議員3分の2以上の賛成によって決定する点では**上院**優越事項ともいえるんです。ただ，**法律案の議決は上院・下院対等**です。

アメリカの裁判所の地位と権限はどうなっているの？

裁判所については，**司法**権の独立が強く認められていて，1803年のマーベリ・マジソン事件以来，**違憲法令審査**権を行使できることが，**判例**上確立しています。また重大な刑事裁判には，クジで当たった**民間人が有罪か無罪かの事実認定を行う陪審員**制度が導入されており，裁判の民主化も図られていますね。

各国の政治機構 現社ハンドブック ▶▶ P.174
各国の政治機構(1) 政経ハンドブック ▶▶ P.28

清水の 超 整理

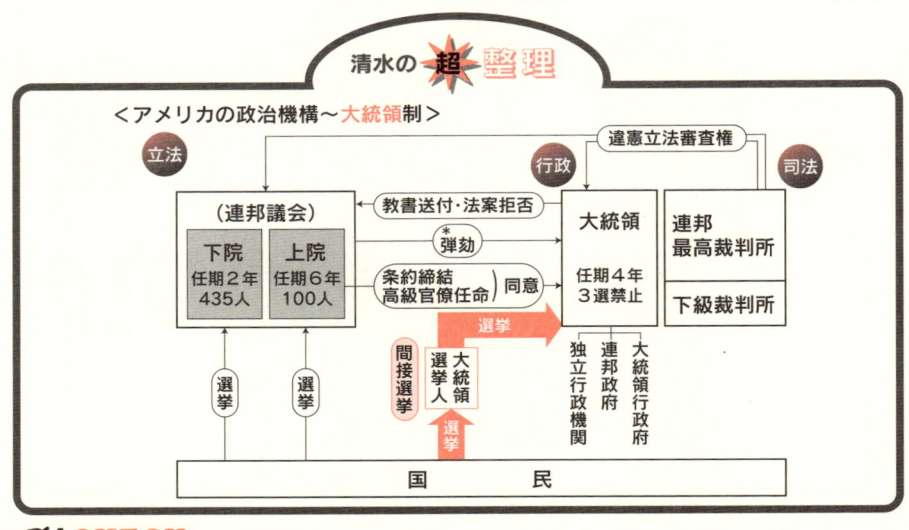

<アメリカの政治機構～**大統領**制>

```
立法                    行政              違憲立法審査権      司法
(連邦議会)        ←教書送付・法案拒否→
 下院   上院      ←――*弾劾―――→   大統領      連邦
任期2年 任期6年   ←条約締結      同意  任期4年   最高裁判所
435人  100人      高級官僚任命         3選禁止
                         ↑選挙                    下級裁判所
                    間接  大統領
                    選挙  選挙人    独立  連邦
                         ↑選挙    行政  政府
                                   機関  行政
                                         府
     ↑選挙 ↑選挙
              国      民
```

✎ CHECK

☐ **1** アメリカ大統領は，どのような形で選挙されるか。何回当選することが可能か。
　▶ 間接選挙。二選まで

☐ **2** アメリカ大統領は議会可決法案の拒否権を持っているが，議会が再可決をすれば法案は成立する。その際の議決要件を答えよ。
　▶ 出席議員の3分の2以上

テーマ その他の国の政治機構

大統領制と議院内閣制を合体した複合型の国が結構多いですね。以下は、あまり出題頻度は高くありませんが、難関大学では注意しましょう。参考にポイントをあげておきますね。

1：注意しておくべき国の政治機構

フランス，ドイツ，ロシアの政治機構の特徴は？

　フランス，ドイツ，ロシアは，いずれも大統領制と議院内閣制の複合型の政治機構をとっています。**フランスは，大統領に強い実権があり，内閣（首相）はむしろ大統領に協力する立場**にありますから大統領制が重視されています。しかも大統領には帝王の大権とよばれる下院解散権があり，強い大統領＝弱い議会となっています。これに対して，**ドイツは，大統領には実権がなく，象徴としての形式的存在であるにすぎず，内閣（首相）に実権**があります。つまり，議院内閣制が重視されているのです。

　ロシアは，1980年代から90年代までつづいたミッテラン社会党政権のフランスの政治制度を模範にして90年代初期の民主化の中で新しい政治機構を作りましたから，ほとんどフランスと同じ政治機構となっています。違うのは**ロシア大統領には三選禁止がある**のに対して，**フランス大統領には三選禁止がない**という点です。

　各国の政治機構について，清水の超整理で確認しておきましょう。

清水の超整理

	フランス	ドイツ	ロシア
元首	大統領（強い存在）[*1] サルコジ大統領（2007年～） 任期5年・回数制限なし ↑ 国民の直接選挙 [*2] ・下院解散権あり（帝王の大権） ・重要問題の国民投票施行権あり（ルソー流）	大統領（形式的・象徴的存在） ケーラー大統領（2004年～） 任期5年・三選禁止 ↑ 連邦議会（下院）議員と各州代表の連邦会議で選出する間接選挙 （国民の投票ではない）	大統領（強い存在）[*3] プーチン大統領（2000～04年～） 任期4年・三選禁止 ↑ 国民の直接選挙 ・下院解散権あり
議会	上院（元老院）任期9年 ↑ 上院議員選挙人団が選ぶ間接選挙 下院（国民議会）任期5年 ↑ ・内閣不信任決議権あり ・大統領によって解散させられる（弱い議会）	上院（連邦参議院） 下院（連邦議会）任期4年 ・連邦政府の不信任決議権あり ・内閣決定によって解散させられる	上院（連邦会議） 下院（国家会議）任期4年 ・内閣不信任決議権あり ・大統領によって解散させられる
内閣	・首相と閣僚は大統領が任免 ・下院から不信任される ・下院解散権なし	連邦政府 メルケル首相（2005年～） 首相に実権あり ・首相は議会で選出 ・下院から不信任される ・下院の解散決定権あり	内閣 ・首相と閣僚は大統領が任命 ・下院から不信任される ・下院解散権なし
司法	憲法評議院 あり ・憲法裁判所型の抽象的審査制	連邦憲法裁判所 あり 抽象的審査制	憲法裁判所 あり 抽象的審査制
政党	多党制 保革共存内閣（コアビタシオン）を作ることも多い	多党制 2005年10月，キリスト教民主・社会同盟（メルケル党首＝現首相）と社会民主党（シュレーダー前首相）の大連立内閣	複数政党制 共産党支配条項は削除 ↓ 民主化
特徴	強い大統領 弱い議会	形式的な大統領 実権は首相	フランスに近い政治システム

＊1…2007年5月の大統領選挙ではサルコジ（国民運動連合）とロワイヤル（社会党）の決戦投票の末，右派のサルコジが大統領に当選した。フランス大統領は，1995～02～07年までシラク，07年よりサルコジ。

＊2…フランス大統領選挙は直接選挙であるが2回投票制をとっている（必ず有権者の有効投票の過半数の支持を受けることが当選の要件）。 1回目の投票 — 1位が過半数の得票あり→当選
　　　　　　　　　　　　　　　　　　　　　　過半数の得票者なし→ 2回目の投票 →1位と2位の決戦投票で 当選者決定

＊3…2008年5月任期満了。08年5月よりメドベージェフ。

2: 中国の政治機構

中華人民共和国の政治機構の特徴は？

中華人民共和国の政治制度は，**社会主義**を維持し，共産党の支配体制を確立するために，西側の政治機構とは異なる**民主集中制**をとっています。プロレタリアート代表議会（全人民代表議会）である**全国人民代表大会に権力を集中**させているんです。この**全国人民代表大会**で**国家主席**を選出し，そして国家主席が国務院総理（首相）を指名して，国務院（政府）が組織されるんです。国家主席が中国最高実力者で，通常，中国共産党総書記が就任します。

各国の政治機構(2) ▶▶ P.30

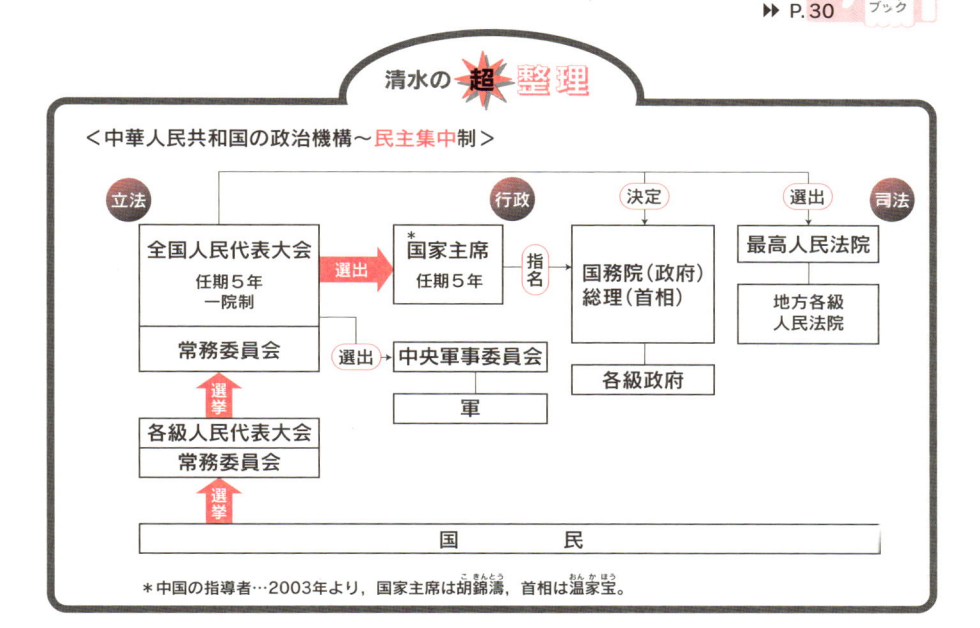

清水の超整理

＜中華人民共和国の政治機構〜民主集中制＞

```
[立法]                    [行政]      [決定]         [選出]    [司法]
全国人民代表大会  →選出→  国家主席  →指名→ 国務院（政府）        最高人民法院
 任期5年                 任期5年            総理（首相）
 一院制                                                        地方各級
 常務委員会        →選出→ 中央軍事委員会                         人民法院
   ↑選挙                    軍              各級政府
 各級人民代表大会
 常務委員会
   ↑選挙
            国        民
```

＊中国の指導者…2003年より，国家主席は胡錦濤，首相は温家宝。

✎ CHECK

☐ **1** フランスの大統領の任期は何年か。どのような形で選挙されるか。
　▶ 5年。直接選挙

☐ **2** ドイツの政治の中で実権を持つのは，大統領か，首相か。
　▶ 首相

☐ **3** 中国の政治体制を何というか。また，最高権力機関は何か。
　▶ 民主集中制。全国人民代表大会

3: 開発独裁

🖊 開発独裁とは，どのような政治体制なの？

経済開発を強制的に進める**独裁**国家のことです。アジア諸国や中南米諸国で成立しました。通常は，軍事力よる独裁政権が経済開発を進めて，国民の生活を守ることを約束することで，民衆の一応の支持を受けて成立する国家だといえます。国家が貧しいために，国民はまず生存できるならば，軍事独裁でもいいと考えて支持してしまうわけです。

> 開発独裁には，
> 韓国の朴(パク)政権（1963～79年），
> フィリピンのマルコス政権（1965～86年），
> インドネシアのスハルト政権（1968～98年）
> などがあります。

🖊 でも，国家が経済成長してある程度豊かになると開発独裁は維持できなくなるのでは？

その通りです。ある程度，経済が成長して生活できるようになると，**民衆は自由と民主主義を求める**ようになる。すると，**開発独裁政権を倒す民主化運動が発生しやすくなり**，結局，開発独裁政権は倒れていく場合が多いですね。

1980年代から90年代半ばにかけて高度成長を遂げた**東南アジア**は，当時「**ASEAN（東南アジア諸国連合）の時代**」=「**世界の成長センター**」ともよばれました。**1997～98年にはインドネシアなどで民主化暴動が起きて，開発独裁政権は倒れていきました**。このような動きは，経済が豊かになれば，当然の流れともいえるのです。

問題にチャレンジ！

レベル表示 ▶ レベルA：難　レベルB：やや難　レベルC：標準

例題1　レベルC ▶ P43

イギリスの政治機構についての記述として**適当でないもの**を次の中から一つ選べ。
① 国王は君臨するが実質的な統治権限を持たない。
② 首相には上院の多数党の党首が任命されるのが慣行である。
③ 上院と下院の権限はいくつかの点で下院が優越している。
④ 二大政党制の国であり，野党は政権交代に備えて影の内閣を組織している。

解説　②誤り。下院の多数党の党首が首相に任命される。①イギリスの国王は「君臨すれども統治せず」といわれる。③民選議院である下院優越の原則が確立している。たとえば，内閣不信任決議権は下院のみが持つ。④野党は政権交代に備えて，あらかじめ大臣を決めておいて影の内閣（シャドゥ・キャビネット）を組織する慣行がある。　　　　　　　　　　解答⇒②

第③章　各国の政治制度

例題2　レベルC ▶ P46

アメリカの政治制度についての記述として**適当なもの**を次の中から一つ選べ。
① 大統領は国民の直接選挙で選ばれ，三選は禁止されている。
② 大統領は政治的失敗について連邦議会から不信任される。
③ 大統領は連邦議会に対する解散権を持っている。
④ 大統領は連邦議会が可決した法律案を拒否することができる。

解説　④正しい。大統領は法律案拒否権を持っている。ただし，連邦議会が同じ法律案を出席議員3分の2以上の多数で再可決をすると法律は成立する。①大統領は，国民が選んだ大統領選挙人によって選出される（間接選挙）。三選は禁止。一生のうち三回当選することはできない。②大統領と連邦議会は厳格に分立されているので，議会は大統領への不信任決議権を持たない。③同じく厳格な分立であることから，大統領は議会への解散権を持たない。　　　　　　　　　　解答⇒④

例題3 レベルA▶ P51

フランスの政治機構についての記述として**適当でないもの**を次の中から一つ選べ。
① フランスでは大統領制とともに議院内閣制がとられているが，大統領制が重視されている。
② フランス大統領は下院から不信任されないにもかかわらず，下院解散権がある点で強い地位が保障されている。
③ フランスは二大政党制であることから，内閣は複数の政党のメンバーからなる保革共存内閣が組織されることはほとんどない。
④ フランス大統領は，1回目の投票で有権者の有効投票の過半数の支持を得た候補者が存在しない場合，1位・2位の候補者の決選投票で決定される。

解説 ③誤り。フランスは多党制であることから，保革共存内閣（コアビタシオン）が形成されることも多い。①大統領制と議院内閣制の複合型。②大統領は不信任されないが，下院解散権を持つ点で，強い地位が与えられている。④フランス大統領選挙は，2回投票制を採用。　　　解答⇒③

例題4 レベルA▶ P52

世界各国の政治機構についての記述として**適当でないもの**を次の中から一つ選べ。
① ドイツは議院内閣制を基本としつつも，下院議員や州議会議員などから選ばれる象徴としての大統領が存在する。
② 中国は，労働者代表の二院制議会である全国人民代表大会に権力を集める民主集中制を採用している。
③ ロシアは大統領制と議院内閣制の複合型の政治制度をとっているが，国民の直接選挙で選ばれる大統領は下院解散権を持つなど強い権限が与えられている。
④ フィリピンやインドネシアなどでは開発独裁政権が成立していたが，1990年代には民主化暴動が起きて，政権は倒れていった。

解説 ②誤り。中国の全国人民代表大会は一院制である。①ドイツは大統領制と議院内閣制の複合型だが，間接選挙で選ばれる大統領は象徴的存在で実権を持たない。③ロシアはフランスに近い政治機構を導入しており，大統領に強い権限が与えられている。④東南アジア諸国の多くには，開発独裁政権が樹立されたが，1990年代には民主化暴動が起きて，その政権は倒れて民主化政権に代わっていった。　　　解答⇒②

第4講 日本国憲法の諸原理

国民主権，平和主義，基本的人権の尊重の内容とともに，日米ガイドライン関連法，有事立法の内容，新しい人権を保障する情報公開法や個人情報保護法，人権を制限する可能性のある住民基本台帳法改正，通信傍受法に注意しよう！

テーマ

1. 憲法の三大原理
2. 平和主義と有事立法
3. 基本的人権の尊重

テーマ✻ 憲法の三大原理

1：臣民の権利から国民の権利へ

「臣民」と「国民」の違いって何？

明治憲法は権利を「**臣民の権利**」と捉えました。「**臣民**」とは**天皇のしもべ＝従者**を意味したので，その義務性が重視されました。**権利は，天皇が従者に対して恩恵的に与えたのにすぎないので，不可侵の権利ではなく，天皇は法律を作って，その権利をいつでも奪うことができた**のです。このように法律によって権利に制限がつけられることを，**法律の留保**といいます。ここにいう法律とは，**治安警察法**（1900年）や**治安維持法**（1925年）などの各種**治安立法**のことです。これらの法律によって，**天皇制を批判するような民主主義の思想や言論を制限**したわけです。

これに対して，日本国憲法は，「**国民**」の権利を**自然権**（**生まれながらにして得られる当然の権利**）と捉え，その**不可侵性**（第11条，第97条）を前提に，**人権の制限は「公共の福祉」を守る場合だけにしか許されていない**としています（第12条，第13条，第22条，第29条）。また，人権として，明治憲法にはなかった**社会権**を新たに規定して充実をはかっています。

明治憲法と日本国憲法の三大原則(1) 現社ハンドブック ▶▶ P.176

天皇，国民の地位の変遷 政経ハンドブック ▶▶ P.34

＊明治憲法に規定がなく，日本国憲法で新たに規定された権利…①思想・良心の自由　②学問の自由　③職業選択の自由　④国籍離脱の自由　⑤法の下の平等　⑥普通選挙権　⑦社会権（生存権，教育を受ける権利，勤労権，労働三権）

2：三大原則〜国民主権・平和主義・基本的人権の尊重

🖋 国民主権とはどのような原理なの？

　日本国憲法では，民主主義を確立するために，主権を天皇から国民に移しました。つまり，**国民が国の政治の最終意思決定権（主権）を持つ**として国民主権を確立したのです。国民主権と象徴天皇制は表裏一体の関係にあるんですね。国民主権のあらわれとして一番わかりやすいのは，参政権です。憲法第15条は，**公務員の選定罷免権**を国民固有の権利としています。ここにいう公務員には国会議員が含まれますので，同条は間接民主制および直接民主制を示す一般的・宣言的規定だと理解されています。

　日本国憲法で国民主権を明記している条項は2カ所あります。

> **憲法前文第1段**　日本国民は，正当に選挙された国会における代表者を通じて行動し，……ここに主権が国民に存することを宣言し，この憲法を確定する。
>
> **憲法第1条**　天皇は，日本国の象徴であり日本国民統合の象徴であつて，この地位は，主権の存する日本国民の総意に基く。

🖋 憲法第9条は何を規定しているの？

　憲法**第9条**は，戦争の反省から他国に類をみない徹底した平和主義を規定しています。具体的には，①戦争放棄（第9条1項），②戦力不保持（第9条2項前段），③交戦権の否認（第9条2項後段）の3つを規定していますが，②③を規定した点が他国にみられないポイントです。

> **憲法第9条1項**　日本国民は，……国権の発動たる戦争と，武力による威嚇又は武力の行使は，国際紛争を解決する手段としては，永久にこれを放棄する。
>
> **憲法第9条2項**　前項の目的を達するため，陸海空軍その他の戦力は，これを保持しない。国の交戦権は，これを認めない。

　では，この第9条解釈を清水の超整理でみていきましょう。

清水の超整理

<日本国政府の憲法第9条解釈>

第9条1項「戦争放棄」＊

◆自衛戦争（自衛権）も放棄したのか？
　……自衛戦争（個別的自衛権）は放棄せず ← 集団的自衛権は禁止
　　　　▲ 正当防衛（国際法上の自然権）

第9条2項前段「戦力不保持」

◆保持を禁止される「戦力」に自衛隊が含まれるか？　自衛隊は合憲か違憲か？
　……自衛隊は合憲（「戦力」には該当しない）
　　　　▲ 自衛のための必要最小限度の実力にすぎない

第9条2項後段「交戦権の否認」

　……PKO協力法（1992年）は合憲
　　　　▲ 停戦勧告・監視のみ。「交戦」を予定せず

＊第9条1項「戦争放棄」…（1）全ての戦争を放棄したとみれば自衛戦争も禁止される（1項全面戦争放棄説）。しかし、（2）政府は侵略戦争のみを放棄し、自衛権までは放棄していないと捉えている（1項部分戦争放棄説）。その根拠は、自衛権は正当防衛の権利で、国際法上の自然権であり、奪うことのできない不可侵の権利だという点にある。

　特に憲法第9条で、争点になってきたのは、**自衛隊の合憲性と日米安全保障条約に基づく駐留米軍の合憲性**です。政府の見解は、いずれも合憲としてその存在を認めています。入試では、判例はどう判断しているか、という点も頻出ですから注意しましょう。

　判例のポイントとしては以下の2点を押さえておきましょう。

　第1に、**駐留米軍・自衛隊ともに下級裁判所**（いずれも第一審）**では各々1度ずつ違憲判決があること**（①砂川事件第一審（伊達判決）＝駐留米軍違憲判決、②長沼ナイキ基地訴訟第一審（福島判決）＝自衛隊違憲判決）。

　第2に、**最高裁では駐留米軍の根拠となる日米安全保障条約、自衛隊のいずれについても1度も違憲判決は出されていないこと**です。

＊自衛隊成立の歴史…前身は、1950年警察予備隊→1952年保安隊に改組→1954年自衛隊に近代化した。1949年の中華人民共和国（社会主義をとる北京政府）の成立、1950年からの朝鮮戦争の中、共産圏拡大の防波堤としてGHQが一定の警察力の保持を指令。1953年の池田・ロバートソン会談で軍備増強と愛国心教育の推進などが話し合われた。翌54年には日米相互防衛援助協定（MSA協定）が結ばれ、自衛隊法と防衛庁設置法が制定されるに至った。

駐留米軍が問題となった**砂川事件**の最高裁判決では，**憲法第９条が保持を禁止する**「**戦力**」とは，わが国が主体となって組織する戦力であって，外国の戦力はこれにあたらないと判断しつつも，次に**米軍駐留の根拠となっている日米安全保障条約**については，**統治行為論**によって，**憲法判断を回避**しました。

清水の超整理

<憲法第９条をめぐる判例（日米安全保障条約・自衛隊の合憲性）>

日米安全保障条約	砂川事件	第一審	東京地裁（伊達判決，1959.3.30） ▶違憲（第９条２項前段）←「戦力」に該当
		最高裁	憲法判断回避 ◀ **統治行為論**
自衛隊	恵庭事件	第一審	札幌地裁（1967.3.29） ▶被告は自衛隊法違反ではなく無罪。 よって第９条の違憲審査は必要なし （憲法判断なし）
	長沼ナイキ基地訴訟	第一審	札幌地裁（福島判決，1973.9.7） ▶違憲（第９条２項前段）
		第二審	憲法判断回避 ◀ **統治行為論**
		最高裁	憲法判断なし
	百里基地訴訟	第一審	水戸地裁（1977.2.17） 憲法判断回避 ◀ **統治行為論**
		最高裁	憲法判断なし

統治行為論
高度の政治性を持つ問題については裁判所は合憲か違憲かの憲法判断（違憲審査）を回避すべきだとする考え方

根拠
①**司法消極主義**（一見明白に違憲・無効といえない限り，違憲判断は行わない）
②**議会制民主主義**（高度の政治問題は，国民の代表者たる議会の意思を尊重すべきであって，国民の選挙によるコントロールに服すべき）

　また，自衛隊の合憲性についても，**長沼ナイキ基地訴訟**の第二審高裁判決で**統治行為論**が用いられ，**憲法判断は回避**され，最高裁も，憲法判断に踏み込まない形で判決を下しています。
　ちなみに，有力な学説には，第９条解釈では自衛隊は違憲だといわざるを得ないけれど，存在の必要性から国民の合意が得られたとして，事実上自衛隊を認めようとする見解があります。つまり，実際は違憲だけど，み

んなが必要だと思っているし，しょうがないから認めましょう，ということですね。憲法第9条は時代とともに変化したと考える，これを**解釈改憲**（**憲法変遷**論）といいます。

> 2006年11月に出された自民党の憲法改正案は，憲法第9条2項の「戦力不保持」と「交戦権の否認」を削除して，「自衛軍」を保持する，と明記するとした案です。また，安倍首相は，現行憲法下で集団的自衛権を認めると解釈できないか，個別自衛の原則の見直しの議論を指示しています。

基本的人権の尊重

❓ 憲法の第三の原則である基本的人権の尊重ってどんな意味を持っているの？

憲法第11条，第97条は人権の**永久不可侵性**を規定しています。これは公権力によっても侵すことのできない権利であるとする**不可侵性**と人間が生まれながらにして持っている生来の権利であるとする**固有性**を示した規定だと理解されています。いずれにしても，日本国憲法は自然法思想に立って人権を自然権だと捉えています。**憲法第3章**「**国民の権利及び義務**」は，人権を詳細に列挙して，「個人の尊厳」を実現しているんです。

> 憲法の三原理といわれる国民主権・平和主義・基本的人権の尊重は根本規範といわれ，これを憲法改正することは許されないとされています。

日本国憲法の三大原則(1)～(3) 現社ハンドブック
▶ P. 176～179, 182

天皇，国民の地位の変遷，三大原則 政経ハンドブック
▶ P. 34～37

清水の超整理

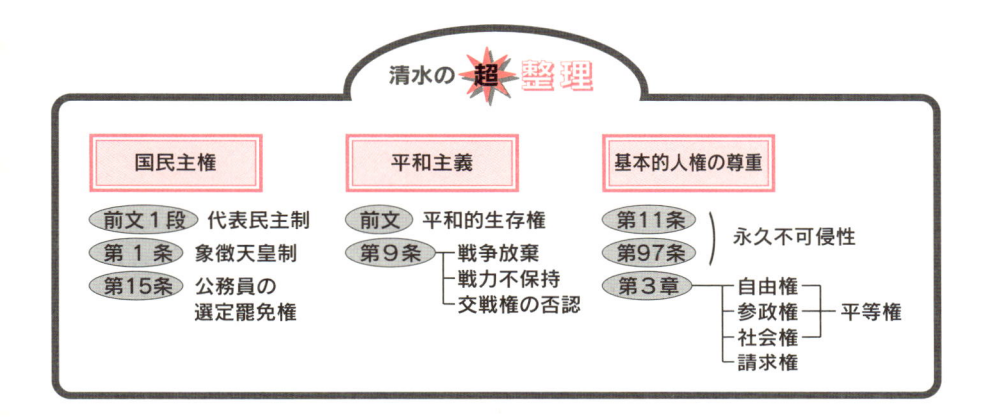

国民主権
- 前文1段　代表民主制
- 第1条　象徴天皇制
- 第15条　公務員の選定罷免権

平和主義
- 前文　平和的生存権
- 第9条
  - 戦争放棄
  - 戦力不保持
  - 交戦権の否認

基本的人権の尊重
- 第11条 ┐
- 第97条 ┘ 永久不可侵性
- 第3章
  - 自由権
  - 参政権 ─ 平等権
  - 社会権
  - 請求権

✎ CHECK

☐ **1** 国民主権は天皇がどのような地位になることで確立したか。
　▶ 象徴になったことによる

☐ **2** 平和主義を保障した憲法第9条が規定する内容を3つあげよ。
　▶ 戦争放棄・戦力不保持・交戦権の否認

☐ **3** 基本的人権を憲法第11条，第97条ではどのような権利として規定しているか。
　▶ 永久不可侵の権利

テーマ2
平和主義と有事立法

1：平和主義～日本の防衛原則と有事立法

わが国の防衛の基本ってどうなっているの？

わが国は，以下の**防衛原則**をとっています。憲法**第9条**の解釈からは，**①個別的自衛**の原則＝**集団的自衛権の禁止**，**②専守防衛**の原則（攻撃された場合にのみ防衛を行う）＝**先制攻撃**の禁止の2つです。その他に**③非核三原則**があります。これは「**核兵器を作らず，持たず，持ち込ませず**」という原則で**佐藤栄作内閣**が確立しました。佐藤首相はこれでノーベル平和賞を受賞しました。また，**④文民統制＝シビリアン・コントロール**（自衛隊の指揮権は**文民＝非軍人**が持たなければならない）は，憲法第66条に規定があり，「**内閣総理大臣その他の国務大臣は，文民でなければならない**」とされています。**自衛隊の最高指揮権は内閣総理大臣**が持ち，**現場の統括権は防衛大臣**が持ちますが，両者は軍人であってはならない。政府見解によると「**文民**」とは，**現在自衛隊に加入しておらず，かつ強い軍国主義思想を持たない人**を意味すると理解されています。かつては**⑤防衛費GNP1％枠**（1970年代に三木内閣が設定した）もありました。防衛費の拡大を防ぐのが目的でした。しかし，⑤は**1987年に中曽**

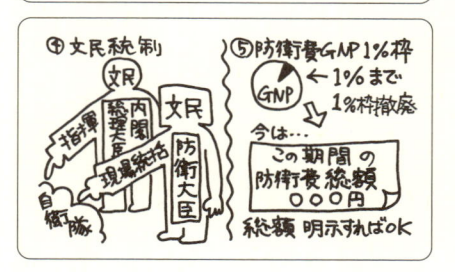

根内閣が撤廃して，現在，防衛費については**総額明示**方式を採用しています。

なお，**武器輸出三原則**（①共産圏，②国連決議で武器輸出が禁止されている国，③国際紛争当事国への武器輸出は禁止される）も確立しています。

> 国連憲章51条は集団的自衛権の行使を認めていますが，わが国では「交戦権の否認」を定めた憲法第9条2項後段より禁止と解釈されているので，西側軍事同盟である北大西洋条約機構（NATO）には加盟をしていませんね。

日米安全保障条約って何？

1951年に**サンフランシスコ講和条約**（対日平和条約）と同じ日に調印された**旧日米安全保障条約**は，米軍の日本駐留に根拠を与えています。**サンフランシスコ講和条約**は，アメリカなど西側諸国が日本の戦争責任を免除し，主権を回復させるという**西側の片面講和条約**でしたが，その時の条件が日本国内の好きな所に米軍を駐留させるというものだったわけです。

1960年に改訂された**新日米安全保障条約**では，①アメリカは日本を守り，②日本は在日米軍が攻撃されたときに共同防衛するという**日米共同防衛義務**が明記されました。注意点は，**アメリカ本土が攻撃されたときは日本には共同防衛義務は生じない**という点です。また，③**重要な武器や基地の変更には日本政府との協議が必要**という**事前協議制**も導入されました。でも，この規定は悪く読めば，日本政府（自民党）と話しさえすれば，米軍は日本に核兵器を配備することも可能になるともみられました。また，④**自衛力増強義務**も規定されていました。このよ

＊総額明示方式…一定期間の防衛費総額を示し，個別年次ではGNP1％枠を超えることを認める方式。

うなことから、**安保闘争**という反対運動も激化したわけです。また、新安保条約は10年で**自動更新**され、以後は1年前に通告すれば解除できることになっています。

ガイドラインって何？

日米共同防衛体制のもとで、1978年にアメリカへの協力をどうするかについて、**日米ガイドライン**（**防衛協力のための指針**）が作られました。1996年の日米安全保障共同宣言で、協力の範囲が極東（対ソ連）からアジア太平洋地域にまで拡大されたのを受けて、翌97年に見直しが決まり、**99年小渕内閣**のもと、具体的に**新日米ガイドライン関連法**が制定されました。この中心は、「**周辺事態法**」で、日本周辺（東アジア地域）で緊急事態が発生し、かつ、日本に危害が及ぶ可能性がある場合、わが国は**アメリカ軍に協力**して、①**後方地域支援**活動、②**捜索救助**活動を行うことを定めています。

たとえば、北朝鮮が韓国を攻撃し始めたとします。すると、次に日本に危害が及ぶ可能性ありと認定されるでしょう。この場合、アメリカは、韓国を守るために韓国との共同防衛による応戦が始まることになりますが、日本はこの時まだ攻撃を受けていないので、集団的自衛権の禁止にのっとって武力行使に参加することはできません。しかし、とりあえず**アメリカ軍に協力**して**後方地域支援**活動（物資や爆薬の輸送）、**捜索救助**活動（ケガをした米軍兵士や日本人を救助）を行うことができるという法律です。つまり、日米ガイドライン法は、**アメリカ軍への協力**を定めたものなんです。

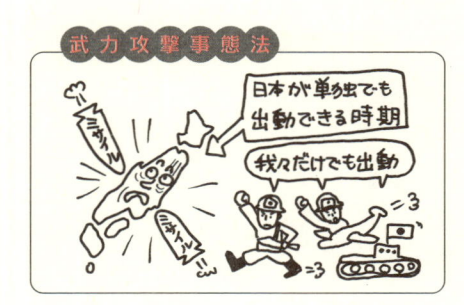

2003年の有事立法って何？ 日米ガイドライン関連法とどう違うの？

有事立法の中心は「**武力攻撃事態法**」です。これは、アメリカ軍への協力を定めたものでなく、**日本が単独でも防衛出**

動できる時期を明確に規定したものです。つまり，自衛権の発動の時期を定め，自衛隊が自衛権の行使として武力で反撃できる時期（「**武力攻撃**事態」および「**武力攻撃予測**事態」）を示したのです。その時期は，同時に，同法が発動した場合，**地方・民間・国民の協力義務**が明記され，首相には知事に代わって命令を下す**代執行権**を与えるなど権限強化をはかりました。その際，国民の権利を保護する「**国民保護法**」などは1年間先送りされて**2004年6月に成立**しました。これで**有事立法は完備**されました。

ただし，「**国民保護**法」は，**有事の際の住民の避難誘導方法や，国民の保護に協力する指定公共機関を定めた法律**ですが，反面，国民の生命と安全を守るために，報道機関に対する報道統制や国民に対する外出禁止命令や避難訓練への協力など国民の権利制限や義務をともなうという批判もあります。

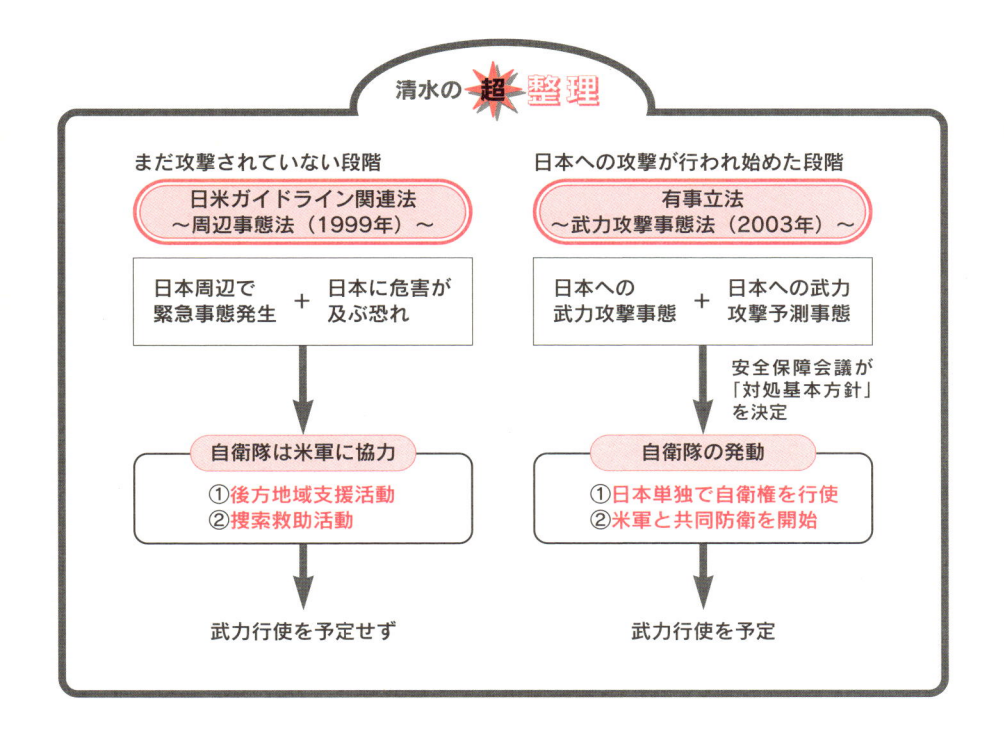

清水の 超 整理

まだ攻撃されていない段階	日本への攻撃が行われ始めた段階
日米ガイドライン関連法 〜周辺事態法（1999年）〜	有事立法 〜武力攻撃事態法（2003年）〜
日本周辺で緊急事態発生 ＋ 日本に危害が及ぶ恐れ	日本への武力攻撃事態 ＋ 日本への武力攻撃予測事態
	安全保障会議が「対処基本方針」を決定
自衛隊は米軍に協力 ①**後方地域支援活動** ②**捜索救助活動**	自衛隊の発動 ①**日本単独で自衛権を行使** ②**米軍と共同防衛を開始**
武力行使を予定せず	武力行使を予定

第4章 日本国憲法の諸原理

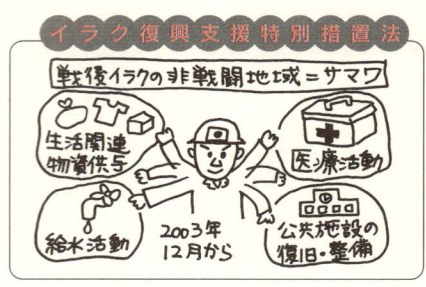

2001年9月11日のアメリカへの同時多発テロ以降、自衛隊が海外に派遣される例が増えているけど、その根拠となる法律は？

第1に、テロ対策特別措置法ですね。テロ被害を受けたアメリカに協力するために2001年に、2年間の時限立法として制定されたんですが、2003年には2年間延長、2006年にも1年延長されましたが、2007年11月1日いったん期限切れになりました。2001年当初は、日本の自衛艦がアメリカの艦船に燃料を補給しました。2002年には日本のイージス艦がインド洋についに派遣され、アメリカのイージス艦に代わってアフガニスタンの戦後監視の任務に就きました。この結果、アメリカのイージス艦は、手が空いたので、ペルシャ湾に向かうことができたのですね。ですから、日本のこの動きはイラク戦争を行うアメリカへの間接支援ともみられます。

第2に、イラク復興支援特別措置法（2003年）もありますね。**4年間の時限立法です。** イラクのサダム・フセイン体制崩壊後の戦後の復興・民主化・人道支援を行う法律です。小泉首相は、「武力行使」を予定していないので、憲法第9条2項後段の「交戦権の否認」には違反せず、憲法上、問題はないとしました。

イラクでは2004年6月に、**連合国暫定占領当局（CPA）の占領統治が終了**して、イラク人を主体とするイラク暫定政権に主権を移譲しました。でも、主権移譲後も、イラク暫定政権に対するテロ集団の攻撃がありうるので、今度は、**多国籍軍**という名称で駐留・監視を継続しています。**日本の自衛隊は、2003年12月より、イラクのサマワに派遣**されています。サ

＊期限切れで中断したインド洋における給油活動も、2008年1月福田内閣下での新テロ対策特別措置法（給油新法）成立により再開された。

マワは「非戦闘地域」だと定義されたのです。イラク暫定政権に主権を移譲した後の2004年6月以降も駐留をつづけてきましたが，**2006年イラク本格政権発足によって，任務を完了し，2006年7月に陸上自衛隊の撤退が完了**しました。しかし，2007年安倍政権はイラク復興支援特別措置法を2年間延長しました。航空自衛隊はまた輸送の協力をしているのです。

> 多国籍軍という名称のついた軍に自衛隊が派遣されるのは，戦後イラクが初めて。自衛隊が創設された1954年から，ちょうど50年目にして自衛隊の役割が大きく変化しました。ちなみに湾岸戦争のときに，イラク制裁を行ったのも多国籍軍と名前がついていましたが，これには参加しませんでしたね。

日本国憲法の三大原則(2)，日米ガイドライン関連法と有事立法　【現社ハンドブック】▶ P.178〜181

平和主義　【政経ハンドブック】▶ P.38

✍ CHECK

☐ **1** わが国では，もっぱら攻撃を受けた際にのみ自衛権を行使できるとする原則がとられている。この原則を何というか。
　　▶ 専守防衛の原則

☐ **2** わが国では国連軍やNATOなどの制裁に憲法第9条の解釈上，参加できないとするのが政府見解である。この原則を何というか。
　　▶ 集団的自衛権の禁止

☐ **3** 非核三原則とは何か。この原則を提唱してノーベル平和賞を受賞した首相は誰か。
　　▶ 核兵器を作らず，持たず，持ち込ませず。佐藤栄作

☐ **4** 日米ガイドライン関連法の中心立法は何か。また，この法律によるとわが国は米軍にどのような協力を行うことになっているか。2つ答えよ。
　　▶ 周辺事態法。後方地域支援活動・捜索救助活動

☐ **5** 有事立法の中心立法は何か。また，この法律によると自衛権発動の時期はどのような事態と規定されているか。2つ答えよ。
　　▶ 武力攻撃事態法。武力攻撃事態・武力攻撃予測事態

テーマ3 基本的人権の尊重

1：人権の限界〜「公共の福祉」

人権の限界として憲法が規定する「公共の福祉」って何？

人権は「侵すことのできない**永久の権利**」ではありますが，お互いが自由権を行使し合う自由国家においては，人間相互の間で衝突が起こります。その**矛盾や衝突を公平に調整**するのが「**公共の福祉**」です。簡単にいえば，僕はしゃべるのが仕事ですから何でもしゃべりますよね。表現の自由は**不可侵の権利**ですからね。でも，みなさんもプライバシーの権利を持っている。これも不可侵の権利です。じゃあ，僕がみんなの内の誰かの私生活を知っていて，衛星授業で「あいつには，変な趣味がある！」ってしゃべったらその人はプライバシーの侵害だといって怒りますよね。そうです。**お互いが権利を持っているのですから，両方の権利が衝突したら，理性的に一歩譲って，他人の権利を侵害することは許されないというべき**ですよね。これを「**公共の福祉**」（**他者の人権や法益**）**による限界**といいます。権利の濫用は許されないのです。

だから**第12条**は，人権は「常に**公共の福祉**のためにこれを利用する責任を負ふ」，**第13条**は権利・自由は「**公共の福祉**に反しない限り，**立法**その他の**国政**の上で，最大の尊重を必要とする」と規定して，人権には「**公共の福祉**」という**一般的・内在的限界**があることを示しています（**自由国家**的公共の福祉）。多くの

場合，**表現の自由などの精神的自由の限界**を示します。**精神的自由は民主主義を支える優越的権利**といわれているので，「**公共の福祉**」の名のもとに**安易な規制は許されない**。許されるのは，**目的が合理的**で，**規制の手段が必要最小限度**といえるときで，その場合に限って，人権規制は合憲となるのです。

一方，**第22条**の**居住・移転・職業選択の自由**，**第29条**の**財産権**に規定される「**公共の福祉**」は，**経済的自由について，福祉国家実現という政策的見地から，より広い権利制限**（土地の強制買収，独占禁止法によるカルテル（協定）禁止など）**を認めています**（**福祉国家**的公共の福祉）。経済的弱者保護という経済政策なので，比較的広い規制を合憲と推定しています。この場合，人権規制は合理性の原則に基づいて判定され，合理的で許されるもの（**合憲性推定**）と考えられますね。

清水の超整理

自由国家的公共の福祉 ← 「必要最小限度の規制」のみ合憲

| 表現の自由
[第21条] | VS | ・他者の名誉権［第13条］
・他者のプライバシーの権利［第13条］
・わいせつ文書販売罪（善良な性的秩序の維持）［第13条］ |

| デモの自由
[第21条解釈] | VS | ・公安委員会によるデモ許可制［第13条］
（他者の通行の自由と安全） |

福祉国家的公共の福祉 ← 規制は「合憲性の推定」（合理性の原則）が働き，比較的広い規制が合憲として認められる

| 職業選択の自由
[第22条] | VS | ・医師などの各種国家資格制度
・風俗営業などの規制
・独占禁止法などによるカルテル（協定）禁止 |

| 財産権
[第29条] | VS | ・土地の強制収用（正当な補償のもとに）
・武力攻撃事態法による国民の協力義務（土地・建物の収用）
・建築基準法による建築規制 |

以上のように最高裁は，合憲か違憲かの判定基準を，2つに区別しています。これを**二重の基準**（**ダブル・スタンダード**）といいます。

清水の超整理

二重の基準（ダブル・スタンダード）

- **自由国家的公共の福祉（精神的自由の規制）の問題**
  厳しく判断
  →規制は安易には認めない
  （理由）民主主義に直結する権利だから

- **福祉国家的公共の福祉（経済的自由の規制）の問題**
  緩やかに判断する
  →規制は合憲と推定する
  （理由）経済的弱者を保護するための経済施策

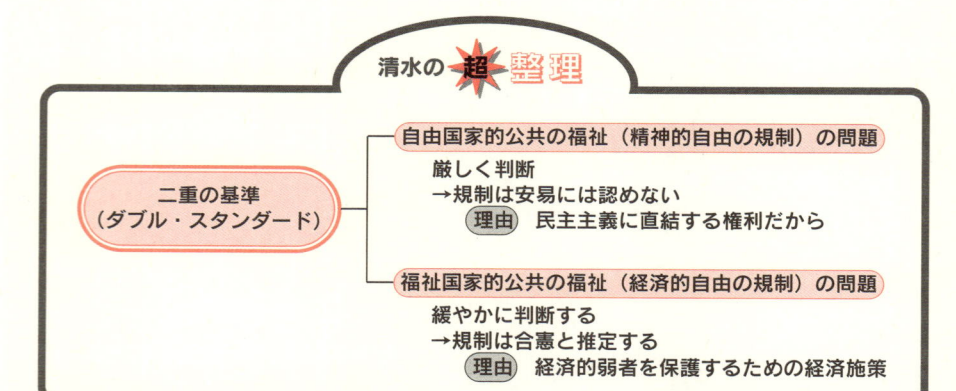

✎ CHECK

❏ **1** 人権の限界を示す憲法上の文言とは何か。
　▶ 公共の福祉（憲法第12条・第13条・第22条・第29条）

❏ **2** 表現の自由などの精神的自由の限界を示す公共の福祉を（ 1 ）国家的公共の福祉というのに対して，経済活動の自由を経済的弱者保護の視点から規制する公共の福祉を（ 2 ）国家的公共の福祉という。
　▶ 1＝自由　2＝福祉

❏ **3** 最高裁が，合憲か違憲かの判定基準を２つに区別していることを何というか。
　▶ 二重の基準（ダブル・スタンダード）

2：自由権～精神的自由

> 思想・良心の自由（第19条），信教の自由（第20条），表現の自由（第21条），学問の自由（第23条）をまとめて，精神的自由といいます。

思想・良心の自由って何？

　思想・良心の自由（第19条）とは，自分の考え方や信念，価値観などの自由を認めることで，いわゆる**内心の自由**のことです。表現の自由や信教

の自由の大前提で，精神的自由の原点です。自分の思想を国家権力によって探られない自由（**沈黙の自由**）や自分の意思に反する意見を強制的に表明させられない権利などを保障しています。

ここで，正誤問題です。「**思想・良心の自由といった内心の自由は理論上，公共の福祉によって制限されることはあり得ない**」は，○か×か？　答えは○です。だって，心の中で考えているだけであれば，まだ他者の人権と衝突したわけではありませんよね。とすると，人権と人権の矛盾・対立を調整する公共の福祉による規制はあり得ない。もし内心の自由が公共の福祉で規制されるとすると，僕が今，頭の中で変なことを考えて，ニタッと笑ったら，突然，警察がやって来て，「お前今，変なこと考えただろう！　逮捕する！！」っていうことになる。こんなことあり得ないですよね。

国旗・国歌法（1999年）は，日の丸・君が代を事実上強制する点で思想・良心の自由の侵害の可能性があるという批判があります。また，「**国および郷土を愛する心**」（愛国心・郷土愛）を明記した**改正教育基本**法（2006年12月施行）にも同様の批判があります。愛国心や郷土愛というものに自然発生的なもので，国家によって強制されるべきものではないとする批判ですね。

🖋 思想・良心の自由（第19条）が問題となった判例は？

憲法第19条で，出題される判例は，**三菱樹脂**事件（1973年）です。**会社（三菱樹脂株式会社）が思想を理由に仮採用者の本採用を拒否したことは，思想・良心の自由の侵害ではないか**が，争われました。最高裁判所は，憲法第19条は私人間には適用されないとして本採用拒否を**合法**とする判断を下しました。その理由は，第1に，社員にも思想・良心の自由（第19条）は保障されるけれど，企業にも雇用の自由（第22条解釈）があること，第2に，本件は民間企業と個人の雇用契約という**私人**間の問題であることから，**契約自由の原則**が優先するため，企業としては雇ってもよいし，雇わ

＊私人間の問題については，公法である憲法は適用されない。私人間では雇うのも自由，雇わないのも自由であって，契約自由の原則が優先適用される。

なくてもよいと考えられることをあげています。入試では「思想・良心の自由（第19条）が問題となった事件を選べ」という形で出題されます。その他の判例としても**裁判所が下した**謝罪広告命令**が第19条に違反しないか否か**が争われた事例もあります。これも，意思に反して謝罪の広告を出すことを強制される点が思想・良心の自由の侵害ではないかが争われましたが最高裁は合憲判決を出しています。

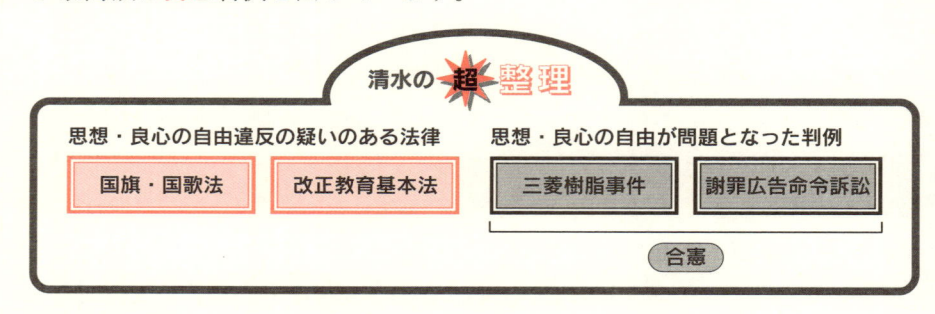

清水の超整理

思想・良心の自由違反の疑いのある法律	思想・良心の自由が問題となった判例
国旗・国歌法　改正教育基本法	三菱樹脂事件　謝罪広告命令訴訟
	合憲

信教の自由って何？

憲法**第20条**に「**信教の自由**は，何人に対してもこれを保障」（1項）とあります。個々人に**信教**の自由を保障しています。これには**内心の自由としての内心信仰の自由**と，それを**外部に表明する布教の自由**の2つの側面がありますが，いずれにしても国民が，どんな宗教を信仰しようと，逆に宗教を信じなかろうと，どちらも自由であることを保障しました。また，「いかなる**宗教団体**も，国から**特権**を受け，又は**政治上の権力**を行使してはならない。」（1項），「国及びその**機関**は…いかなる**宗教的活動**もしてはならない。」（3項）と規定して，**政治と宗教のかかわりを禁止**しています（**政教分離**の原則＝**国教**の禁止）。

政教分離の原則って何？

政治として宗教を行ってはならないとする原則です。**政教分離**は，明治時代に**国が神社神道を国教化して，軍国主義戦争を招いたという反省から定められました**。けれど，これを厳格に考えるか，あるいは緩やかに考えてある程度のかかわりを認めるか，については争いがあります。最高裁の判例は，多くは後者に立ち，多少のかかわり合いはやむを得ないとしてい

ます（津地鎮祭訴訟，箕面忠魂碑訴訟，自衛官合祀訴訟など）。

最近では，最高裁は**愛媛靖国神社玉串料**訴訟（1997年4月）で県が公金によって靖国神社へ玉串料（献金）を支出している行政行為に**違憲**判決を下しましたね。それ以前は，最高裁は一貫して合憲判決を出していたんです。なお，下級審では最近，**小泉首相の靖国神社公式参拝は政教分離の原則に違反する**という**違憲**＊判断が示されて注目されましたね（2004年4月福岡地裁，2005年9月大阪高裁）。しかし，**2006年3月の最高裁判決では憲法判断の必要なし**として判断が回避されました。

✎ 最高裁が政教分離の原則に違反するか否かを認定する時の基準は何？

最高裁の判例が，第20条3項によって公権力によって禁止される「宗教的活動」の認定の際には，**目的効果**論を用いていることを押さえておくといいですね。

国に禁止される**宗教的活動**とは，①目的において**宗教的意義**があり，②効果において，（ⅰ）特定宗教の**援助・助長効果**があり，（ⅱ）他の宗教に対する**圧迫・干渉の効果**がある行為をいうとしています。あとはそれぞれの行為が，これに当たるか否かを認定するのです。この点，最高裁は，「**地鎮祭**」（神主を呼んで建物の安全を祈っておはらいをする神社神道の儀式）については①もっぱら世俗的であって宗教的意義**なし**，②（ⅰ）神道への援助・助長効果**なし**と認定し，いわば**習慣的行事にすぎない**とし，そこへの公金支出は**合憲**だと判断したのです。

しかし，**県の靖国神社への玉串料支出行為については，①宗教的意義があり，②（ⅰ）靖国神道への援助・助長効果があり，（ⅱ）他宗教への圧迫効果もある**と認定し，そこへの公金支出は**違憲**だと判断したのです。

＊判決主文中に示されれば違憲判決であるが，判決理由中に示されたので違憲判断であった。判決理由については不服申立ができないので，この事件では国側は最高裁に上告できない。

清水の超整理

＜憲法第20条 信教の自由が問題となった最高裁の判例＞

| 津地鎮祭訴訟 | 箕面忠魂碑訴訟 | 自衛官合祀訴訟 | 愛媛靖国神社玉串料訴訟 |

前三者：合憲／愛媛靖国神社玉串料訴訟：違憲

表現の自由・知る権利

（図：憲法21条の解釈の上　表現の自由／知る権利／取材／報道／自由だ／いろいろ知りたいな／国民）

表現の自由って何？

憲法**第21条**1項は「**集会**，**結社**及び**言論**，**出版**その他一切の**表現**の自由は，これを保障する」と規定しています。これによって，あらゆる表現形態，たとえば出版物としての本や写真，絵画はもちろん，映画や演劇，テレビ，ラジオ，新聞などの報道や雑誌などの表現の自由が認められているのです。もちろん，**デモ行進（集団示威行進）**についても，「動く集会」として保障されているし，**選挙運動の自由**も自分の政治的な考え方を有権者に対して表現する手段として保障されています。

また，最高裁判所は，「**表現の自由**」は情報の**送り手の自由**であるけれど，それを実質的に保障するために情報の**受け手の自由**として「**知る権利**」を認め，「**知る権利**」を保障する前提として**報道機関**の「**報道の自由**」と「**取材の自由**」も憲法**第21条**の解釈により，十分尊重に値すると判示しています。いわゆる**外務省機密漏洩事件**＊（別名：沖縄密約事件）ですね。一般論として，国民の知る権利を認め，報道機関の報道の自由と取材の自由を認めた判例として入試にも出題されています。

憲法第21条2項に規定されている「検閲の禁止」「通信の秘密」は，1項の「表現の自由」とどういう関係にあるの？

「**検閲の禁止**」「**通信の秘密**」は個々人の「**表現の自由**」を守るための**制**

＊外務省機密漏洩事件…1972年，アメリカから沖縄返還の際，日本側からアメリカに資金が提供されたことを毎日新聞の西山記者が取材・報道し，国家公務員に対して国家機密漏洩を教唆した罪に問われた事件。

検閲の禁止・通信の秘密

度的保障だと考えられています。**検閲**とは表現物の中身を事前に公権力が審査して不適当と認めるときには公表を差し止めることですが，このような検閲が行われると自由な表現はできなくなってしまいますよね。ですから，個々人の自由な表現を保障するために検閲は原則として行わないという制度を作ったわけです。同じく，「**通信の秘密**」についても，**公権力，たとえば警察権力が郵便物や電話，電子メールの中身をチェックしてはならない**という制度を作って，個々人の自由な表現を保障したのです。

しかし，これらの原則にも例外があり，「**公共の福祉**」の観点より，制限されることもあり得ます。たとえば，**わいせつ文書の規制**などについては表現物の事前差し止めが行われることもありますよね。また，犯罪捜査のために**通信傍受できる場合を定めた法律**も1999年に制定されています。

清水の超整理

通信傍受法　1999年制定（小渕内閣）

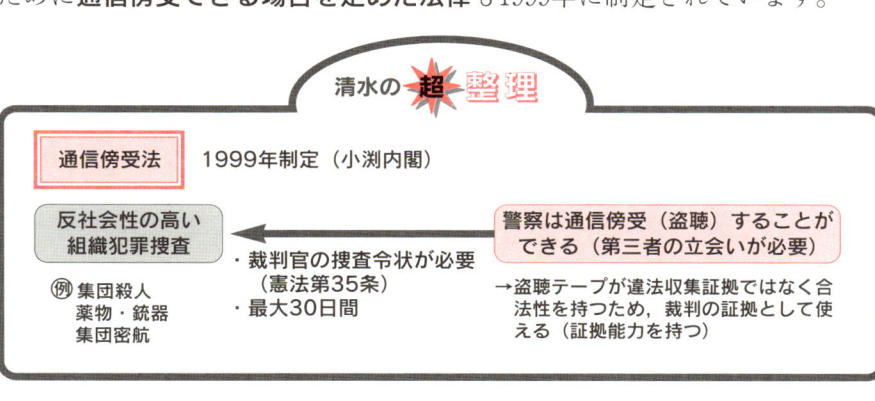

反社会性の高い組織犯罪捜査
例）集団殺人
　　薬物・銃器
　　集団密航

・裁判官の捜査令状が必要（憲法第35条）
・最大30日間

警察は通信傍受（盗聴）することができる（第三者の立会いが必要）
→盗聴テープが違法収集証拠ではなく合法性を持つため，裁判の証拠として使える（証拠能力を持つ）

✎ 表現の自由などの精神的自由が優越的権利とよばれているのはなぜ？

表現の自由は，主権者たる国民に，自由に政治的意見を述べることや思想の自由交換を認めて，**思想の自由市場**を確立する重要な権利ですよね。つまり，**精神的自由，特に表現の自由は，民主主義を支える優越的権利**なんです。これは，「公共の福祉」による人権制限のところで勉強しましたよね（→P.71）。だから，**表現の自由**は「**公共の福祉**」の名のもとに安易に規

制することは許されないと考えられているわけです。

しかし，だからといって，表現の自由が全く自由に保障されるわけではありません。**他者の人権と衝突した場合，濫用は許されない**のであって「**公共の福祉**」の観点から規制されることはあり得る。たとえば，他者の**プライバシーの権利**や**名誉権**，**人格権**を侵害するような場合には，表現が規制されることがあるでしょうね。

🖊 どのような場合に表現の自由の規制・制限が許されるの？

最高裁が，表現の自由の規制を「**公共の福祉**」を守る観点から**合憲**と判断する基準は以下の通りです。

第1に，**規制の目的に合理性**があり，第2に，**規制の手段が必要最小限度**にとどまる限りにおいてその規制は許される（**合憲**である）という基準です。やはり優越的権利ですから，過度な規制は許さないと解釈しているわけですね。たとえば，「規制目的を他の方法によって達成できる場合には，表現の規制は許されない」とか，「明白かつ現在の危険が存在する場合のみ，表現の規制は許される」といった合憲性判定基準を用いるのです。

🖊 具体的に「表現の自由」の規制が認められた判例は？

実は，憲法第21条の「**表現の自由**」の制限が合憲か違憲かが問題となった事例では，最高裁は全て**合憲**判決を下しており，**違憲**判決は1度も出ていないと押さえておいてください。過去の裁判例では，いずれも，その規制は「**公共の福祉**」の観点より，許されるとしているのです。

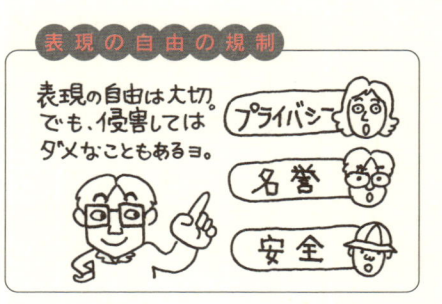

（1） 東京都公安条例事件[*]

デモ行進をする場合，事前に東京都公安委員会（警察の上部組織）の許可を得る必要があるとする公安条例の規定が憲法第21条「表現の自由」を不当に侵害するのではないかが争われました。しかし，最高裁は**デモ行進許可制**を**合憲**と判断しました。その理由として，**デモ行進の許**

---

[*] 公安条例事件は，東京都のほかにも，新潟県，徳島県などでも起こり，訴訟となっているが，いずれも最高裁は，デモ届出制・許可制を合憲としている。

可制は，デモの暴徒化を防止して他者の通行の自由と安全という「**公共の福祉**」**を守るための必要最小限度の規制措置**であることをあげました。つまり，事前の届出制・許可制は，警察が他者の通行の自由と安全を確保する目的で交通整理などをするために必要な措置であるということです。

(2) チャタレー事件

『チャタレー夫人の恋人』という本を出版した書店の社長と翻訳家が刑法175条の「わいせつ文書販売罪」で逮捕されました。そのとき，無罪を主張して，刑法175条の「わいせつ文書販売罪」は憲法第21条の「表現の自由」に対する不当な侵害ではないのかが争われました。しかし，最高裁は，**合憲**とする判決を出しました。その理由として，**わいせつ文書の販売を禁止することは，善良な性道徳と性的秩序を守るための必要最小限度の規制措置**であるということをあげました。

(3) 税関検査訴訟

輸入わいせつ文書に対する税関の輸入禁止・没収処分が憲法第21条「表現の自由」に対する不当な侵害ではないかが争われました。最高裁は，**わいせつ文書の輸入禁止措置は「公共の福祉」を守るための必要最小限度の規制措置**だとして，**合憲**とする判決を下しました。

(4) 北方ジャーナル事件

この事件でも最高裁は，**公職選挙の立候補者に対するウソの批判記事を掲載した雑誌の発刊を事前に差し止める裁判所の措置は合憲**とする判断を出しました。その理由も**「公共の福祉」を守るための必要最小限度の措置**だという点にありました。つまり，ウソの批判記事を載せた雑誌の発行を認めると，立候補者の**名誉権**が著しく侵害されて，落選する可能性もあり，損害賠償ではカバーできない重大な損失を被る可能性がある。それを防止するには，雑誌の事前差し止めは，必要最小限度のやむを得ない措置であるとしています。

(5) 『石に泳ぐ魚』事件

最高裁は，芥川賞作家の柳美里（ユウミリ）が，知人の在日外国人

の女性の私生活を本人の同意なく小説化したことから，**プライバシーの権利**（第13条，第21条2項，第15条4項，第35条）**を不当に侵害**しているとして，小説の発行差し止めが容認されました（最高裁判決2002年）。**最高裁が正式にプライバシーの権利を認めた点**と，**プライバシーの権利を根拠とする小説の発行差し止めが初めて**だという点が出題されます。

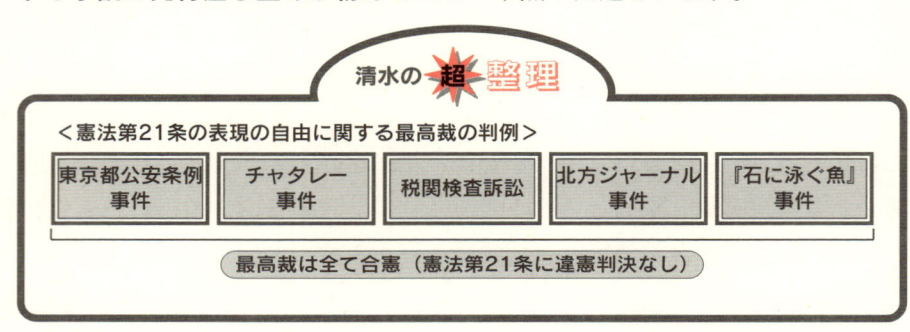

清水の 超 整理

<憲法第21条の表現の自由に関する最高裁の判例>

東京都公安条例事件	チャタレー事件	税関検査訴訟	北方ジャーナル事件	『石に泳ぐ魚』事件

最高裁は全て合憲（憲法第21条に違憲判決なし）

✎ 学問の自由って何？

第23条の学問の自由は，解釈上，学問研究の自由，研究成果発表の自由，教授の自由の3つを認めています。これらの自由を守るための**制度的保障**として**大学の自治**を保障したと解釈されています。**大学の自治**とは，**公権力，特に警察権力の大学内への立入禁止**を意味しています。つまり，大学内に警察が立ち入ることによって学問弾圧が行われたという明治憲法下の歴史的反省から，最高裁が**東大ポポロ劇団**事件で一般論として認めたものです。

ただし，最高裁は，単に大学内に立ち入ること自体を禁止したわけではなく，**大学内の学問研究の内容や教授内容への立入禁止**だと限定的に解釈しています。

したがって，ポポロ劇団という学生運動の拠点となっている学生サークルには**大学の自治**は保障されず，警察は大学内の同サークルに対して警察捜査権が及ぶ

という事実認定をしました。ただ，入試として重要なことは，**東大ポポロ劇団事件**において，最高裁が，一般論として，**大学の自治**を認めたという点です。よく覚えておいてくださいね。

日本国憲法の三大原則(3)，自由権(1) 【現社ハンドブック】 ▶ P.182〜185
人権，自由権(1) 【政経ハンドブック】 ▶ P.40〜43

清水の超整理

- **東大ポポロ劇団事件** 一般論として大学の自治を認めた

（個人）**学問の自由** ← （制度）**大学の自治** を保障

制度的保障：公権力（警察権力）の大学における学問研究・教授内容への立ち入り禁止

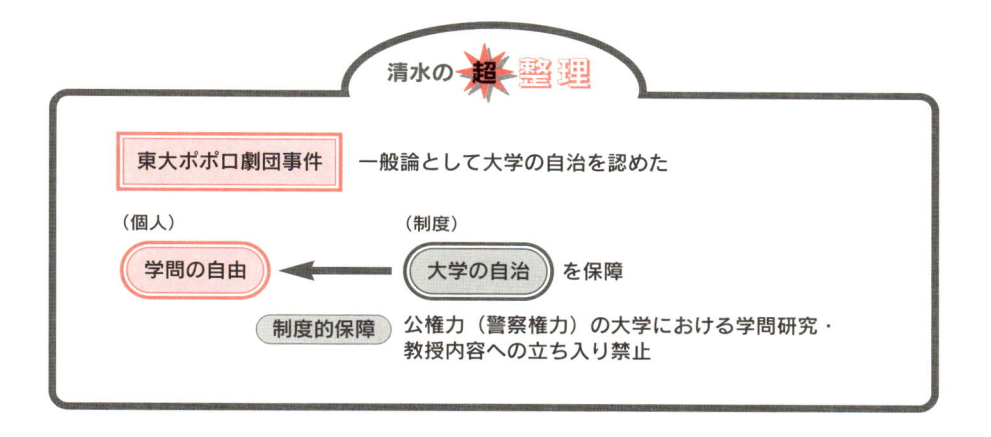

✍CHECK

☐ **1** 以下の精神的自由を国民に保障するための制度（いわゆる制度的保障）をそれぞれ答えよ。(1)表現の自由　(2)信教の自由　(3)学問の自由
　▶ (1) 通信の秘密・検閲の禁止　(2) 政教分離の原則　(3) 大学の自治

☐ **2** 精神的自由に関して最高裁が違憲判決を下した訴訟の名称と権利の名称を答えよ。
　▶ 愛媛靖国神社玉串料訴訟，信教の自由

3：自由権〜人身の自由・経済的自由

✎ 人身の自由って何？

　人身の自由とは，公権力によって不当に身柄拘束を受けることのない権利であって，**個々人の行動の自由を保障**するものです。行動の自由が規制

されると個人の尊厳が守られないですからね。人身の自由で最も重要な規定は，憲法**第31条**です。同条は，刑事実体面として法律によらなければ逮捕されないとする**罪刑法定主義**と，刑事手続面として法律の定める手続によらなければ処罰されないとする**法定手続の保障**（デュー・プロセス）の２つを定めたものと解釈されています。いずれにしても，行動の自由の制限には法の支配が及ぶとして，不当な身柄拘束を排除しています。

ちなみに，**罪刑法定主義**における「法」とは**刑法**を意味し，**法定手続の保障**における「法」とは**刑事訴訟法**や**行政手続法**を意味しています。**法定手続の保障**では，被告人に処罰の告知をし，反論のチャンスを与えています（**告知・聴聞のチャンス**）。

> 憲法第31条「法定手続の保障」の規定は捜査における適法性も要求するので違法な捜査，たとえばおとり捜査による逮捕は無効となるし，また違法収集証拠も排除されることになります。

次に，**第33，35条の令状主義**。現行犯の場合を除き，**司法官憲（裁判官）が発する令状がなければ逮捕されず**（第33条），また**住居侵入・捜査・押収を受けない**（住居の不可侵　第35条）。ただし，現行犯の場合と刑事訴訟法上は，緊急逮捕（指名手配中の者を逮捕する場合）も，令状はいりませんね。令状をとっていたら逃げてしまいますからね。

第35条は，いわゆる捜査令状というものです。令状なくして，住居・書

類・所持品の捜査・押収はできません。これは，ある新しい人権の解釈根拠条文の1つですが，何という権利かわかりますか？　そう，**プライバシーの権利**ですね。住居や所持品のプライバシーを守っているんです。ただ，現実には任意の捜査協力として，所持品検査とか，車のトランク検査などがありますね。しかし，あれはあくまで任意の協力ですから，令状がない限り強制はできないんです。ただ，半強制的な雰囲気の任意同行とか，任意の捜査協力が現実にはありますけどね。

✎ 憲法第39条に遡及処罰の禁止，一事不再理が規定されているけれど，これは何？

　これも人身の自由を守る重要な規定です。**遡及処罰の禁止**というのは，**刑罰法規制定以前の行為をさかのぼって処罰することはできない**とする原則です。つまり，行為後に制定または改正して作った刑罰法規によって処罰してはならない，行為者からみれば，**行為時の刑罰法規に違反しなければ将来の刑罰法規によって処罰されることはない**という原則なんです。ですから，**事後法処罰**の禁止ともいわれています。

　もし，行為後の刑法によって処罰されるとしたら，私たちが何らかの行動をするとき，常に将来の刑法を予想して行動しなければならなくなってしまう。そうしたら，人権が萎縮してしまって，結局，行動の自由が奪われてしまうでしょうね。

　ところで，「この遡及処罰の禁止は，ある刑事司法原則のあらわれといわれるが，その原則を答えよ」という問題が入試で出題されています。答えは？　結局，行為時の刑罰法規に従えば，将来も処罰されないということですから…そう，**罪刑法定主義**ですね。「法律によらなければ逮捕されない」とする**罪刑法定主義**にいう「**法**」とは，**行為時の刑罰法**

規のことだったのですね。憲法**第31条**と**第39条**によって保障されています。注意しておきましょう。

次に，**一事不再理**というのは，1つの犯罪行為については一度，裁判によって審理が行われて判決が確定した以上，重ねて審理を繰り返して再度処罰することは許されないという原則です。いわゆる**二重処罰**の禁止ですね。

　　　　　　　　　　　　　具体的にいえば，既に裁判によって無罪が確定した行為を再審理してはならない。注意してほしいことは，裁判によって無罪を勝ちとった被告人を保護することが，立法目的ですから，**被告人に不利な方向＝有罪の方向での再審を認めない**ということですね。

✏️ ということは，被告人に有利＝無罪の方向での裁判のやり直し（再審）は許されるの？

　その通りです。憲法に規定はありませんが，**第39条の解釈上，無罪方向の再審**は，被告人保護の観点から認められています。具体的には，1975年の**白鳥事件の最高裁の再審決定**が現在の再審要件として確立しています。

> ①有罪の確定判決後，新たな証拠が発見されたこと，
> ②①の結果，有罪の確定判決が疑わしくなった場合，
> 再審を認めています。

　再審決定に「**疑わしきは被告人の利益に**」「**疑わしきは罰せず**」という刑事司法原則を適用したわけです。

　たとえば，ある人に死刑判決が確定したとしましょう。その人は無罪を主張しつづけているんですね。そしたら，死刑判決確定後に新証拠が発見されて，他の人の指紋が犯行の部屋からいくつか発見されたとしたらどうですか。これは他の人の犯行かもしれないですよね。有罪の判決が疑わしくなったわけです。自分は白だと証明しなくても，少なくとも黒ではない

*死刑判決が確定したが，再審が認められて無罪となったケース…①免田事件，②財田川事件，③松山事件，④島田事件。いずれも1980年代に再審・無罪が確定した。

かもしれない。グレーゾーン（灰色）に戻せば再審・無罪となります。

　ひょっとしたら犯人ではないかもしれないのに，死刑判決は確定したのだから，とりあえず死んでくれというのは，ヒドイですよね。だから**疑わしくなったら再審を認めて無罪としてあげないといけない**んです。やっていないのに，やったとして有罪にされてしまうことを**冤罪**といいます。

✎ その他，人身の自由で注意しておくべきことは？

　憲法の条文をチェックしておきましょうね。まず，第38条１項の「**黙秘権**」ですね。**被疑者，被告人**は「**自己に不利益な供述を強要されない権利**」があります。取り調べに対して，黙っている権利があります。その上で，プロの**弁護人を依頼する権利**があります。法律のプロに代わって答えてもらう方が不利益になりませんね。特に刑事裁判の場合，民事裁判と異なって，死刑になったり，懲役刑になったり，重大な刑罰を受けるわけですから，被告人は必ず弁護人を立てることができます。被告人にお金がなくて弁護人を依頼できないときは，国が弁護人をつけてくれるんですね。この弁護人のことを「**国選弁護人**」といいます（第37条３項）。刑事ドラマによく登場しますよね。

> 民事裁判は，自分の個人的権利の主張ですから，本人が自分で裁判をすることもできます。もちろん，お金を出せば弁護士に依頼できますが，国選弁護人制度はありませんから，お金がない人は自分で裁判をしないといけないですね。金持ちに有利じゃない？　民事裁判は私権の処分の問題なので，資本主義ルールで行われているんですね。

　次に，**自白**原則に注意しましょうね。第38条２項によると，「**強制，拷問若しくは脅迫による自白**」「**不当に長く抑留若しくは拘禁された後の自白**」調書は，**証拠にできません**。第38条３項「**自己に不利益な唯一の証拠が本人の自白である場合**」，**有罪とすることはできない**としています。もっというと，有罪に持ち込むためには，**本人の自白＋補強証拠**が必要だというの

＊最近の司法改革で犯罪を疑われて逮捕された（被疑者）段階から国選弁護人をつけることが決定し，2006年，2009年と２段階で実施することになっている。被告人のみならず，被疑者の人権を守るのが目的。

が憲法の原則なんです。つまり，自白だけで有罪とできるとすると，自白強要が横行する恐れがありますからね。だから犯人が自白した場合でも，凶器を捜しにダイバーが湖にもぐったりしてるのです。

最後に，間違って抑留・拘禁されて，後に無罪判決が確定したらどうなるのかも押さえておきましょう。「間違って捕まえてゴメン。帰っていいよ！」じゃあ，すまないでしょうね。拘束日数分の慰謝料がほしいですよね。これを憲法第40条は「**刑事補償請求権**」として認めています。

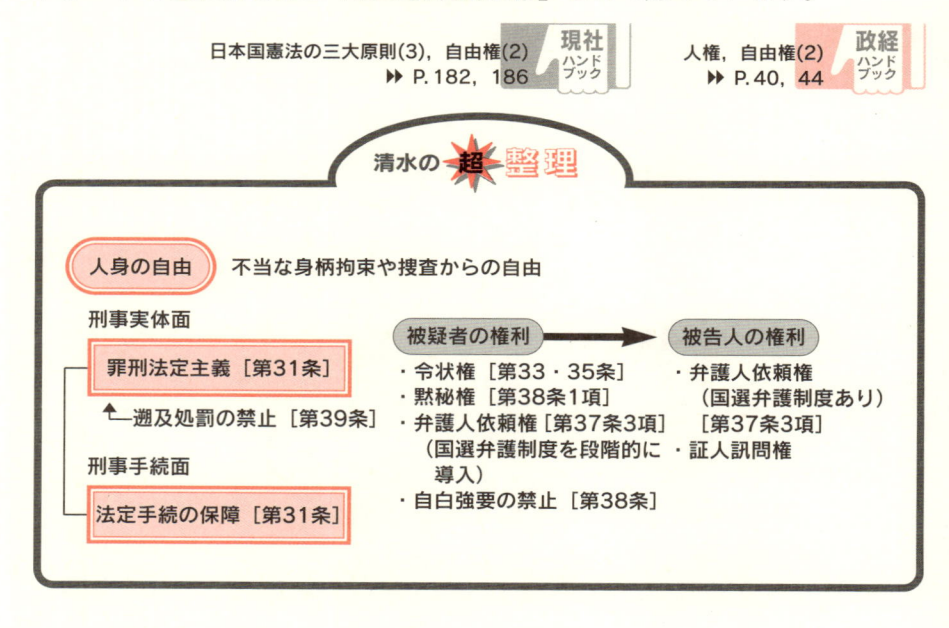

日本国憲法の三大原則(3)，自由権(2) 現社ハンドブック ▶▶ P.182，186

人権，自由権(2) 政経ハンドブック ▶▶ P.40，44

清水の超整理

人身の自由 不当な身柄拘束や捜査からの自由

刑事実体面
罪刑法定主義［第31条］
　↑遡及処罰の禁止［第39条］
刑事手続面
法定手続の保障［第31条］

被疑者の権利 → 被告人の権利
・令状権［第33・35条］
・黙秘権［第38条1項］
・弁護人依頼権［第37条3項］
　（国選弁護制度を段階的に導入）
・自白強要の禁止［第38条］

・弁護人依頼権
　（国選弁護制度あり）
　［第37条3項］
・証人訊問権

✏️ 経済的自由って何？
　憲法は，経済的自由を認めるためにどのような権利を保障しているの？

　経済的自由は，憲法には**第22条**と**第29条**の2カ所に規定されています。まず，憲法**第22条**の「**職業選択の自由**」です。同条は「公共の福祉に反しない限り」いかなる職業でも選択できると規定しており，その解釈から選択した職業についての**営業**の自由も認めています。正確にいうと第22条1項で「**居住，移転及び職業選択の自由**」，2項で「**外国に移住し，又は国籍を離脱する自由**」を規定しています。憲法制定者は，職業上，日本国籍を

捨てて海外に移住することが起こると考えていたんですね。

また憲法第29条は「**財産**権は，これを侵してはならない」と規定して，**私有財産**の不可侵性を保障しています。ただし，**私有財産**は「公共の福祉に適合する」という前提のもとに制限されることはあります。いずれにしても，この**私有財産**を認めているため，日本国憲法は**資本主義憲法**だと解釈されます。もちろん，第22条は**営業**の自由（自由競争）を認めていますしね。ただし，「**正当な補償**」のもとに公共のために用いることができるという制限がありますから，たとえば土地収用法に基づいて，土地を強制買収する場合には，国は「正当な補償」＝時価による金銭補償をしなければなりません。

✏️ 最高裁判所で2つ違憲判決が出されているけれど，どういう事例なの？

(1)　薬局開設距離制限規定違憲判決

憲法**第22条**「**職業選択の自由**」に関して，最高裁判所は薬事法が規定していた「**薬局開設距離制限規定**」に**違憲**判決を出しています（1975年）。

薬事法が距離制限規定（新しく薬局を作る場合，薬局間の距離に制限を設ける）を設けた立法目的は薬局の過当競争を防止し，不良薬品の供給を防止するという点にありました。しかし，最高裁は，以下の理由から，**距離制限規定**を**違憲・無効**と判断しました。

その理由は，第1に，薬局距離制限と不良薬品供給防止の間には因果関係がなく，距離制限をしたからといって不良薬品の供給防止はできない。（当時）厚生省の薬価基準の強化等で不良薬品の供給は防止できるので，距離制限は過度で不必要な規制である。第2に，距離制限をすることは，これから薬局を作ろうとする人の**職業選択**の自由（第22条）を不当に侵害す

るということがあげられました。この違憲判決後，国会は薬事法を改正して，同条項を削除しました。

(2) **共有林分割制限規定違憲**判決

次に憲法**第29条**「**財産**権」に関して，最高裁判所は森林法が規定していた「**共有林分割制限規定**」に**違憲**判決を出しました（1987年）。**共有林分割制限規定とは，森林の共有者は総価値の過半数の持分がなければ共有林の分割請求をすることができないとする規定**です。

森林法が共有林分割制限規定を設けた立法目的は，共有林の分割にともなう森林伐採を防ぎ森林を保護することにありましたが，**共有持分権者は，分割請求ができないと，自分の所有地を確定できず，結局，第三者に持分権を売却することが困難になってしまう。**よって，憲法**第29条**が保障する「**財産**権＝所有権」を不当に制限し，**違憲・無効**であるとする判決を出したのです。この違憲判決後，国会は森林法を改正して同条項を削除しました。

日本国憲法の三大原則(3)，自由権(2) 【現社ハンドブック】 ▶ P.182, 186

人権，自由権(2) 【政経ハンドブック】 ▶ P.40, 44

清水の超整理

＜経済的自由に関する最高裁の判決＞

薬局開設距離制限規定（薬事法）	共有林分割制限規定（森林法）
憲法第22条「職業選択の自由」を侵害→ **違憲**	憲法第29条「財産権」を侵害→ **違憲**

✍ CHECK

☐ **1** 日本国憲法が規定する経済的自由を2つ答えよ。
　▶ 職業選択の自由（第22条），財産権（第29条）

☐ **2** 経済的自由に関して最高裁が違憲判決を下した訴訟の名称を2つ答えよ。また，その訴訟で違憲と判断された法律の名称をそれぞれ答えよ。
　▶ 薬局開設距離制限規定違憲訴訟（薬事法），共有林分割制限規定違憲訴訟（森林法）

4 平等権

> 憲法第14条の法の下の平等では、「すべて国民は、法の下に平等であって、人種、信条、性別、社会的身分又は門地により、政治的、経済的又は社会的関係において、差別されない」（1項）、とあります。

✏️ 平等権って何？

憲法**第14条**は、全ての国民を平等に扱わなければならないと規定して、平等な政治の実現をめざしています。この**「法の下の平等」**は、法の支配のあらわれなので、法律を作る**政治権力者＝立法者を拘束**し、立法者に対して単に**法適用の平等（形式的平等）**のみならず、**法内容の平等（実質的平等）**を要求していると理解されています。さらに、法の下の平等の**制度的保障**として、同条2項で、**華族・貴族制度を廃止**し、不平等な身分的差別制度を撤廃しました。ただし、形式的平等ではなく実質的平等を実現することが目的である以上、憲法第14条は**不合理な差別**を禁止するものであって、**合理的理由のある差別**は認められると解釈されているんです（**実質的平等説**）。

合理的差別の例として入試に出題されたものには、①労働基準法の女子労働者保護規定、②累進課税、③少年犯罪の減刑、④業務上犯罪の刑加重、⑤選挙年齢区別、⑥外国人の選挙権の否定、⑦外国人の公務員資格を認めない国籍条項、⑧男女婚姻年齢区別（男18歳、女16歳）などがあります。

①は女子労働者に、産前産後休暇や生理休暇を与えていますが、これは母性保護という合理的目的があります。

②は貧富差を解消する所得分配機能を持ち、**実質的平等**を実現するものです。

③は未成年犯罪者には将来を考慮して社会復帰を重視すべきである、という合理的目的があります。

④は危険業務を反復する場合には、高度の注意義務が課されており、それに違反した道義的責任は重いとするものです。

⑤は日本では選挙権が20歳以上ですが、外国の多くは18歳以上ということで、問題となりますが、国は、適切な主権判断を下せるのは20歳以上だと説明するわけです。

⑥の定住外国人（一定期間、日本に居住した外国人）について、主権者ではない以上、国政選挙権が与えられないことには争いはないのですが、地方選挙権を与えてもよいのではないかという意見もあります。1995年の**最高裁**の判決では、意見書の部分で、**定住外国人に地方選挙権を付与することは、地方自治の本旨の１つである住民自治（憲法第92条）を尊重する観点から、立法措置をとれば（公職選挙法改正）、違憲とは断定できない**とする判断を示しました。2001年には定住外国人への地方選挙権付与法案が国会に提出されましたが見送りとなり、**今のところ、外国人には、国政も地方もともに、選挙権は認められていません。選挙権は主権者に限るので、外国人に選挙権を認めないことは合理的差別**だというのです。

⑦定住外国人に公務員資格を認めず、日本国民に限るとする国籍条項について、政府は、合理的理由があるとしています。**公務は権力作用をともなうことから、主権者に限られるべきだ**とするのです。2005年の**最高裁**の判決でも、管理職試験において定住外国人の受験資格を認めない措置について、合理的理由があり、合憲だとする判断を下しました。ただし、1996年以来、川崎市をはじめとする**一部の地方自治体は、国籍条項は外国人に対する不合理な差別であって憲法第14条に違反するとの自主的判断に基づいて、同条項を自主的に撤廃し、外国人も雇うという運用を行っています。** 国の立場に反対しているのです。

この点を問う入試問題は、よく出題されているので注意しておきましょうね！

＊川崎市など一部の地方自治体は公務にも様々な態様があり、非権力的公務もあることから、定住外国人の公務員資格を一律に奪うことは不合理だということを国籍条項撤廃の理由にあげている。

清水の超整理

<憲法第14条「法の下の平等」の考え方>

| 法適用の平等
（形式的平等説） | 不平等な内容を持った法律を平等適用すると不平等な結果となる |

| 法内容の平等
（実質的平等説） | 弱者を保護する観点から合理的差別を認める
例　①労働基準法の女子労働者保護
　　②累進課税　③少年犯罪の減刑（少年法）など |

女子差別はどのようにして解消されていったの？

女子差別撤廃条約の批准（1985年）に先立って，まず，**国籍**法が改正されて（1984年），日本国籍の取得条件が**父系血統主義**（父が日本人→子は日本人）から**父母両系血統**主義（父または母が日本人→子は日本人）に改められました。次に，**男女雇用機会均等**法が制定されて（1985年），女子の就職・昇進のチャンスを男子と対等に保障することを事業主の努力とする規定が設けられたんです。これは，97年改正（99年改正法施行）で，**事業主の努力規定が義務規定（禁止規定）に高められて**，違反事業主の**実名公表**という事実上の罰則規定が設けられました。2000年には，**男女共同参画社会形成基本**法が制定され，女性を行政会議などの社会に参画させる**積極是正措置**（**ポジティブ・アクション**または**アファーマティブ・アクション**）をとるべき旨が明記されました。

外国人差別はどうやって解消されていったの？

外国人登録法で，かつて義務づけられていた外国人**指紋押捺**が，人格権・プライバシーの権利の侵害および日本人との不当な差別に当たることから，1993年に**特別永住外国人**について廃止されました。さらに，99年には16歳以上で1年以上滞在する**全ての定住外国人**について，**指紋押捺**制度**は廃止**されました。ただし，2006年にはテロ対策を徹底し公共の安全・福祉を確保するために**出入国管理**法が改正され，外国人の入国審査の際，指

---

*形式的平等では，女性や少数民族（マイノリティ）といった弱者は守れない。実質的平等を実現するために，一定の積極的保護政策を実施していくという考え方。[例] 女性や少数民族の国会議員枠の設定（フランスなど），男女共同参画社会の形成（日本など）。

紋照合などを行うことになりました。この点では，外国人の権利は一歩後退ですが，公共の福祉を優先したわけです。さらに国は，指紋を採取しているのではなく照合しているだけだとして，その正当性を主張しています。

また，**公務員の資格を日本人に限る国籍条項**については，政府および最高裁は，**公務は権力的作用を持つ**ことから，**公務員を日本国民に限ることは合理的差別として認めています。けれど，公務には非権力的公務も存在する**ことから，川崎市（神奈川県）は96年，一律に外国人を排除する国籍条項は不合理な差別に当たり，違憲であるとの立場から，国籍条項を自主的に撤廃して運用していることは，前に勉強した通りです。

定住外国人に地方選挙権を付与する法案（2001年小泉内閣）も，外国人への参政権上の差別解消を目的としていましたが，国は選挙は国政・地方ともに主権者に限られるべきとの立場から認められていないのが現状でしたね。確認しておきましょう。（→P.90）

平等権，平等権をめぐる最近の動き ▶▶ P.188〜191	現社ハンドブック
平等権(1)・(2) ▶▶ P.46〜49	政経ハンドブック

清水の時事コラム

外国人の人権
〜指紋押捺拒否権〜

①外国人登録法改正
　　1993年　特別永住外国人の指紋押捺を廃止
　　1999年　定住外国人の指紋押捺を廃止
②出入国管理法の改正
　　2006年　入国管理の際，外国人に対して指紋照合などを実施する
　　　↳テロ対策のため，外国人の指紋押捺拒否権は一歩後退する結果となった
　　　　（国の主張）指紋は照合するのみで採取していないのでプライバシーの権利の重大な侵害とはいえない

5: 請求権

✎ 国家賠償請求権って何？

第17条の国家賠償請求権では，公務員の不法行為によって損害を受けた者は，国家賠償法に基づいて，国または公共団体に損害賠償請求ができます。公務員の不法行為による被害については雇主である国または地方が代わって責任を負うという**使用者責任**を規定したものです。たとえば，国が管理する道路などの営造物に欠陥があって被害が発生した場合，被害者は国または地方に対して管理責任を問うことができますね。入試に出題されるとすれば，**公害問題**ですが，被害者は汚染物質を排出した企業に対しては民法に基づく損害賠償を，国や地方に対しては公害行政責任として損害賠償を求めることができるのです。**被害者であれば，日本国民のみならず外国人も，この権利を行使できます。**たとえば，従軍慰安婦訴訟がありますね。旧日本軍の軍人（国の公務員に準じる地位）によって被害を受けた外国人女性が日本政府を相手に損害賠償を求めることも法的には可能です。裁判の中で損害賠償請求を認容されるか否かは，別の問題ですけれどね。

> 2002年，最高裁は郵便法の損害賠償免責規定（損害賠償を郵便物の紛失や破損に限定し，遅配による拡大損害については免責とする規定）が憲法第17条に違反するという判決を下しました。法律を作らなかったこと，つまり立法不作為に違憲判決を出すのは最高裁としては初で，画期的な判決です！

請求権・参政権　現社ハンドブック ▶ P. 192
請求権・参政権　政経ハンドブック ▶ P. 50

6: 社会権〜自由権を実質化 "生きる自由"

✎ 社会権って何？

第25条の生存権は，ワイマール憲法でいう**人たるに値する生活**＝生存権

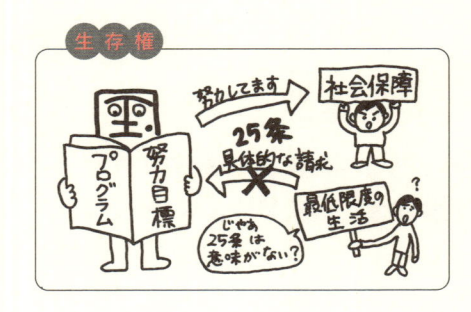

を模範として，1項「すべて国民は，**健康で文化的な最低限度の生活を営む**権利を有する」，2項「**国は**…**社会福祉，社会保障**及び**公衆衛生**の向上及び増進に**努めなければならない**」と規定しています。けれど，憲法第25条の法的性質は，国の努力目標としての責務を明言した**プログラム規定**にすぎないと解釈されています（**朝日訴訟・堀木訴訟**の最高裁判決）。だから，**国民は憲法第25条を直接の根拠として具体的な社会保障を請求できない**のです。

ですから**朝日**訴訟では，国民が同条に基づいて生活保護費の増額を請求しましたが，**プログラム規定**であることを根拠にその請求を最高裁は認めませんでした。**生活保護基準は厚生大臣の合目的的裁量**で決まり，国民は一見，明白に「最低限度の生活」に足りないといえない限り，請求はできず，本件の生活保護は行政裁量の範囲内としました。また，**堀木**訴訟も国民が，**障害者福祉年金と児童扶養手当の併給禁止を定める国民年金法の規定**が憲法第25条に違反するとして，憲法第25条を直接の根拠として併給請求をしましたが，最高裁はこれを認めませんでした。**憲法第25条はプログラム規定であり，同条を根拠に具体的請求はできない**というのが，その根拠です。これも公的年金の併給禁止は**立法裁量の範囲内**であるとしたのです。

＜憲法第25条「生存権」はプログラム規定＞

| 行政裁量 | 朝日訴訟 生活保護費の増額請求 | 堀木訴訟 障害福祉年金と児童扶養手当の併給請求 | 立法裁量 |

第25条プログラム規定

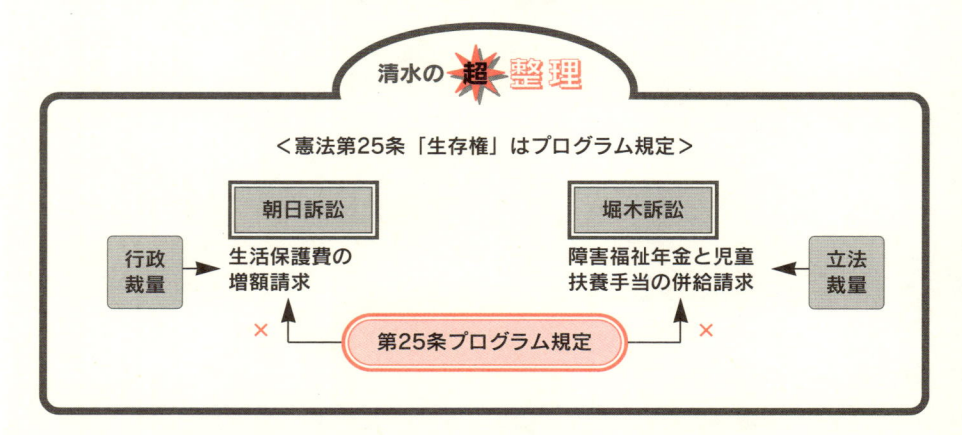

＊憲法第25条「生存権」はプログラム規定…①国の政治的指針としての努力目標規定。よって，②国民は憲法第25条を直接の根拠として具体的な請求をできない。

✏️ ところで，憲法第25条をプログラム規定とする根拠は何なの？

「**最低限度の生活**」というのは国家の財政的裏付けがないと保障できないものなので，**国家財政との相関関係で相対的に決まるもの**だからです。財政の豊かな国では「**最低限度の生活**」の水準は高いでしょうが，財政の乏しい国では，その水準は低くせざるを得ないので，国の裁量で決まるということです。

✏️ その他の社会権の規定には，どのようなものがあるの？

憲法第25条のほかに第26～28条があります。

憲法**第26条**は**教育を受ける**権利です。国民は，***保護する子女に普通教育を受けさせる義務**を負っています。そのための制度的保障として，**義務教育**は無償としているのです。これも憲法に明記されています。第26条に**国民教育義務**を定めていますが，教育の義務があるのならば**国民には教育を施す権利（国民教育権）**もあると解釈しています。

そこで，高校の日本史の教科書について戦争の記述が多いという理由から（当時）文部省の教科書検定によって不合格処分を受けた家永教授が教科書検定制度の違憲性を争った**教科書検定**訴訟（家永訴訟）が起こされたのです。**教科書検定制度が，憲法第21条2項が禁止する「検閲」に当たるのではないか。また，憲法第26条の教師＝国民の教育権を侵害するのではないか**が，争われました。最高裁は，教科書検定制度それ自体は**合憲**であるとする判決を下しました。理由としては，**第1に，全国の高校教育水準統一の必要性から，検定制度自体は教師の教育権への不当な侵害とはいえないこと，第2に，一切の表現を禁止するものではなく，教科書としては不可でも一般図書としての出版は禁止していないので検閲には当たらない**

---

*教育の義務とは，親や教師の義務であり，保護する子女に普通教育を施す義務を負うという意味である。「普通教育」＝中学までは通わせる義務があることを示している。

ことなどをあげています。

次に，憲法第27条の勤労権です。国民は国家に対して，勤労サービス提供請求権を持っています。この点で，国家の作為を求めているので社会権の1つといえるのです。これに基づいて，国としては国民に勤労のチャンスを保障するために雇用保険法などに基づく職業訓練やハローワークとよばれる公共職業安定所などを法律によって設けているのです。

最後に憲法第28条の労働基本権，いわゆる労働三権とよばれる権利です。

①団結権（労働組合を結成する権利），②団体交渉権（労働組合による使用者との交渉を認める権利）。③団体行動権（いわゆる争議権とよばれ，実力行使をする権利）が保障されています。これらは，個々人では経済的弱者に位置する労働者が使用者との交渉で対等の立場になるため労使対等の原則の確立をめざした権利です。

ただし，**団体行動**権（争議権）の中心は**ストライキ**権ですが，**国営企業労働者を含めた公務員などに争議権を一律禁止する公務員法などの規定は，憲法第28条に違反するか否かが問題となり訴訟になりました。それが全農林警職法違反事件**や**全逓東京中郵事件や全逓名古屋中郵事件**です。全農林警職法違反事件の最高裁は，**公務員の争議権一律禁止は合憲**だと判断しています。理由としては①**憲法第15条2項**は公務員を「**全体の奉仕者**であって，一部の奉仕者ではない」こと，②**職務の公共性**，③**ストを認めることによって得られる利益**（公務員の賃金アップなど）**とストを認めることによって失われる利益**（国民全体の利益）**を比較すると，失われる利益の方が大きい**とする比較衡量論，④公務員には**争議権を禁止した代償措置**として**人事院**制度があり，民間なみの公正な賃金や待遇の査定を行っていることがあげられます。

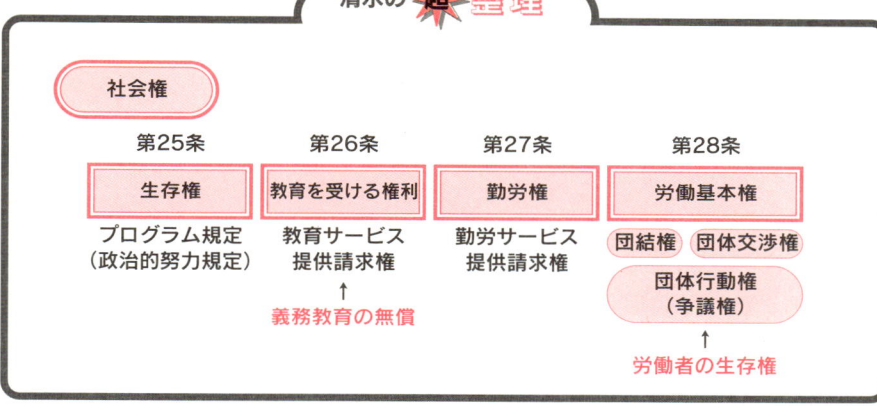

現社ハンドブック 社会権 ▶▶ P.194
政経ハンドブック 社会権 ▶▶ P.52

清水の超整理

社会権

第25条	第26条	第27条	第28条
生存権	教育を受ける権利	勤労権	労働基本権
プログラム規定（政治的努力規定）	教育サービス提供請求権 ↑ 義務教育の無償	勤労サービス提供請求権	団結権　団体交渉権 団体行動権（争議権） ↑ 労働者の生存権

✍ CHECK

☐ **1** 教育を受ける権利を全ての国民に保障するための制度的保障を1つあげよ。
　　▶義務教育制度

☐ **2** 公務員について一律禁止されている権利は何か。
　　▶争議権（団体行動権）

7：新しい人権

> 新しい人権というのは、憲法に明文規定はありませんが、情報化，管理社会化，公害問題の激化など社会状況の変化にともない，今日の社会状況の中で解釈上，認めるべき必要が出てきた権利のことです。

✎ 新しい人権って具体的にはどんな権利？

　1つめは**環境**権。最低限度の生活に加え，**よりよい環境で生活する権利**

として登場しました。

> 環境権の憲法上の解釈根拠条文は，第25条の「生存権」と第13条の「幸福追求権」の2つですね。よく出題されるので注意してください。

公害の発生にともない，**環境権は被害者弁護団によって主張されている**んですが，最高裁は判例としては正式には認めていません。

環境権が登場した判例には，**大阪空港騒音訴訟**や**名古屋新幹線訴訟**などがあります。大阪空港騒音訴訟では，原告である被害者住民の弁護団が，環境権を根拠に，夜間飛行の差し止めを請求しましたが，航空会社が自主的に夜間飛行を中止したために，この点については訴えの利益がなくなり，結局，過去の夜間飛行によって受けた**精神的苦痛に対する慰謝料として損害賠償**だけを認めました。しかし，それを認めた根拠としては環境権の侵害ではなく，**人格権の侵害**だと認定しました。したがって，**最高裁としては，正式に環境権を認めたことはない**のです。

また，立法においても**環境権**を明記した法律もありません。1993年に"**環境憲法**"をキャッチフレーズに**環境基本法**が制定されましたが，この法律にも結局，**環境権は明記されませんでした**。この点は，国民に具体的権利としての環境権を認めるべきだと思いますが，国は認めたがっていない。だって，国民に具体的な環境権を与えると，国民から国の公害行政責任を追及され，国家賠償請求を受けかねないですからね。

＊1…アクセス権は，サンケイ新聞事件において自分についての報道に対する反論記事（の無料掲載）請求権として原告弁護団が主張した。最高裁は，**本件では名誉毀損が成立しない以上，反論記事掲載請求は認められない**としてその請求を棄却した。しかし，名誉毀損が成立する場合には認める可能性が示唆された判決とも読み取れる内容だった。

新しい人権の2つめは**知る権利**。当初，情報を受け取る自由（**知る自由**）として登場したんですが，行政権の肥大化と秘密行政の増加にともなって，行政民主化の必要性が高まったんです。そこで，**主権者たる国民が積極的に行政情報を請求する情報公開請求権**，自分に関する報道に反論する権利すなわち**アクセス**権[*1]（情報源への接近権）に発展しています。ここにおいて知る権利は，**自由**権から**社会**権・**請求**権へと進化しているんですね。

> 知る権利の解釈根拠条文は，第13条「幸福追求権」，第21条「表現の自由」の受け手の側面，前文・第1条・第15条など「国民主権」に関する規定です。

知る権利については，情報公開法には明記されませんでしたが，最高裁の判例は，これを正式に認めています。**外務省機密漏洩事件**（沖縄密約事件）では一般論としては，国民の**知る権利**を満たすために報道機関の**報道の自由，取材の自由**を認めています。また，多くの地方で起こされている情報公開請求訴訟でも**知る権利**は権利として認められています。

3つめは**プライバシーの権利**。情報管理社会化の進行の中で，**自由**権としての**私生活をみだりに干渉されない権利**として登場しましたが，**社会**権としての**自己に関する情報を自らコントロール（管理）する権利**に発展しています。もともとの自由権としてのプライバシーの権利は，1960年代に，三島由紀夫の小説『**宴のあと**』[*2]事件で東京地方裁判所が認めましたが，**最高裁が正式に認めた**のは2002年の柳美里の小説『**石に泳ぐ魚**』事件です。知り合いの女性の私生活を本人の同意なく小説化したため，出版差し止めの判決が出されました（→P.79）。

4つめは**平和的生存**権。**平和な状態で生存することを要求する権利**です。**長沼ナイキ基地訴訟や百里基地訴訟**などの自衛隊違憲訴訟の中で原告弁護団が主張し

---

*2…三島由紀夫がある国務大臣の女性関係を本人の同意なく小説化したことに対して，プライバシーの権利侵害を理由に損害賠償が請求された事件。

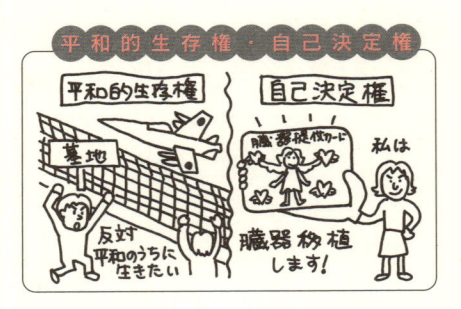

ています。**憲法前文は「平和のうちに生存する権利」と明記していますが，前文には具体的な裁判規範性がない**と解釈されていますから，新しい人権として認めて具体的請求権とする必要があるのです。

　5つめは**自己決定**権。生命科学・医療技術の発達にともない，自己の生き方などを自ら決定できる権利です。たとえば，延命拒否＝*尊厳死・*安楽死，臓器移植など，患者の**自己決定**権が主張されています。

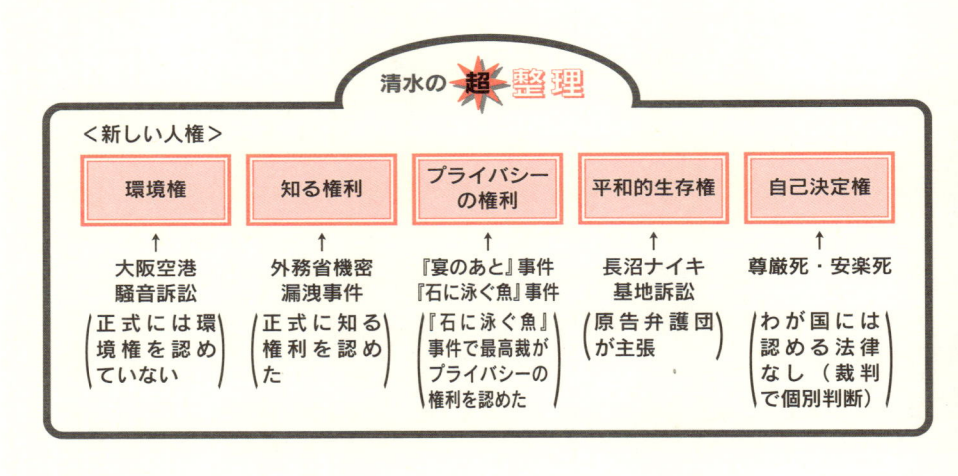

清水の超整理

＜新しい人権＞

環境権	知る権利	プライバシーの権利	平和的生存権	自己決定権
大阪空港騒音訴訟	外務省機密漏洩事件	『宴のあと』事件『石に泳ぐ魚』事件	長沼ナイキ基地訴訟	尊厳死・安楽死
正式には環境権を認めていない	正式に知る権利を認めた	『石に泳ぐ魚』事件で最高裁がプライバシーの権利を認めた	原告弁護団が主張	わが国には認める法律なし（裁判で個別判断）

✏️ 人格権って何？

　第13条の**幸福追求**権は，あらゆる自由を含むことから**人格**権や**名誉**権，**自己決定**権（**自己表現**の権利）など広汎な新しい人権を認めるものと解釈されています。具体的には，**肖像**権（警察などの公権力によってみだりに写真などを撮影されない権利），**指紋押捺拒否**権（1999年に定住外国人の指紋押捺制度は廃止）などがあります。また，**喫煙**権と**嫌煙**権，延命治療を拒否して自然死を受け入れる**尊厳死の権利**，末期ガン患者が苦痛から解放されるために投薬して死に至らしめてもらう**安楽死を選択する権利**などが主張され，今後こういった人格権は拡大していく方向にあります。

＊尊厳死…延命治療を拒否して自然死を選択すること。
＊安楽死…投薬による死を選択すること。

情報公開法って何？

主権者たる国民の「**知る権利**」を制度化し、行政情報の開示を請求できる**情報公開**法（1999年成立、2001年施行）が制定されました。これは、行政腐敗を監視して防止する機能を果たすことから、**行政民主化**の手段といえます。ただし、公開対象が中央省庁などの行政機関（公権力）に限られ、**国が実質上経営する特殊法人に及ばない点**、同法に**国民の「知る権利」が明記されなかった点に問題がある**んです。もちろん政府の**説明責任（アカウンタビリティ）**は規定されましたが、それは政府の努力規定にすぎず、国民の具体的権利とは認められていないわけです。また、非公開事由として①**個人情報**、②**企業情報**、③**外交・防衛など国家機密**、④**警察捜査情報**、⑤**行政内部情報**などが規定されていますが、**非公開決定を公開請求された行政機関自らが行うことから、恣意的な運用が行われかねない**ということもいわれています。非公開決定への不服申立は、**情報公開審査会**（現在、**情報公開・個人情報保護審査会**）に対して可能ですが、そこでは行政官庁に公開勧告を出すことしかできず、その**決定に拘束力がない**のです。最終的には、**情報公開請求訴訟**が可能です。もちろん判決には**法的拘束力があります**が、提訴先は全国8カ所の高等裁判所所在地の地方裁判所に限定されていますから、若干利用しにくくなっていますね。特に沖縄県の国民は那覇地裁には提訴できず福岡地裁に提訴しなければならず、裁判を利用しにくくなっています。

なお、小泉内閣が進めていた特殊法人の廃止ないし独立行政法人化ですが、**独立行政法人とするメリットは、特殊法人とは異なって情報公開の対象となる**という点にあります。特殊法人よりは、少しは民主化され、国民の監視を受けるんです。

個人情報保護法って何？

個人のプライバシーに関する情報を本人の同意なく第三者に流出させた者（民間事業主・公権力・公務員など）**に対する罰則を定めた法律**として**個人情報保護法**が2003年，小泉内閣下で成立しました。2002年の法案段階では，同法案が報道機関を含めた全ての個人情報取扱いの事業主を罰則適用の対象としており，**メディア規制になるとの批判**が出されたため，**報道機関，学術研究機関，著述業，宗教団体，政治団体**を罰則適用除外として可決しました。もともとは，1999年の**住民基本台帳法改正（住民基本台帳ネットワーク）によるプライバシー流出を防止する機能を持つ法律**として，小渕内閣が住民基本台帳法改正とセットで制定すると公約をして，提唱した法律なんです。

プライバシーの保護に関しては，従来，わが国では**「行政機関が保有する電子計算機処理にかかわる個人情報の保護に関する法律」**が1988年に制定されていましたが，同法は**行政機関が持つ個人情報のコンピュータ入力ミスの訂正削除請求だけ**を認めたものにすぎず，民間保有情報やマニュアル情報が保護対象外となっていました。2003年制定の「**個人情報保護法**」は公権力が保有するマニュアル情報や民間事業主にも適用を拡大したことから**実質的プライバシー保護法**の意味を持ちます。

なお，同法が個人情報の取扱いに善管注意義務を課した**民間個人情報取扱い事業主とは，5000件を超える個人情報を保有する事業主**のことで，2005年から施行されています。ただ，問題は，たとえば個人がインターネットなどで他人のプライバシー情報を他人の同意なく流出した場合が罰則の対象となっていないという点にあります。いずれにしても，同法によって，個人情報を本人の同意なく流出させた場合，個人情報の管理に善良なる注意義務を怠った場合，公権力や民間事業主に対して罰則が科されることになります。

また，**本人が自分に関する情報の開示を請求し，どのような個人情報を**

公権力などが保有しているかをチェックする*個人情報開示請求権も，自己情報管理権というプライバシーの権利として認められている点に注目です。もちろん，第三者が他人の個人情報を開示請求することはできません。

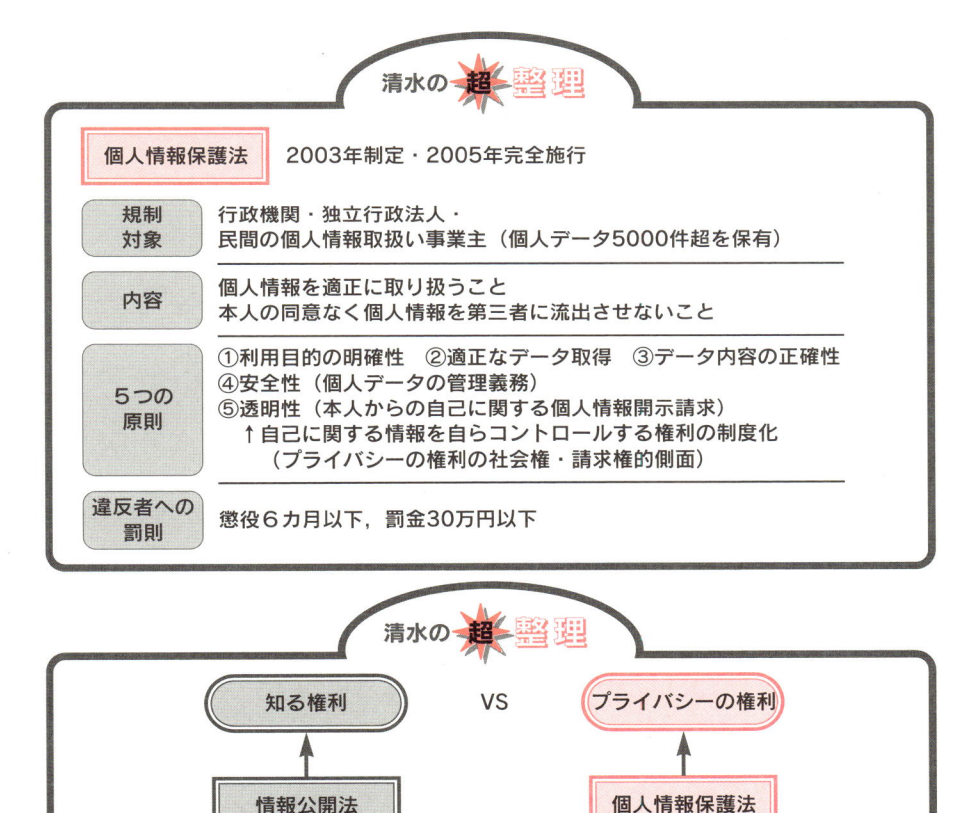

清水の超整理

個人情報保護法 2003年制定・2005年完全施行

規制対象	行政機関・独立行政法人・民間の個人情報取扱い事業主（個人データ5000件超を保有）
内容	個人情報を適正に取り扱うこと 本人の同意なく個人情報を第三者に流出させないこと
5つの原則	①利用目的の明確性　②適正なデータ取得　③データ内容の正確性 ④安全性（個人データの管理義務） ⑤透明性（本人からの自己に関する個人情報開示請求） ↑自己に関する情報を自らコントロールする権利の制度化 　（プライバシーの権利の社会権・請求権的側面）
違反者への罰則	懲役6カ月以下，罰金30万円以下

清水の超整理

知る権利 VS **プライバシーの権利**

↑情報公開法　　　　　　　↑個人情報保護法

（非公開事由）
・個人情報
・企業情報
・国家機密
・警察捜査情報
・行政内部情報

（罰則対象外）
・報道機関
・著述業
・学術研究機関
・宗教団体
・政治団体

現社ハンドブック　新しい人権(1)・(2) ▶ P.196〜199
政経ハンドブック　新しい人権(1)・(2) ▶ P.54〜57

---

*個人情報開示請求権はプライバシーの権利のあらわれであって，知る権利のあらわれではない点に注意。本人が自分の情報をチェックするのはプライバシーの権利の請求権的側面。知る権利は行政民主化の一環として行政情報を開示請求する権利である。

✓ CHECK

☐ **1** 知る権利の社会権・請求権的側面として情報源に接近する権利を何というか。
▶ アクセス権

☐ **2** プライバシーの権利を正式に認めた最高裁の判例を答えよ。
▶『石に泳ぐ魚』事件

☐ **3** 個人情報保護法は，何件を超える個人データを保有する事業主を民間個人情報取扱い事業主としているか。
▶ 5000件

清水の 時事コラム

住民基本台帳法改正
～住民基本台帳ネットワークって何？～

　1999年，小渕内閣は住民基本台帳法を改正して，全国民に11桁のコンピュータ番号をつけて，従来，居住地の地方自治体（市区町村）が作成して保管していた住民基本台帳に掲載された住民情報をコンピュータ入力し，全国で一元的に管理するという制度の導入を決定しました。2002年8月に，コンピュータ入力によるオンライン化が行われ，2003年8月から住民基本台帳カード（ICカード）の配布が開始されました。

　住基ネット導入の長所は，①事務の効率化，②住民基本台帳カードを提示すれば全国どこの市区町村窓口でも住民票が入手できるようになり，住民の利便性が高まること，にあります。

　しかし，短所は，①国民総背番号制となり，国家による個人情報の管理が進むこと，②全国中の地方から住民情報が流出し，プライバシーの権利が侵害される恐れがあること，③今後，入力情報が課税情報や年金保険料の支払状況などに拡大され，プライバシー侵害の危険性が高まることなどが指摘されています。

問題にチャレンジ！

レベル表示▶ レベルA：難　レベルB：やや難　レベルC：標準

例題1　レベルB▶ P66

わが国の外交・防衛に関する法律についての記述として**適当でないもの**を一つ選べ。

① 周辺事態法は，日本周辺で緊急事態が発生し，日本に危害が及ぶ恐れがある際，わが国が米軍に協力することを定めるガイドラインを定めたものである。
② テロ対策特別措置法は，テロ被害にあったアメリカを支援し，加害者であるテロ集団やテロ支援国家に対する制裁を共同実施することを定めている。
③ イラク復興支援特別措置法は，戦後イラクの復興・人道支援のために，イラクの非戦闘地域に自衛隊を派遣する時限立法である。
④ 武力攻撃事態法は，わが国に対する武力攻撃や，武力攻撃予測事態が発生したとき，わが国が自衛権を発動することを明記した。

解説 ②誤り。アメリカへの後方支援活動や燃料補給を定めたが，共同制裁の実施を定めていない。①日米ガイドライン関連法の中心。1999年，小渕内閣下で制定。③イラク戦争後の2003年制定。4年間の時限立法。2007年に2年延長。④2003年，小泉内閣下で制定。有事立法の中心法。　**解答⇒②**

例題2　レベルC▶ P72

日本国憲法が定める人権についての記述として**適当でないもの**を一つ選べ。

① 学問の自由は，教育と研究の場である大学が国家権力による不当な介入を受けないという大学の自治の保障を含む。
② 教育の自由は，政治と教育を分離するという政教分離の原則の保障を含む。
③ 表現の自由を保障するためには，公権力が表現物の内容を発表前に事前に審査する検閲は禁止する必要がある。
④ 思想および良心の自由は，自分の思想と異なる内容の表明を拒否する権利や沈黙の自由を保障している。

解説 ②誤り。政教分離の原則は，政治と宗教の分離（第20条・第89条）。①第23条の解釈で，大学の自治を認める。③第21条2項は「検閲の禁止」を明記。④第19条「思想および良心の自由」は内心の自由を保障しており，解釈上，沈黙の自由などを認める。　**解答⇒②**

例題 3 レベルA ▶ P73

日本国憲法の人権に関して問題となった出来事の内容として**適当なもの**を一つ選べ。
① 他人の名誉を毀損した者が謝罪広告の掲載を判決によって強制されることは，本人の意思に反する場合は思想・良心の自由の侵害となる。
② デモ行進は民主主義に直結した表現の自由の一つであるが，事前の届出制・許可制を定める条例は合憲である。
③ 民間企業が，従業員がかつて学生運動経験があることを理由に解雇することは，思想・良心の自由に違反し，憲法違反だとするのが最高裁の判例である。
④ 首相が勤務時間中に靖国神社を参拝することは，第20条の信教の自由を侵害し，違憲だとするのが最高裁の判例である。

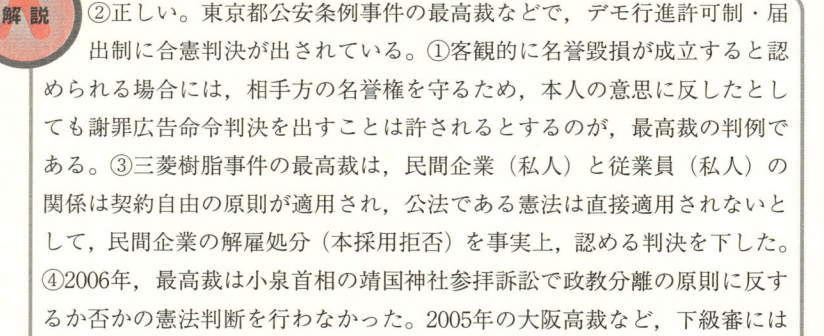

> ②正しい。東京都公安条例事件の最高裁などで，デモ行進許可制・届出制に合憲判決が出されている。①客観的に名誉毀損が成立すると認められる場合には，相手方の名誉権を守るため，本人の意思に反したとしても謝罪広告命令判決を出すことは許されるとするのが，最高裁の判例である。③三菱樹脂事件の最高裁は，民間企業（私人）と従業員（私人）の関係は契約自由の原則が適用され，公法である憲法は直接適用されないとして，民間企業の解雇処分（本採用拒否）を事実上，認める判決を下した。④2006年，最高裁は小泉首相の靖国神社参拝訴訟で政教分離の原則に反するか否かの憲法判断を行わなかった。2005年の大阪高裁など，下級審には違憲判断を示したものもあるが，最高裁では違憲判断は過去1度も出ていない。
>
> 解答⇒②

例題4 レベルB ▶ P93

日本国憲法が定める社会権についての記述として**適当なもの**を次の中から一つ選べ。

① 健康で文化的な最低限度の生活を営むことのできない者は，法律の根拠がなくても，直接憲法第25条に基づいて国に生活保護の増額を請求することができる。
② 憲法第26条は，国民が教育を受ける機会を均等に保障するために，義務教育を無償とすることを明記している。
③ 憲法第27条は，勤労は，権利であるとともに義務であることから，国が必要と認める場合には，国民を強制的に徴用することができることを定めている。
④ 公務員も勤労者であるから，憲法第28条によって労働基本権が保障され，争議権を行使することが許されている。

解説 ②正しい。第26条は，教育機会の均等と義務教育の無償性を明記している。①第25条「生存権」はプログラム規定なので，国の政治指針としての努力目標規定にすぎず，憲法を根拠に直接，具体的請求を行うことはできない。③国が国民を強制労働させることはできない。ただし，犯罪処罰としての刑務作業は例外として許されている。④公務員は，ストライキなどの争議権（団体行動権）を公務員法などによって一律禁止されており，最高裁はこれを，公務員の全体の奉仕者性や公務の公共性などを根拠に，合憲と判断している。

解答⇒②

例題 5　レベルB ▶ P97

新しい人権についての記述として**適当でないもの**を次の中から一つ選べ。

① 国民の知る権利は，当初，公権力によって情報入手を妨害されない知る自由として登場したが，最近では情報源に接近する権利という社会権・請求権的な性質も認められつつある。

② プライバシーの権利は，私生活をみだりに干渉されないという自由権として登場したが，最近では自己に関する情報を自らコントロールする権利という社会権・請求権的な性質も認められつつある。

③ 安楽死や尊厳死を自らの意思によって選択する権利も自己決定の権利として主張されているが，わが国ではこれらを認める法律は制定されていない。

④ 環境権は環境基本法によって国民の権利として明記され，最高裁判所も環境権に基づく差し止め請求を容認する判決を下している。

> **解説**　④誤り。環境権は環境基本法に明記されていないし，最高裁も正式に認めたことはない。①②知る権利もプライバシーの権利も，自由権として登場したが，最近では社会権・請求権的側面を持つ権利に発展。③安楽死や尊厳死を選択することを自己決定の権利として認める主張もあるが，わが国では安楽死を合法とする安楽死法などは制定されていない。
>
> **解答⇒④**

第5講 日本の政治機構

国会，内閣，裁判所の相互チェックの権限を押さえよう！　時事問題としては，国会審議活性化法や内閣法改正による中央省庁のスリム化，裁判員制度の導入などの司法改革に注目しよう！

テーマ

1. わが国の三権分立
2. わが国の政治制度のしくみ
3. 司法改革と問題点

わが国の三権分立

1：政治機構〜三権の相互関係

三権分立とは，モンテスキューの権力分立論に基づいて，三権相互の抑制と均衡（チェック=アンド=バランス）により権限濫用を防止する制度です。わが国は議院内閣制型の三権分立をとっていますね。

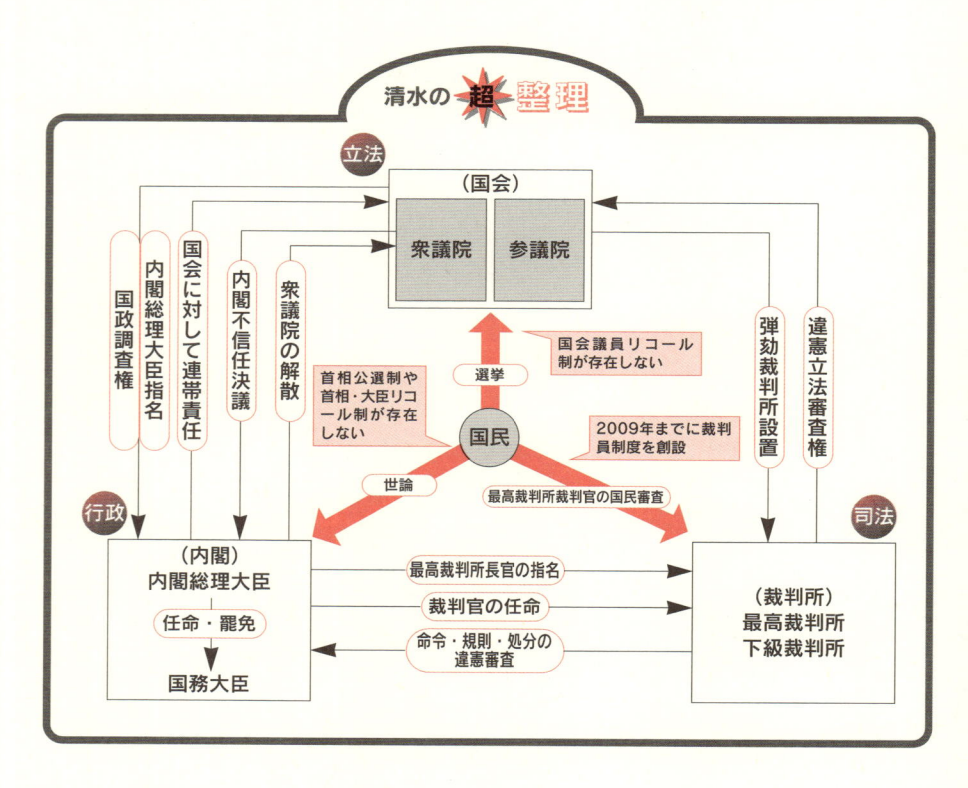

清水の超整理

立法（国会） 衆議院・参議院

行政（内閣） 内閣総理大臣 → 任命・罷免 → 国務大臣

司法（裁判所） 最高裁判所・下級裁判所

- 国政調査権
- 内閣総理大臣指名
- 国会に対して連帯責任
- 内閣不信任決議
- 衆議院の解散
- 弾劾裁判所設置
- 違憲立法審査権
- 最高裁判所長官の指名
- 裁判官の任命
- 命令・規則・処分の違憲審査

国民 — 選挙・世論・最高裁判所裁判官の国民審査

- 首相公選制や首相・大臣リコール制が存在しない
- 国会議員リコール制が存在しない
- 2009年までに裁判員制度を創設

📝 国会と内閣の関係は？

議院内閣制では，国民が代表者を選び，その代表者で構成される国会が内閣をチェックします。**内閣（行政府）への民主的コントロールを国会＝議会が行う**というのが**議院内閣**制です。

国会は，内閣（行政府）に存立の根拠を与えるとともに，内閣の監督機能を持ちます。国会は**内閣総理大臣**を**指名**し（憲法第67条），**衆議院**は，**内閣不信任決議**をもって，内閣の行政上の失敗について責任を問うことができます（憲法第69条）。

内閣は，行政権の行使について，国会に対して**連帯責任**を負っています（憲法第66条）。具体的には，衆議院で不信任決議が可決された場合，**総辞職**という形で責任を負います。内閣は全員で一体性をもって行政責任を負うことから**総辞職**という形で**連帯責任**を負うのです。また，国会への抑制機能として**衆議院の解散権**を持っています。

衆議院の解散パターンは次の2つ。**衆議院が内閣不信任決議を可決したとき，内閣が対抗手段として10日以内に衆議院を解散する第69条解散**（**議院内閣制本質型**解散）と，**内閣が「助言と承認」により実質的に決定し，天皇の国事行為として衆議院を解散する第7条解散**（**民意吸収型**解散）です。第69条解散は衆議院の内閣不信任決議に対抗して内閣が衆議院を解散するものですから，その結果行われる総選挙は，**内閣不信任の是非を国民に問うもの**です。一方，**第7条解散**は内閣が任意に衆議院解散を決定するものですから，解散後の総選挙で内閣ないし国会（与党）の**重要決定についての民意を問うために行う民意吸収型**解散です。

1993年宮沢内閣が，自民党分裂の結果，非自民勢力が衆議院の過半数を超えたために不信任されたことに対抗して衆議院を解散したのは第69条解散！　一方2005年8月に小泉内閣が郵政民営化法案が参議院で否決されたのを機に衆議院を解散したのは第7条解散!!　郵政民営化の否決が是か非かの意見を，国民に直接問う総選挙を行うための解散でしたね。

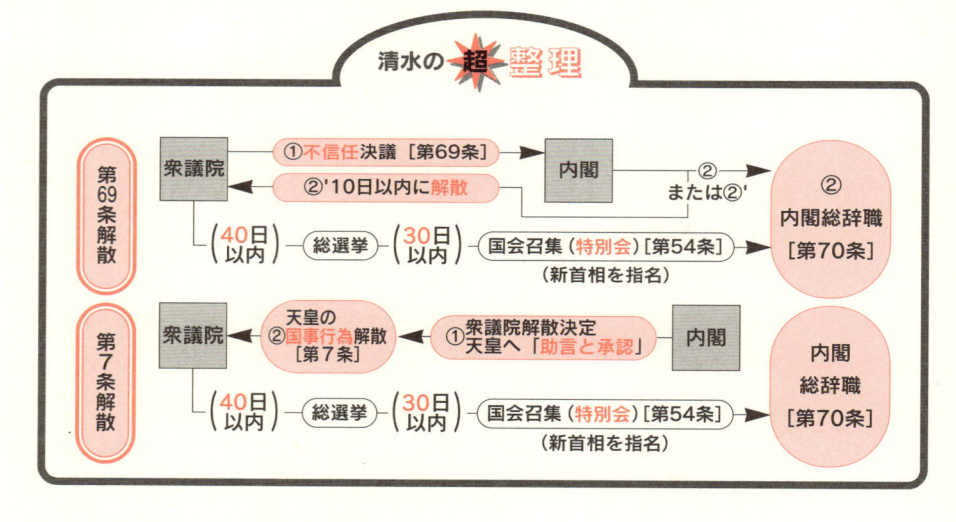

清水の超整理

第69条解散
衆議院 ①**不信任**決議［第69条］→ 内閣 →②または②' → ②**内閣総辞職**［第70条］
②'10日以内に**解散**
（40日以内）─総選挙─（30日以内）─国会召集（**特別会**）［第54条］（新首相を指名）

第7条解散
衆議院 ←天皇の②**国事行為**解散［第7条］← ①衆議院解散決定 天皇へ「**助言と承認**」← 内閣 → **内閣総辞職**［第70条］
（40日以内）─総総選挙─（30日以内）─国会召集（**特別会**）［第54条］（新首相を指名）

司法権と国会・内閣の関係は？

　国会・内閣は，**司法権の独立**が保障されているので裁判内容に干渉することはできません。国会・内閣の裁判所に対するチェック機能は，①国会は**弾劾裁判所**＊（衆・参各7人で組織）を設けて，適格性を欠く裁判官の弾劾・罷免を決定できること，②内閣が**裁判官の人事権を持つこと**（(i) **最高裁判所の長官**は**指名**，その他14人の最高裁の裁判官は**任命**，(ii) **下級裁判所の裁判官は最高裁の指名した者の名簿**により内閣が**任命**）の2つです。

　一方，裁判所は国会・内閣に対するチェック機能として，**違憲（法令）審査権**を持っています（憲法第81条）。国会が制定した**法律**，内閣が制定

＊弾劾とは，その職を退かせること。国民などによる裁判官の訴追請求を，まず国会内に設置された裁判官訴追委員会（衆・参各10人）が受け，そこで訴追の適否をチェックする。訴追相当と判断した場合は，同じく国会内に設置された弾劾裁判所（衆・参各7人）の弾劾審査にかけられ，そこで弾劾の決定が出されると，裁判官は罷免される。

した**命令・規則・処分**（営業停止命令などの行政処分）が対象となります。

> 主権者たる国民は、国会・内閣・裁判所に対して、何ができるの？

（1）国会に対しては、**国民は選挙を行って代表者を選ぶことができます**ね。しかし、問題なのは、いったん選んだ国会議員をクビにする手段を持っていないことです。つまり、**国会議員のリコール（国民解職）制度が欠けています**。

（2）内閣に対しては、ほとんど何もできません。これが大問題ですね。議会が国民に代わって行政権を持つ内閣をコントロールするしくみになっているからです。特に国民が内閣総理大臣を直接選挙する**首相公選制もとられていません**し、悪いことを行った**首相や国務大臣をリコール（国民解職）する制度もありません**。もっぱら、**世論による監視**に委ねられているわけです。

（3）司法に対しては、**最高裁判所の裁判官**（長官1人＋その他裁判官14人）**に対する国民審査**制度があります（憲法第79条）。その**裁判官が任命された後、初めて行われる衆議院総選挙の際に**行われ、**10年ごと**に繰り返されます。さらに、司法に対する民主的コントロールとしては**2004年に裁判員法が制定された**ことが時事的にも話題ですね。殺人などの重大な刑事裁判において民間人の参加を認め、国民感情に合致した量刑が行われることを目的としています。**2009年5月までに実施**されます。この点では**司法の民主化**がはかられたわけです。

＊行政民主化の世論を形成するためにも、せめて行政情報の開示を国民から請求する情報公開制度が必要である。そこで、憲法には規定されていないが、法律によって制度を設けたのである。

テーマ2 わが国の政治制度のしくみ

1:国会

✏️ 国会は，憲法上，どのような地位が保障されているの？

　憲法第41条前段は「**国会は国権の最高機関**」であると規定しています。この規定は文言上，国会は内閣や裁判所に優越する地位にあると読めますが，果たしてそのような意味なのでしょうか。答えは"ノー"です。**国会は国民から選ばれた民主的機関であるから，政治的に重要だという程度の意味**だと理解されています（**政治的美称**説）。国会が他の二権（内閣・裁判所）に優越するという意味はない。なぜなら，憲法は大原則として**三権分立**をとっており，**三権（国会・内閣・裁判所）は対等**なはずだからです。ただし，唯一意味があるとすれば，**権限不明の事項については，最高機関である国会の権限だと推定する**という点にあります。

　また，**憲法第43条**は，国会を「**全国民の代表**」としています。国会議員は選出母体である選挙区民の利益だけを考えるのではなく，全国民の利益を考えて政治活動を行わなければならないのです。この点で，国会議員は選挙区民の意思に拘束されるのではなく，有権者（選挙区民）と国会議員の関係は＊**自由**委任＝**無拘束**委任だと考えられています。

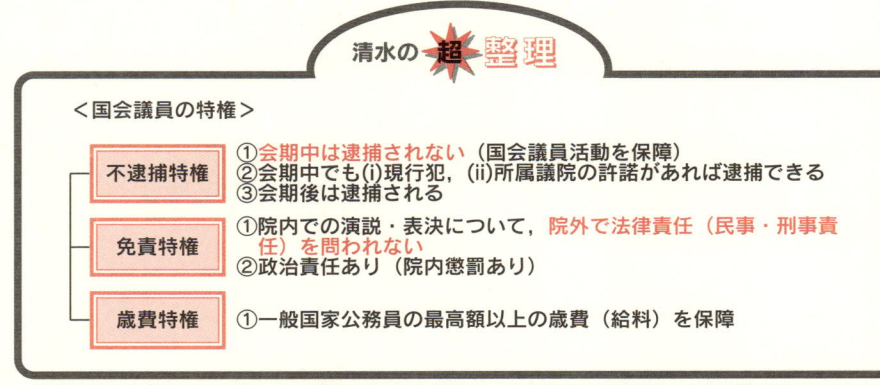

清水の超整理

＜国会議員の特権＞

- **不逮捕特権**
  - ①**会期中は逮捕されない**（国会議員活動を保障）
  - ②会期中でも(i)現行犯，(ii)所属議院の許諾があれば逮捕できる
  - ③会期後は逮捕される

- **免責特権**
  - ①院内での演説・表決について，**院外で法律責任（民事・刑事責任）を問われない**
  - ②政治責任あり（院内懲罰あり）

- **歳費特権**
  - ①一般国家公務員の最高額以上の歳費（給料）を保障

＊選挙の法的性質は自由委任＝無拘束委任のため理論上，国会議員は選出母体である選挙区民からリコール（罷免）されないと解釈されている。したがって日本国憲法は国会議員リコール制を導入していない。

清水の超整理

<国会の種類>

種類	召集	会期	審議の内容・時期・方法など
常会（通常国会）	毎年1月中に召集	150日間（延長OK）	①来年度予算審議 ②法案審議など
臨時会（臨時国会）	①内閣が召集 ②いずれかの議院の総議員4分の1以上の要求	両議院の一致	①臨時の必要 ②慣行上，毎年秋に開催
特別会（特別国会）	衆議院解散による総選挙後30日以内	両議院の一致	内閣総理大臣の指名
参議院の緊急集会	衆議院解散中の緊急事態（内閣が召集）	不定*（最長69日）	決定は新国会開催の日から10日以内に衆議院の同意必要

＊ 衆議院解散 －（40日以内）→ 総選挙 －（30日以内）→ 新国会（特別会）
この間，最長69日間は，衆議院が存在しないので，緊急時には参議院の緊急集会を召集できる。

✎ 国会の権限で最も重要なものは何？

　それは，法律を制定するという**立法**権ですね。**憲法第41条後段**は「**国会は…唯一の立法機関**」だと規定しています。この規定には，2つの意味があると解釈されています。①国会が法律を作るという**国会中心立法の原則**，②国会の議決だけで法律は制定されるという**国会単独立法の原則**です。

　ただし，この2つの原則には例外があるという点も，よく出題されます。①**国会中心立法の原則の例外**は，国会以外の機関が事実上の立法を行う場合であり**政令**（政府），**規則**（両議院，最高裁判所，人事院など），**条例**（地方議会）などがあります。②**国会単独立法の原則の例外**は，**地方特別法の住民投票**（国会議決＋住民投票で過半数の賛成），**憲法改正の国民投票***（国会の発議＋国民投票で過半数の賛成）です。

✎ 具体的に国会ないしは衆・参院には，どのような権限があるの？

　国会，そして各議院は次の権限を持っています。まとめておきましょう。

＊憲法改正の国民投票については，憲法という立法を国民が決める点で，国会中心立法の原則の例外だという選択肢も○，国会単独立法の原則の例外だという選択肢も○と判断する点に注意。

清水の超整理

国会の権限

立法権限
法律案の議決権［第59条］
法案提出権 ── 議員（議員提出法案）┬ 衆 20人以上（予算をともなう法案50人以上）で提案
　　　　　　　　　　　　　　　　　└ 参 10人以上（予算をともなう法案20人以上）で提案
　　　　　└ 内閣（内閣提出法案）
憲法改正発議［第96条］── 各議院の総員3分の2以上の賛成→国民投票で過半数の賛成

財政権限
租税を課する法律を定める（租税法律主義）［第84条］
予算議決権［第60条・第86条］←予算案作成権は内閣
財政監督権 ── 会計検査院の検査報告を受け取る［第90条］
　　　　　└ 内閣から毎年1回財政状況の報告を受ける［第91条］

国務権限
条約承認権［第61条］←条約締結権は内閣
行政監督権 ── 内閣総理大臣の指名［第67条］←国会議員の中から指名
　　　　　├ 衆議院の内閣不信任決議権［第69条］
　　　　　│ 　＊参議院にも首相や国務大臣への問責決議権あり（政治責任［拘束力］なし）
　　　　　└ ＊国政調査権［第62条］←衆・参院の権能。証人の証言・記録の提出
　　　　　　　　　　　　　　　　　　　を求める点で行政民主化機能を持つ
弾劾裁判権［第64条］←弾劾裁判所を国会内に設ける（衆・参各7人）
　　　　　　　　　　　不適格な裁判官を罷免する

各議院の権限＝議院の自律権

衆・参共通
①議長などの役員選任権
②議院規則制定権
③議員の資格争訟裁判権←当選時の資格の有無を争う
　　　　　　　　　　　（出席議員3分の2以上の賛成で議席はく奪）
④議員への院内懲罰権←当選後の議員活動の適格性を争う
　　　　　　　　　　（出席議員3分の2以上の賛成で除名）
⑤国政調査権←証人・証拠提出を要求（行政民主化機能を持つ）
⑥法案の提出←衆 20人以上，参 10人以上の共同提案
　　　　　　（ただし，予算をともなう法律案は衆 50人以上，参 20人以上）

衆院のみ
①予算先議権
②内閣不信任決議権

参院のみ
①参議院の緊急集会での決定←次の国会の開会後10日以内に衆議院の同意が必要
②首相・国務大臣への問責決議←憲法上ではなく，政治責任の追及
　　　　　　　　　　　　　　（法的拘束力なし）

＊国政調査権は，行政に対しては，積極的に行使することが許される。ロッキード事件やリクルート事件の際に行使されたように，行政腐敗を追及し，調査結果を公表することにより，国民の行政情報を「知る権利」に奉仕。この点で，行政民主化の手段の1つとなっている。ただし，判決内容の妥当性に関する調査は司法権の独立を侵害するので不可（浦和充子事件）。ここに，司法権の独立との関係で国政調査権の限界がある。

衆議院と参議院の議決が異なった場合、どのようになるの？

憲法は以下の場合に、**衆議院の優越**を認めています。なぜ衆議院が参議院に優越するかというと、任期が衆議院（4年）は参議院（6年）よりも短く、解散もあり、頻繁に選挙が行われる点で民意に近い院といえるからです。**法律案**については、衆議院の**出席議員の3分の2以上**の再議決が要求されますが、**条約承認**，**予算議決**，**内閣総理大臣指名**には衆議院の再可決すら要求されず、一回、両院協議会で話し合いを行いますが一致しなければ直ちに衆議院の決定が国会の議決として成立します。

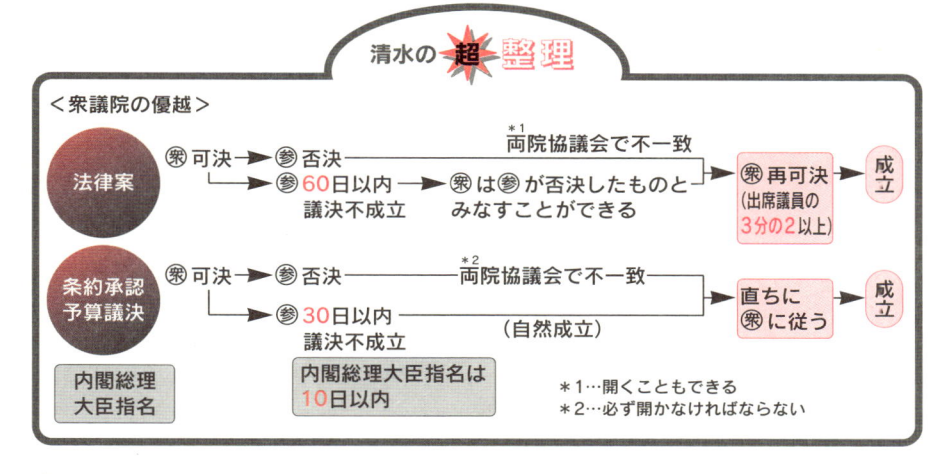

清水の超整理

＜衆議院の優越＞

- **法律案**
  - 衆可決 → 参否決 ─── *1 両院協議会で不一致 ─── 衆再可決（出席議員の **3分の2以上**）→ 成立
  - → 参 60日以内 議決不成立 → 衆は参が否決したものとみなすことができる
- **条約承認 予算議決**
  - 衆可決 → 参否決 ─── *2 両院協議会で不一致 ─── 直ちに衆に従う → 成立
  - → 参 30日以内 議決不成立（自然成立）
- **内閣総理大臣指名**
  - 内閣総理大臣指名は **10日以内**

*1…開くこともできる
*2…必ず開かなければならない

国会審議活性化法（1999）って何？

国会の審議を活発にし、国民の政治的関心を高める法律です。それまでの首相や大臣に代わって官僚が答弁する**政府委員**制度が**廃止**され、週1回40分実施の**党首討論**制（イギリスの**クエスチョン・タイム制**を模範）が導入されました。

国会　現社ハンドブック　▶ P.202

国会(1)・(2)　政経ハンドブック　▶ P.60〜63

CHECK

☐ **1** 国会の各院が持っている行政民主化を実現する権能は何か。
  ▶ 国政調査権

☐ **2** なぜ衆議院が参議院に優越するのか。理由を説明せよ。
  ▶ 衆議院は参議院より任期が短く、解散もあるため、頻繁に選挙が行われる点で、直近の民意を反映する議院だから。

2：内閣

✎ 内閣は行政権を持つといわれるけれど，そもそも行政って何？

文字どおりにいえば"**政治を行うこと**"です。現実には，行政というのは，現代の実質的法治国家の場合，**法律を誠実に執行すること**によって，様々な政策立案や問題の解決・処理，その他行政サービスを行うことを意味しています。正確には，国家の仕事の内，立法と司法を除いた事務全てを行政とよぶという控除説が一般的ですね。

✎ 内閣は，行政機関の中でどのような立場にあるの？ そのメンバーは？

内閣は行政機関の頂点にあって，分野別に行政事務を分担する各省庁（官僚機構）を統括する**行政の最高意思決定機関**ということができます。

内閣の首長が**内閣総理大臣**であり，各省庁のトップに位置するのが内閣のメンバーである**国務大臣**となります。国務大臣は原則**14**人以内，最大**17**人置くことができます。プラス3人を増やせることになっているのは，担当主務官庁のない**無任所大臣**（**特命大臣**）の設置を認めていることを意味しています。

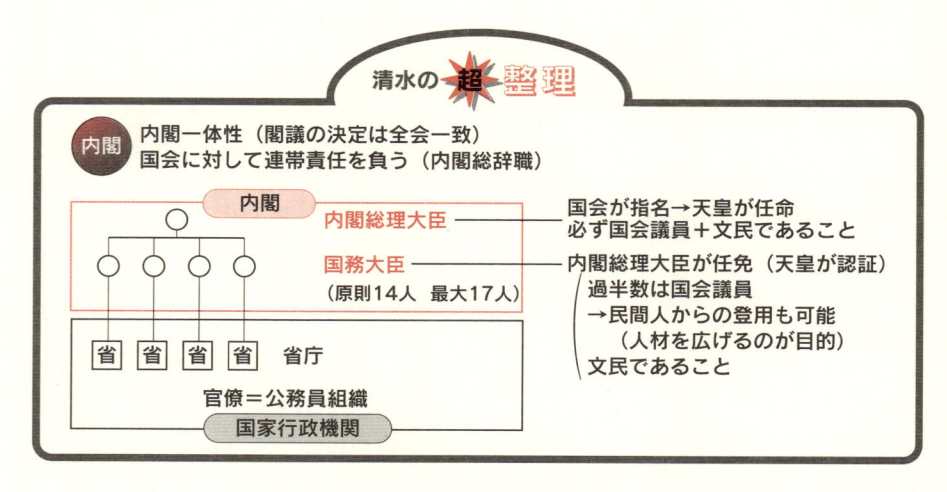

清水の超整理

内閣
内閣一体性（閣議の決定は全会一致）
国会に対して連帯責任を負う（内閣総辞職）

内閣
- **内閣総理大臣** ── 国会が指名→天皇が任命
  必ず国会議員＋文民であること
- **国務大臣**（原則14人 最大17人） ── 内閣総理大臣が任免（天皇が認証）
  - 過半数は国会議員
    →民間人からの登用も可能
    （人材を広げるのが目的）
  - 文民であること

省省省省　省庁
官僚＝公務員組織
国家行政機関

政府の軍国主義化防止のため，**内閣総理大臣および国務大臣は，いずれも文民（非軍人）でなければならない**と規定されています（憲法第66条）。

＊2001年の中央省庁スリム化にともなう内閣法改正で国務大臣の数は20人以内から，原則14人以内（最大17人）となった。

この原則を**シビリアンコントロール＝文民統制**といいます。この原則は，議院内閣制のあらわれではなく，あくまで，自衛隊が暴走し軍国主義化して戦争に至ることを防止するのが目的だという点も要注意です。

清水の超整理

内閣の権限

① 法律の執行（法律拒否権なし）
② 国務の総理（内閣総理大臣権限でない点に注意）
③ 外交関係の処理
④ 条約の締結（条約の承認権は国会）
⑤ 予算の作成（予算の議決権は国会）
⑥ 官吏に関する事務の掌理
⑦ 政令の制定（執行命令と委任命令の2種類）
⑧ 恩赦の決定
⑨ 天皇の国事行為への助言と承認（衆議院の解散も実質的に決定）
⑩ 国会召集（臨時会，参議院の緊急集会の召集決定）
⑪ 最高裁長官の指名・最高裁裁判官の任命（下級裁判所の裁判官も任命。ただし，最高裁の指名した者の名簿により）
⑫ 財政に関する権限（予算に従って支出，予備費支出，決算を国会に提出，財政状況報告）

内閣総理大臣の権限

① 国務大臣の任命・罷免（任免）権
② 行政各部の指揮監督
③ 内閣を代表して議案を国会に提出
④ 閣議の主宰・案件発議
⑤ 法律・政令などへの署名ないし連署
⑥ 国務大臣の訴追同意
⑦ 議案発言のため議院に出席
⑧ 自衛隊の最高指揮命令権
⑨ 安全保障会議の議長

国務大臣の権限

① 主務官庁の事務を管轄
② 法律・政令などに署名
　　↑ 担当する主務官庁の国務大臣が署名
③ 議院に出席・発言

✎ 内閣の政策失敗については，誰が責任を問うの？

日本は**議院内閣**制をとっているので議会，正確には**下院（衆議院）**の信任に基づいて内閣が存立する制度となっていますね。つまり，**衆議院**で内

閣に対する**不信任**決議、または信任否決の後、**10日以内に衆議院**が解散されない限り、内閣は**総辞職**しなければならないのです（憲法第69条）。そして、不信任された内閣は、**総辞職**するという**連帯責任**を負っている（憲法第66条3項）点に注意してくださいね。なぜ**連帯**責任となっているかわかりますか？　それは、内閣の行政決定は閣議によって決定しますが、**閣議は全会一致**制だからです。首相、国務大臣全員で決定した行政内容については、全員で責任を負うのが論理的だからです。閣内一致による内閣の一体性によって行政を強力に実施するというしくみになっているのです。

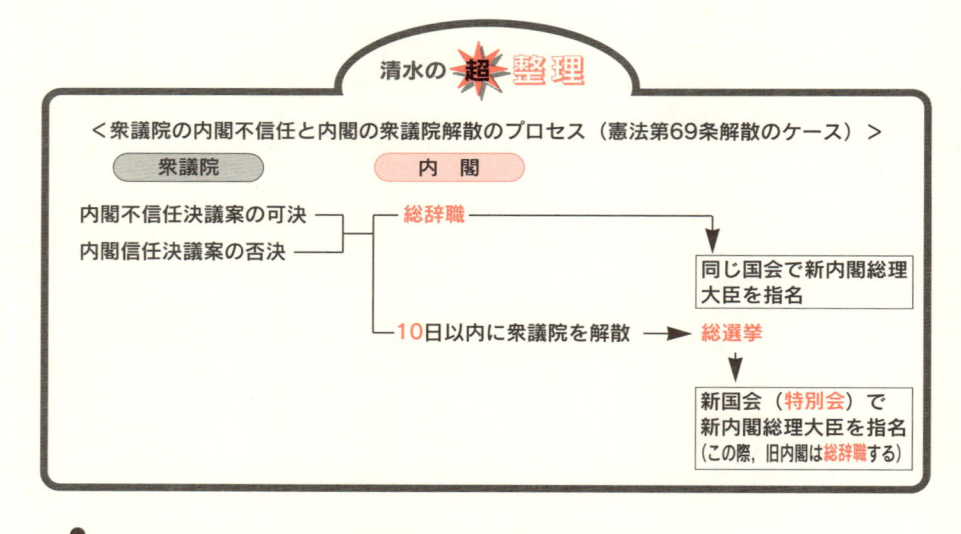

清水の超整理

＜衆議院の内閣不信任と内閣の衆議院解散のプロセス（憲法第69条解散のケース）＞

衆議院／内閣

- 内閣不信任決議案の可決
- 内閣信任決議案の否決
　→ 総辞職 → 同じ国会で新内閣総理大臣を指名
　→ 10日以内に衆議院を解散 → 総選挙 → 新国会（特別会）で新内閣総理大臣を指名（この際、旧内閣は**総辞職**する）

でも、ある国務大臣がどうしてもある政策に反対して全会一致に至らない時はどうするのって？　それは簡単！　首相がその大臣を罷免して、賛成する人に置き換えればいいんですね。だから首相は"内閣の首長"とよばれるわけです。

清水の超整理

＜中央省庁スリム化にともなう新体制（2001年より）＞

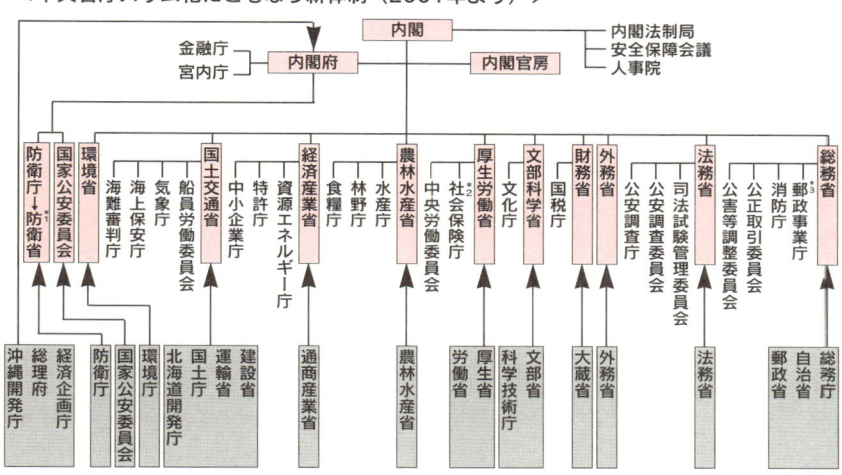

```
                              内閣 ────┬── 内閣法制局
                               │       ├── 安全保障会議
        金融庁 ──┐  ┌─ 内閣府 ─┴─ 内閣官房  └── 人事院
        宮内庁 ──┘  │
                    │
┌──┬──┬──┬──┬──┬──┬──┬──┬──┬──┬──┬──┬──┬──┬──┬──┬──┬──┬──┬──┬──┬──┐
防 国 環 国土交通省 経済産業省 農林水産省 厚生労働省 文部科学省 財務省 外務省 法務省 総務省
衛 家 境     │         │         │         │         │      │    │    │     │
庁 公 省  海気船特中資  食林水  中社文  文  国  公司公  郵消公自
↓ 安       難象員上小許エ  糧野産  央会化  化  税  安法正総  政防等郵政
防 委       審  労保企庁ネ  庁野庁  保労庁  庁  庁  調試取務  事防調事治
衛 員       判  働安業   ル    庁      険働        査験引局  業庁整業庁
省 会       所  委庁庁   ギ          庁省        委管委         庁     委庁
                員       ー          員              会員会              員
                会       庁          会              　会                 会
```

（新体制と旧省庁の対応）
沖縄開発庁 / 経済企画庁 / 総理府 / 防衛庁 / 国家公安委員会 / 環境庁 / 北海道開発庁 / 国土庁 / 運輸省 / 建設省 / 通商産業省 / 農林水産省 / 労働省 / 厚生省 / 科学技術庁 / 文部省 / 大蔵省 / 外務省 / 法務省 / 郵政省 / 自治省 / 総務庁

＜中央省庁等改革関連法の要旨（内閣法改正など）＞
① 首相に内閣の重要政策に関する基本的な方針を閣議で発議できる権利を与える
② 国務大臣の数を原則 **14人** 以内とし，特別な場合には最大 **17人** まで増やすことができる
③ 重要法案の企画立案，総合調整を行う内閣府を創設し，内閣府の権限を強化する
④ 行政スリム化にともない，公務の外注機関として **独立行政法人（エージェンシー）** を設置する

＊1…防衛庁は2007年1月に防衛省に昇格
＊2…社会保険庁は2011年までに解体し，非公務員型の「日本年金機構」に生まれ変わることが決定（2007年6月）
＊3…郵政事業庁は2003年に日本郵政公社に移行し，2005年には民営化が決定した（2007年移行）

内閣 現社ハンドブック ▶▶ P.204
内閣 政経ハンドブック ▶▶ P.64

✎ CHECK

❏ **1** 内閣は内閣総理大臣のほか，何人の国務大臣で構成されるか。
　▶ 原則14人以内，最大17人

❏ **2** 内閣の行政責任を問う手段を衆議院・参議院それぞれで1つずつあげよ。
　▶ 衆議院―内閣不信任決議（憲法第69条）
　　参議院―首相や国務大臣への問責決議（道義的責任追及で，法的拘束力はない）

3: 裁判所

裁判所の役割

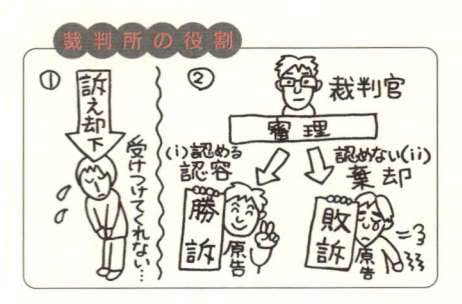

> 裁判所は司法権を持つけれど，裁判所の役割って何？

司法権とは，個々の具体的紛争について，法を解釈・適用して裁定を行う国家作用のことをいいます。裁判所は，具体的な**事件性**が存在し，具体的な**訴えの利益**がなければ，裁判による裁定を受けつけてくれません。裁判の決定は，判決で下されますが，以下のバリエーションがあります。

①そもそも**訴えの利益がない**ので，内容についての実体的判断を行うことはできないとする**訴え却下**という判決（いわば門前払い判決）。②実体的審理の上で判断を行い，(i) その**請求を認める請求認容**判決（原告の勝訴），(ii) その**請求を認めない請求棄却**判決（原告の敗訴）の3つがあります。

訴え（請求）却下と**請求棄却**の違いに注意しましょうね。もちろん裁判の対象は，民事事件，刑事事件のみならず行政事件も入ります。明治憲法のもとでは，行政事件を扱うのは，通常裁判所ではなく，天皇直属の**特別裁判所**でしたが，現行憲法では**特別裁判所**を廃止しています。

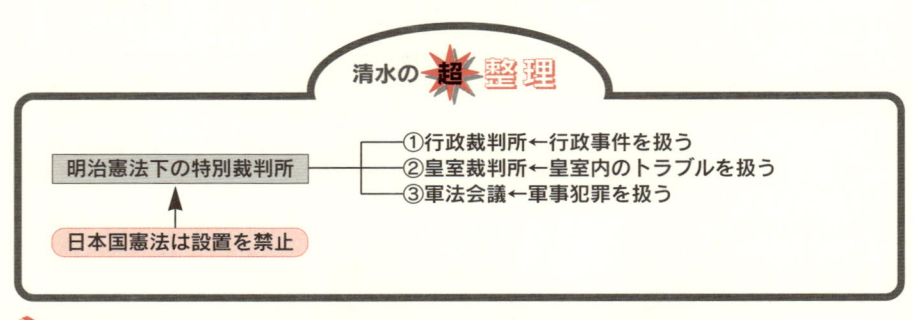

清水の超整理

明治憲法下の特別裁判所
- ①行政裁判所←行政事件を扱う
- ②皇室裁判所←皇室内のトラブルを扱う
- ③軍法会議←軍事犯罪を扱う

日本国憲法は設置を禁止

> 裁判の公正を守るために認められている司法権の独立って何？

裁判の公正を守るために，①裁判所外部（他の国家機関）からの裁判干渉を排除する**対外**的独立性，②裁判所内部（上級裁判所→下級裁判所，裁

判官→裁判官など）における裁判干渉を排除する**対内**的独立性が保障されています。

対外的独立性の侵害が問題となった事件は２つ。最初の事例は**大津事件**（1891年）です。ロシア皇太子殺人未遂犯を死刑にせよとの内閣の圧力が加わったのですが，大審院長**児島惟謙**のはたらきで，無期徒刑の判決が下され，**司法権の独立**が守られました。戦後では，**浦和充子**事件です。裁判所の量刑が軽すぎるという国政調査が開始したのです。国会による裁判干渉だという裁判所の抗議により，調査は中止されました。

対内的独立性の侵害が問題となった事件としては**平賀書簡**問題を押さえましょう。自衛隊の合憲性が問題となった長沼ナイキ訴訟の第１審札幌地裁で，担当した裁判官に上司であった平賀裁判官が「自衛隊の違憲判決は避けた方がよい」とする書簡（手紙）を送ったことが他の裁判官による裁判干渉に当たるとして問題になりました。このような干渉は許さないとするのが，司法権の独立なのです。

✏️ どのような種類の裁判所があるの？

憲法第76条は「すべて司法権は，**最高裁判所**及び法律（裁判所法）の定めるところにより設置する**下級裁判所**に属する」としています。具体的には，**地方裁判所→高等裁判所→最高裁判所**の３つを基本としています。通常の事件では，**１つの裁判手続の中で不服申立をすれば，計３回審判を受けることができる**とする**三審制**がとられています。

その他に，軽微な事件を扱う**簡易**裁判所と，家庭内トラブル（離婚問題や相続問題など）や少年犯罪（未成年者犯罪）を扱う**家庭**裁判所があります。

ただし，2005年４月から，東京高等裁判所に著作権や特許権などの知的所有権のトラブルを扱う**知的財産高等裁判所が新設**されたことには，注意してくださいね。わが国初の専門裁判所の誕生です。

＊浦和充子さんが子供と無理心中をし，子供だけが死亡し，自分は生き残ってしまったため，殺人罪に問われた事件。裁判所は恩情判決を下し，刑を軽くしたが，量刑が軽すぎるという国政調査が開始し，司法権の独立侵害が問題となった。

清水の超整理

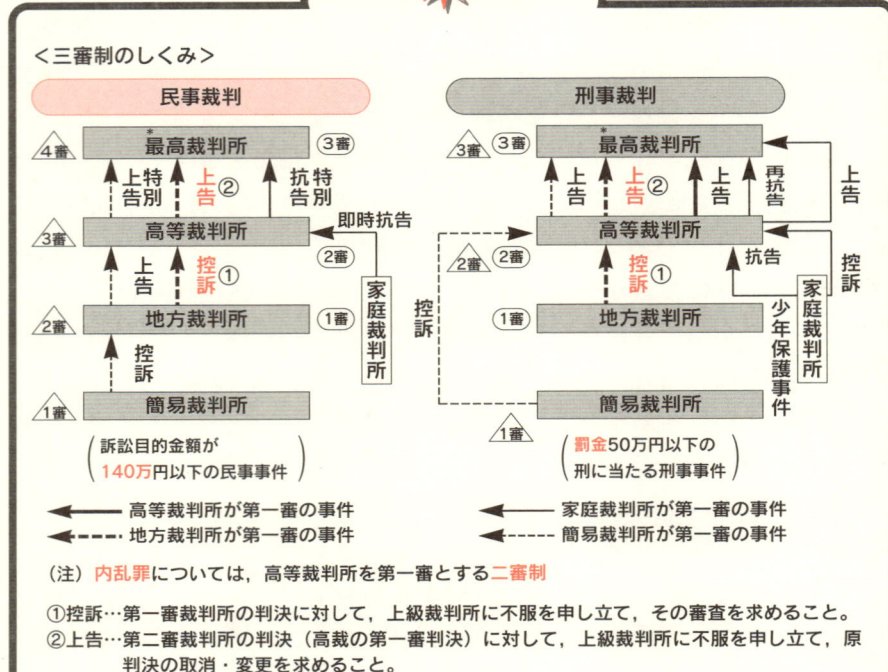

<三審制のしくみ>

民事裁判

- 4審：最高裁判所（3審）
  - 上告／特別上告／上告②／抗告／特別抗告
- 3審：高等裁判所（2審）
  - 上告／控訴①／即時抗告
- 2審：地方裁判所（1審）
  - 控訴
- 1審：簡易裁判所

家庭裁判所（控訴）

- 訴訟目的金額が140万円以下の民事事件
- ←── 高等裁判所が第一審の事件
- ←---- 地方裁判所が第一審の事件

刑事裁判

- 3審：最高裁判所（3審）
  - 上告／上告②／上告／再抗告／上告
- 2審：高等裁判所（2審）
  - 控訴①／抗告
- 1審：地方裁判所

家庭裁判所（少年保護事件）／簡易裁判所

- 罰金50万円以下の刑に当たる刑事事件
- ←── 家庭裁判所が第一審の事件
- ←---- 簡易裁判所が第一審の事件

（注）**内乱罪**については，高等裁判所を第一審とする**二審制**

①控訴…第一審裁判所の判決に対して，上級裁判所に不服を申し立て，その審査を求めること。
②上告…第二審裁判所の判決（高裁の第一審判決）に対して，上級裁判所に不服を申し立て，原判決の取消・変更を求めること。

＊最高裁は大法廷（15人の裁判官全員）と小法廷（3人以上の裁判官）の2つがある。憲法違反の判決や判例変更は必ず大法廷判決となる。また，最高裁は法律審であって事実審ではないため，高裁までに提出された証拠と主張をもとに法律判断を下すだけであって，新たな事実の主張や証拠の提出は認められない。

裁判官の職務執行の基準って何？

憲法第76条3項は，「すべて裁判官は，その**良心**に従ひ独立してその職権を行ひ，この**憲法及び法律**にのみ拘束される」と規定しています。ここにいう「**良心**」とは法律の規定に従った法律家としての**法律的良心**であって，個人的良心でも，宗教的良心でもありません。

裁判官の身分保障って何？

①裁判官の**懲戒処分**は，**行政機関が行うことはできません**（第78条）。②裁判官は，その意に反して転官・転所・職務の停止もされない。③裁判官への定期の報酬と**報酬減額禁止**も定められています（第79条6項）。これらの規定には，国会や内閣による裁判干渉を防止する趣旨があるのです。

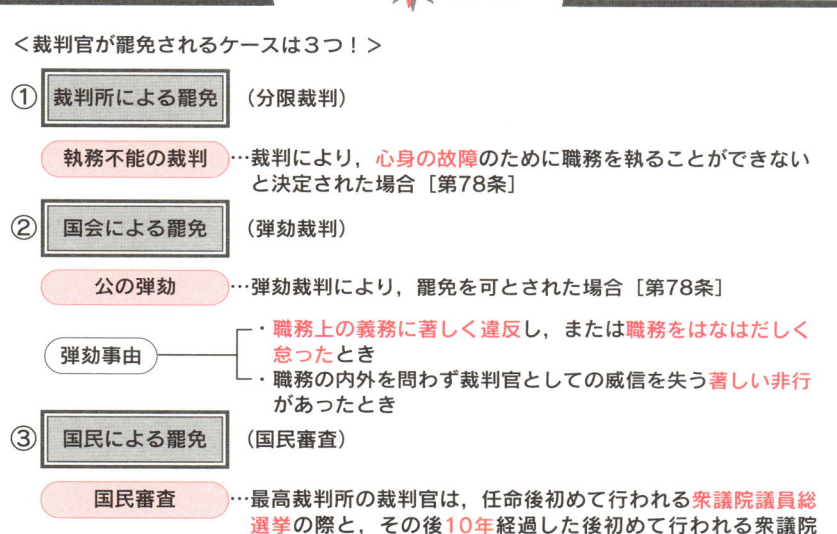

> **清水の超整理**
>
> <裁判官が罷免されるケースは3つ！>
>
> ① **裁判所による罷免**（分限裁判）
>
> **執務不能の裁判**…裁判により，**心身の故障**のために職務を執ることができないと決定された場合［第78条］
>
> ② **国会による罷免**（弾劾裁判）
>
> **公の弾劾**…弾劾裁判により，罷免を可とされた場合［第78条］
>
> **弾劾事由**
> - **職務上の義務に著しく違反**し，または**職務をはなはだしく怠った**とき
> - 職務の内外を問わず裁判官としての威信を失う**著しい非行**があったとき
>
> ③ **国民による罷免**（国民審査）
>
> **国民審査**…最高裁判所の裁判官は，任命後初めて行われる**衆議院議員総選挙**の際と，その後**10年**経過した後初めて行われる衆議院議員総選挙の際，国民審査に付される［第79条2項］
> →多数が罷免を可とした場合，罷免される［第79条3項］

✐ 裁判の公開はどのような意味があるの？

　もちろん，裁判を**国民の監視下**に置くことによって，不当な判決が出ないようにしているのです。

　具体的にいうと，憲法第82条は，以下のように規定しています。

　裁判には，2段階あると思ってください。1つが，原告・被告が法廷に来て，攻防を尽くす弁論や証拠提出の場面である**対審**（民事訴訟では**口頭弁論**，刑事訴訟では**公判手続**という）です。もう1つが，**判決**です。これは，裁判の結論を原告・被告に示す手続です。

　(1) まず，**対審**についていうと，**対審**は原則，**公開**です。例外として，裁判官の全員一致で公の秩序または善良な風俗を害する恐れありと決した場合は，非公開にできます。ただし，**政治犯罪，出版に関する犯罪，憲法第3章が保障する国民の権利**が問題となっている事件の**対審**は，**常に公開**です。

(2) 次に**判決**については，**絶対公開**です。これに例外はありません。結論を非公開にしたら，不当な判決が監視できなくなってしまいますからね。

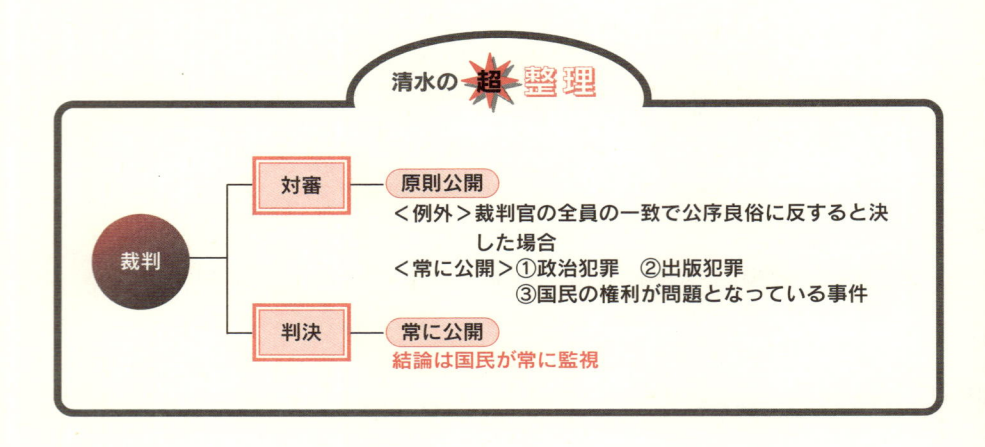

清水の超整理

- 裁判
  - 対審 ─ 原則公開
    - <例外>裁判官の全員の一致で公序良俗に反すると決した場合
    - <常に公開>①政治犯罪　②出版犯罪　③国民の権利が問題となっている事件
  - 判決 ─ 常に公開
    - 結論は国民が常に監視

✎ 裁判所には違憲立法審査権が与えられているけれど，どのような権限なの？

憲法第81条は「**最高裁判所**は，一切の**法律**，**命令**，**規則**又は**処分**が憲法に適合するかしないかを決定する権限を有する**終審裁判所**である」として，違憲立法審査権を規定しています。つまり，憲法に違反する法令などを無効として，裁判所が憲法を守り，人権を守る砦(とりで)となっているのです。

違憲審査権は，**最高裁**が「**終審**」だと規定されていますから，**前審としては下級裁判所も審査権を持つ**と理解できます。ただし，不服申立をすれば，最後は最高裁が判断するわけですから，最高裁は「**憲法の番人**」とよばれています。

次に審査の対象は，立法（法律）のみならず，行政にも及んでいます。つまり**違憲行政審査**権もあるという点に注意してください。行政「**命令**」，人事院などの行政委員会が作る「**規則**」，営業停止処分や具体的な行政行為としての行政「**処分**」が対象となります。

なお，**条約**も国際法であり「法律」に含まれると解釈できますから，違憲審査の対象になります。ただし，日米安全保障条約のように**高度の政治性を持つ条約については**，**統治行為**論により，**違憲審査を行うべきではないと解釈**されています。

✐ 裁判所が下した違憲判決にはどのような効力があるの？

違憲判決の効力としては，当該違憲判決の対象となった法律や命令そのものが一般的に当然無効になるわけではなく，**当該訴訟事件に関してのみ法律や命令を無効と扱うだけである**ことに注意してくださいね。

世界には，違憲審査の方法として以下の2つのパターンがあります。

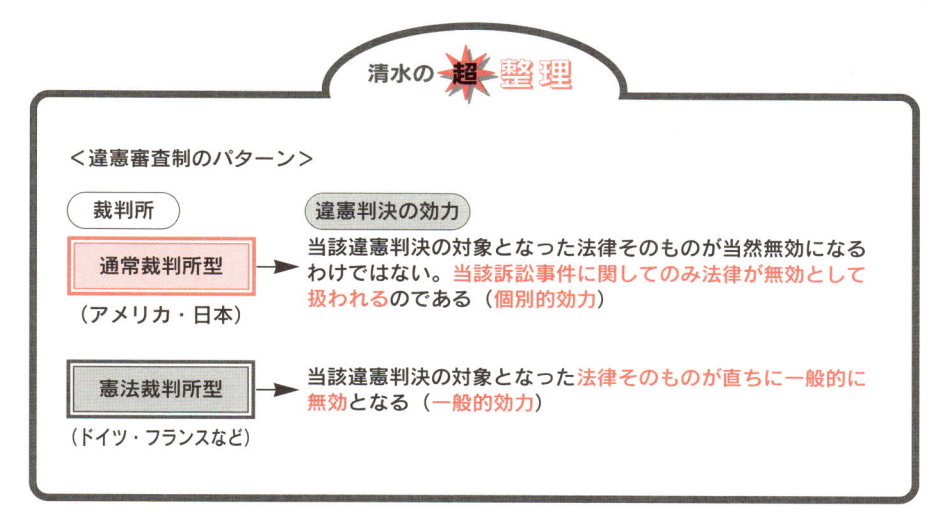

―― 清水の 超 整理 ――

<違憲審査制のパターン>

裁判所	違憲判決の効力
通常裁判所型（アメリカ・日本）	当該違憲判決の対象となった法律そのものが当然無効になるわけではない。当該訴訟事件に関してのみ法律が無効として扱われるのである（個別的効力）
憲法裁判所型（ドイツ・フランスなど）	当該違憲判決の対象となった法律そのものが直ちに一般的に無効となる（一般的効力）

わが国の場合，**憲法裁判所**※という特別の裁判所を設けていないので，**通常裁判所で違憲審査が行われています**。通常裁判所は具体的に存在する個別的紛争を解決することが任務ですので，当該紛争の解決に際してのみ，適用される法令などの違憲審査を行うことになるのです。

したがって，違憲判決の効力は，**当該事件についてのみ，違憲無効と扱うという個別的効力を持つのみ**であって，最高裁が法令を違憲と判断したからといって，直ちに法令が一般的に無効になるわけではありません。あとは国会が，判決を尊重して，法律の改正・削除を行う政治的責務を負う

＊ドイツには「連邦憲法裁判所」，フランスには「憲法評議院」という憲法裁判所が設置されている。わが国では通常裁判所が違憲審査を行っている。憲法改正議論の中で憲法裁判所の設置も提案されたが自民党の憲法改正草案には盛り込まれていない。

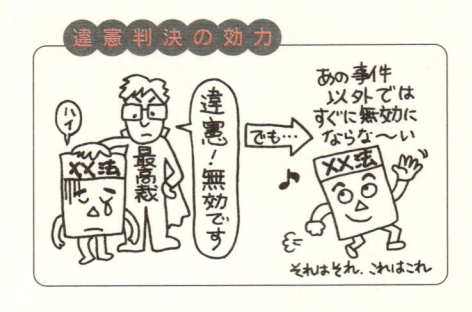

にすぎないのです。そこに，**司法権の限界**があるわけですね。

　最高裁が法律に下した違憲判決は次の6事例，計7回です。①**尊属殺重罰規定違憲判決**（刑法），②**衆議院議員定数配分規定**違憲判決（2回あり，公職選挙法），③**薬局開設距離制限規定**違憲判決（薬事法違反事件），④**共有林分割制限規定**違憲判決（森林法事件），⑤**郵便法損害賠償免責規定**違憲判決（郵便法事件），そして2005年9月に下された⑥**在外投票制限規定**違憲判決（公職選挙法の**不作為**）があります。

　その他に，**行政処分が違憲だと判断した事例**として**愛媛靖国神社玉串料支出違憲判決**があります。これは，法律が違憲ではなく，行政行為が違憲だとした点が①〜⑥の事例と異なっています。

裁判所 ▶P.206 （現社ハンドブック）
裁判所(1)・(2) ▶P.66〜69 （政経ハンドブック）

✎ CHECK

☐ **1** 司法権の独立の侵害が問題となった事件のうち，(1)内閣による干渉の事例，(2)国会による干渉の事例，(3)裁判所内部での干渉の事例を一つずつあげよ。
　▶(1)大津事件，(2)浦和充子事件，(3)平賀書簡問題

☐ **2** 裁判は公開を原則とするが，対審は非公開とできる場合がある。(1)非公開の決定は，どのようにして行われるか。(2)(1)によっても対審を非公開とできない場合を3つ挙げよ。
　▶(1)裁判官の全員一致　(2)政治犯罪，出版犯罪，憲法第3章が保障する国民の権利が問題となっている事件

＊参議院議員定数配分規定には「違憲状態」判決がある（1996年，最高裁）。違憲の疑いのある状態であるが違憲とは断定できないので既に行われた選挙は，理論上，有効だとする判決が出された。

テーマ3 司法改革と問題点

1：その他の司法制度

検察官制度

✏️ **検察官制度って何？**

検察官は，**刑事事件の起訴を行い，被告人を裁判にかけて責任を追及する国の法定代理人**です。検察官は行政組織である検察庁に属し，法務大臣の一般的指揮監督下に置かれます。ただし，法務大臣は，具体的事件については，最高検察庁の長である検事総長を指揮できるだけであり，政治的干渉は可能な限り排除されています。

検察官は，被疑者を有罪に持ち込めると考えた場合，**起訴**（刑事裁判にかけ，国側の法定代理人として裁判活動を行う）します。**どのような刑を求めるか**という**求刑**を行い，**有罪に持ち込む主張と証拠を裁判（公判）で提出していく**のです。しかし，検察官が恣意的に被疑者を裁判にかけずに不起訴にしてしまうと，被疑者は事実上，刑事責任を免れる結果になります。そこで，**検察官の不起訴処分が適当であったか否かを審査する機関**として，有権者の中からクジで選ばれた者（民間人）によって構成される**検察審査会**[*]が設けられています。

✏️ 裁判官が下す判決が軽すぎて国民感情からかけ離れているという批判から，司法制度の改革が叫ばれているけれど，どのような改革が行われているの？

①**法曹一元**論です。裁判官，検察官，弁護士の流動化をはかることで社会経験を積んだ弁護士や検察官から裁判官を登用できるようにしようという主張が出されています。この点はまだ実現していません。次に②**重大な刑事裁判の審判員に民間人を登用する**という**参審**制型の**裁判員**制度の導入

---

[*] 検察制度の民主化がはかられているが，検察審査会の決定は勧告にすぎず，法的拘束力がない。法的拘束力を与えるべきだとする案も出されているが実現には至っていない。

については，2004年に法律化され，**2009**年5月までに施行されますね。**刑事裁判の民主化**がはかられることになります。ただし，裁判員制度を実施するためには，裁判の迅速化をはかる必要がありますね。2003年には**裁判迅速化法**が制定され，**第一審は2年以内に結審すること**を定めました。また，この理念に基づき刑事訴訟法が改正され，**公判開始前に検察側・弁護側双方が主張する内容と証拠を提示し，裁判の争点をあらかじめ整理しておく公判前整理手続**も2005年から導入されました。

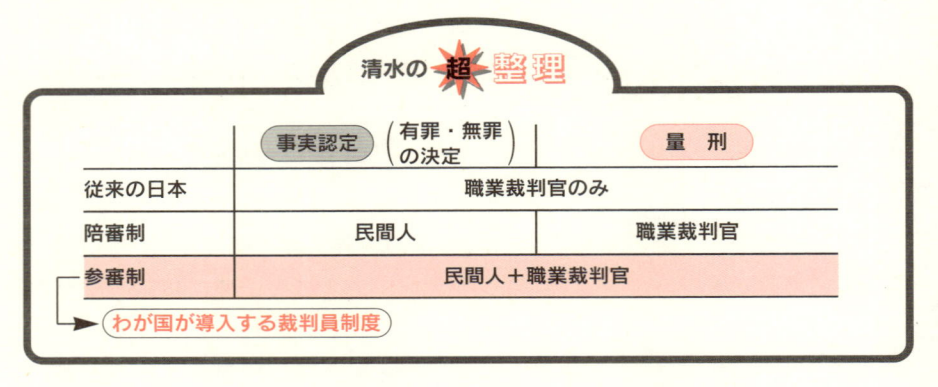

清水の**超**整理

	事実認定（有罪・無罪の決定）	量刑
従来の日本	職業裁判官のみ	
陪審制	民間人	職業裁判官
参審制	民間人＋職業裁判官	

→ わが国が導入する裁判員制度

✎ 凶悪な未成年者の犯罪が増加していることから，2000年に少年法が改正されたけれど，改正のポイントを教えて？

　未成年犯罪者を処遇するために作られたのが**少年法**です。したがって，裁くというよりも，矯正して社会復帰することを重視して，刑を成人に比べて減刑するという考え方をとってきました。ですから，**家庭裁判所**の処遇を**少年保護審判**といっているのです。過って犯罪をしてしまった未成年者を保護して救ってあげると考えてきたのです。

　しかし，この考え方は，ちょっとしたケンカや窃盗ぐらいならば良いのですが，最近のように，殺人を犯す未成年者が増加すると，社会感情的にも納得しがたくなってきた。むしろ，**救済されるべきなのは，被害者であり，残された遺族の感情ではないか**と思われてきたのです。そこで，**少年法は次のように改正**されました。

清水の超整理

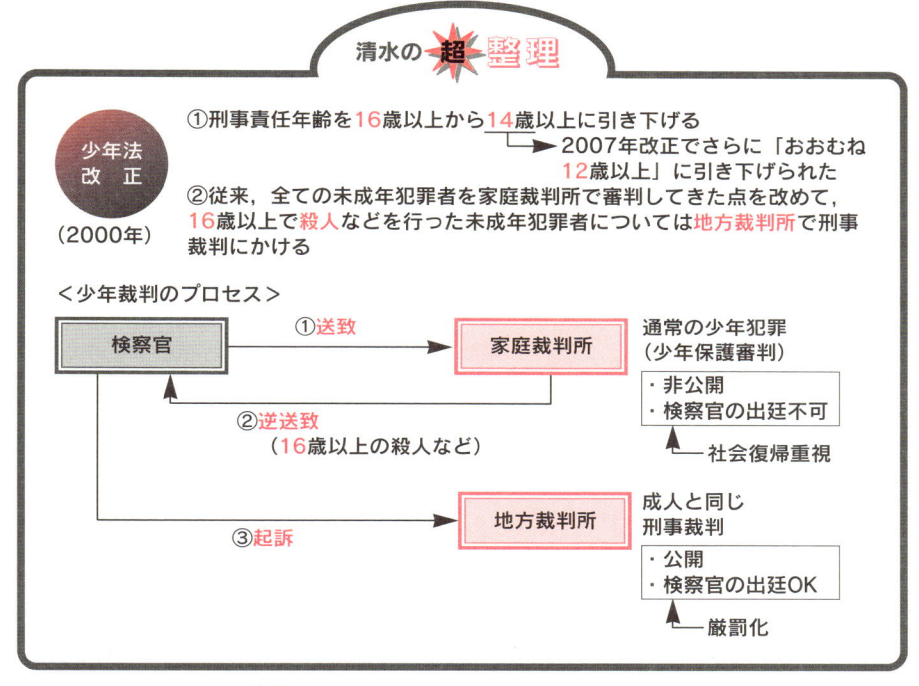

少年法改正（2000年）

① 刑事責任年齢を16歳以上から14歳以上に引き下げる
　→ 2007年改正でさらに「おおむね12歳以上」に引き下げられた
② 従来，全ての未成年犯罪者を家庭裁判所で審判してきた点を改めて，16歳以上で殺人などを行った未成年犯罪者については地方裁判所で刑事裁判にかける

＜少年裁判のプロセス＞

検察官 —①送致→ 家庭裁判所　　通常の少年犯罪（少年保護審判）
　　　←②逆送致—　　　　　　　・非公開
　　　　（16歳以上の殺人など）　・検察官の出廷不可
　　　　　　　　　　　　　　　　　　└ 社会復帰重視

　　　　—③起訴→ 地方裁判所　　成人と同じ刑事裁判
　　　　　　　　　　　　　　　　・公開
　　　　　　　　　　　　　　　　・検察官の出廷OK
　　　　　　　　　　　　　　　　　　└ 厳罰化

(1) 14歳以上（2007年改正で12歳以上）の通常の未成年犯罪者

　従来通り，**家庭**裁判所の**少年保護**審判によって処遇を決定します。家庭裁判所は，特別法に基づいて未成年犯罪者のプライバシー保護，社会復帰促進のため，**非公開**となっており，被害者や被害者家族の法廷傍聴は認められていませんし，原則的に**検察官**の出廷が認められません。

(2) 16歳以上で殺人などを犯した未成年犯罪者

　それまで未成年犯罪者は全て家庭裁判所で審判してきましたが，改正により，16歳以上で殺人などを犯した未成年犯罪者については**検察官**が**家庭裁判所**に**送致**した後，**家庭**裁判所は**検察官**に**逆送致**することになりました。この場合，**家庭**裁判所が成人と同じ処遇でよいと判断したということから，**検察官**は，成人と同じく**地方**裁判所に**起訴**し，そこで**刑事**裁判が行われることになります。

　地方裁判所は，有罪を立証するために**検察官**の出廷が認められています

少年法改正

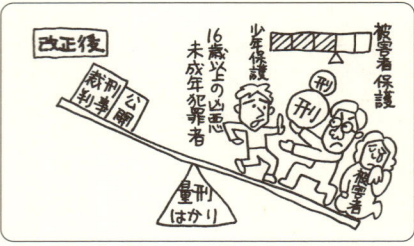

(図：従来 — 刑軽〜い／非公開／少年保護者裁判／未成年犯罪者／被害者保護／量刑はかり／少年保護)

(図：改正後 — 16歳以上の凶悪未成年犯罪者／公開裁判／厳罰／被害者保護／少年保護／量刑はかり)

し，**裁判公開が原則**（憲法第82条）となりますので，**被害者も，また被害者や遺族の家族も裁判を傍聴することができる**のです。したがって，被告人の弁護人も安易に無罪を主張することができないでしょうし，裁判官も軽い量刑の判決を出しにくくなるでしょう。

こうして，未成年犯罪者への処遇を**厳罰**化する改正が行われたのです。さらに，前に述べた**裁判員**制度が導入され，民間人が量刑に参加するようになれば，被告人＝犯罪者に有利に傾いていた量刑の針を被害者保護にシフトすることができるのです。

✏ 司法改革として市民への法律サービスの向上はどのようにはかられているの？

　日本司法センター，いわゆる**法テラス**が2006年4月に発足し，10月にサービスを開始した点は時事問題といえますね。

　法律上のトラブルに巻き込まれた市民に**法律上の知識や情報を提供**したり，財力がなくて裁判を起こせない人に民事訴訟の費用を立て替える**民事法律扶助**などを行います。

　また，刑事裁判では，**財力のない被告人に国費をもって弁護人を付する国選弁護人**制度を拡大して，逮捕されて被疑者となった段階から付することにしました。

✏ 国民への司法サービス向上のためには法曹（法律家）人口を増やす必要があるのでは？

　わが国は，人口1人当たりの法曹（法律家）人口が，他の先進国と比べて極めて少ないといわれてきました。司法試験が従来，狭き難関であったことから，長年の受験勉強が必要で，社会経験を積んだ人が合格しにくいとも指摘されてきました。

＊故意に人を死に至らしめた事件や業務上過失致死傷罪を問う刑事裁判について，被害者に法廷に出席して被告人質問や証人尋問，求めたい刑罰の意見陳述を認める被害者参加制度の導入が議論されている。

そこで2004年に導入されたのが，**ロースクール（法科大学院）**です。司法制度改革審議会（1999年設置）の最終意見書（2001年）に基づき，法曹人口を2.5倍に増員するため，ロースクール修了者の約8割に当たる**3000人に毎年，法曹資格を与える**という予定でスタートしました。

　法学部の卒業生には**2年コース**，他学部の出身者には**3年コース**が設けられ，法学部出身者以外にも，門戸が拡げられました。しかし，法律を全く学んでいない人に3年で法律家になる知識を全て身につけさせようという若干無理な構想でもあり，現実には法律家レベルに達することができない者も多く存在するという問題があり，8割の者に資格を与えるという当初の目標は実現しがたく，今後は3割程度にとどまるといわれているのが現状です。しかし，それでもロースクール導入前の司法試験が年間約1000人の合格であったのに対し，ロースクール導入で3倍の合格者が毎年出ることになり，法曹人口は今後着実に増えていくことになりました。

> たしかに法律家を増やして司法サービスを向上するという考えはいいのですが，能力に欠けるスペシャリストが増えるのは困りものですけどね…。

最近の司法制度改革　現社ハンドブック ▶▶ P.208
裁判所(3)　政経ハンドブック ▶▶ P.70

✎ CHECK

☐ **1** 検察官の不起訴処分の妥当性をチェックする民間人で構成される組織を答えよ。
　▶ 検察審査会

☐ **2** 殺人などの重大な刑事裁判について，2009年までにわが国に導入される裁判員制度は陪審制型か，参審制型か。
　▶ 参審制型

☐ **3** 少年法改正で刑事責任年齢が引き下げられている。(1)2000年改正で満何歳からとなったか。(2)2007年改正で，場合によっては満何歳からとなったか。
　▶ (1) 満14歳，(2) 満12歳

問題にチャレンジ！

レベル表示▶ レベルA：難　レベルB：やや難　レベルC：標準

例題1　レベルB▶ P114

国会の地位，権限に関する記述として**適当なもの**を次の中から一つ選べ。
① 国会は国権の最高機関であって唯一の立法機関であるが，内閣や裁判所，地方公共団体も立法作用を持つことがある。
② 国会は衆議院・参議院の総議員の3分の2以上の賛成によって憲法改正を発議することができ，国民投票の3分の2以上の賛成で憲法改正が決定する。
③ 国会の各議院は，国政調査権を持ち，行政腐敗などの実態を解明することができるが，裁判所に対しては一切調査を行うことはできない。
④ 国会による内閣へのコントロール手段としては，憲法上，衆議院の内閣不信任決議と参議院の内閣への問責決議の二つが規定されている。

解説　①正しい。内閣の政令，最高裁の裁判所規則，地方公共団体の条例の制定も，立法作用である。②国民投票は過半数の賛成。2007年4月に衆議院で可決された国民投票法案によると，有効投票の過半数，投票権は18歳以上（当面は20歳以上）となっている。③判決内容についての国政調査は不可だが，裁判所の予算の使途など司法行政には調査可能である。④参議院の首相・国務大臣への問責決議は憲法上の権限ではなく，政治的・道義的責任追及で，勧告としての意味しか持たない。　**解答⇒①**

例題2　レベルC▶ P116, P119

次の中から**国会の権限には①**を，**内閣の権限には②**を，**内閣総理大臣の権限には③**を記せ。
(1) 予算作成・提出　(2) 条約の承認　(3) 行政各部の指揮監督
(4) 内閣総理大臣の指名　(5) 国務大臣の任命・罷免　(6) 国務の総理

解説　(1)②予算の議決権は国会。(2)①条約の締結権は内閣。(3)③行政各部（国務大臣）は内閣総理大臣が指揮監督。(4)①内閣総理大臣は国会が指名し，天皇が任命する。(5)③国務大臣は，内閣総理大臣が任免し，天皇が認証する。(6)②内閣権限である。内閣総理大臣の権限ではないことに注意。　**解答⇒(1)②, (2)①, (3)③, (4)①, (5)③, (6)②**

例題3　レベルB▶ P110

日本における国家機関相互の抑制と均衡のしくみと運用の記述として**適当なもの**を次の中から一つ選べ。

① 国会は、地方自治体の制定した条例の内容が法律に違反する場合、最高裁判所にその確認を求める権限を有する。
② 内閣は、衆議院で不信任の決議案が可決された場合でなくとも、自らの判断で衆議院の解散を決定することができる。
③ 最高裁判所は、違憲判決を下した法律が改廃されない場合、自ら国会に法律案を提出することができる。
④ 国会の両議院は、各々内部の運営に関する規則を制定できるが、衆議院と参議院の規則が異なる場合には衆議院規則の方が優位する。

> **解説** ②正しい。憲法第7条解散は、内閣が自主的に決定でき、「天皇への助言と承認」を与えれば可能。①条例も違憲審査の対象だが、具体的な事件の当事者でなければ審査を求めることはできず、国会にはこれは認められていない。③最高裁には法律案の提出権はない。④衆・参の規則制定権は、各院の自律権として認められており、衆議院優越事項ではない。
>
> **解答⇒②**

例題4　レベルA▶ P123, P129

最近の司法制度改革の内容についての記述として**適当なもの**を次の中から一つ選べ。

① 特許権侵害訴訟などの処理のため、知的財産高等裁判所が設置された。
② 国民の民事訴訟への参加をはかるため、裁判員制度の導入が決定された。
③ 訴訟費用負担の軽減のため、弁護士費用の敗訴者負担制度が採用された。
④ 国民の法律相談の窓口や民事訴訟費用の立て替えを行う法テラス制度は導入が見送られた。

> **解説** ①正しい。2005年4月より、東京高等裁判所に知的所有権のトラブルを専門的に扱う知的財産高等裁判所が設置された。②裁判員法は2004年に制定され、2009年までに重大な刑事裁判に導入される。③弁護士費用まで敗訴者が負担すると、かえって裁判を起こしにくくなることから導入は見送られた。④法テラスは2006年に導入された。
>
> **解答⇒①**

例題5 レベルA ▶ P128

最高裁判所が法律ないし行政行為を憲法違反（違憲）と判断した事例として**適当でないもの**を次の中から**二つ**選べ。
① 森林法の共有林分割制限規定　② 薬事法の薬局距離制限規定
③ 参議院議員定数配分規定　④ 在外投票権を比例区に限る公職選挙法の規定
⑤ 県が靖国神社に玉串料を支出する行為　⑥ 郵便法の損害賠償免責規定
⑦ スーパーマーケットやデパートの出店を規制する大規模小売店舗法の規定

解説 最高裁が下した違憲判決は，①②④⑤⑥である。③誤り。参議院の1票の格差については「違憲状態判決」。衆議院について違憲判決がある。⑦誤り。大規模小売店舗法について違憲判決は出ていない。現在，デパートなどの出店は規制緩和され，ゴミ処理と交通渋滞緩和のみを出店条件とする大規模小売店舗立地法（2000年）に代わっている。　**解答⇒③，⑦**

第6講

地方自治

大統領制と議院内閣制を複合した政治システムである点を押さえよう。地方分権推進のための機関委任事務の廃止，三位一体の改革，自主的な住民投票条例制定の動き，平成の大合併とよばれる市町村合併などの時事問題に注意しよう！

テーマ

1 地方政治のしくみ

テーマ　地方政治のしくみ

1:地方自治

地方自治の本旨

地方自治を認めた意味って何？

明治憲法には*地方自治に関する規定は全くありませんでしたが、日本国憲法では、**第8章**として独立した章を設けて、①中央政府に対する**地方分権**と、②民主主義の徹底をはかっています。

特に、憲法第92条は、地方の政治は**地方自治の本旨**に基づいて行うと規定しています。地方自治の本旨とは、**団体自治**と**住民自治**の2つだと解釈されています。

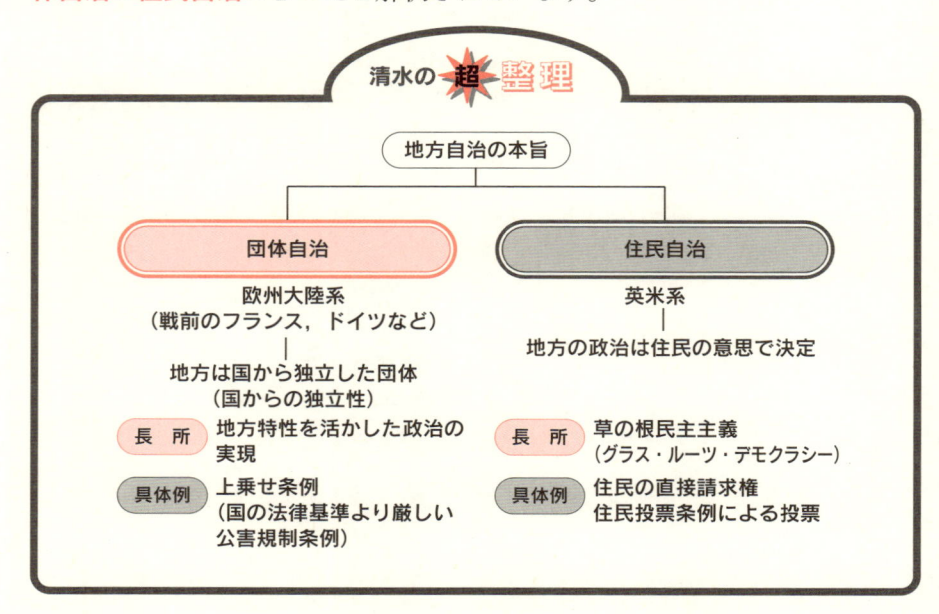

清水の超整理

```
            地方自治の本旨
          ┌──────┴──────┐
        団体自治          住民自治
      欧州大陸系           英米系
  （戦前のフランス、ドイツなど）
          │          地方の政治は住民の意思で決定
  地方は国から独立した団体
      （国からの独立性）
  【長所】地方特性を活かした政治の  【長所】草の根民主主義
        実現                        （グラス・ルーツ・デモクラシー）
  【具体例】上乗せ条例              【具体例】住民の直接請求権
        （国の法律基準より厳しい           住民投票条例による投票
         公害規制条例）
```

---

*戦前は、地方政府が天皇を頂点とする中央政府の官僚機構（官治行政）の一部として機能したので、地方自治は認められなかった。府県知事は天皇が任命する官吏（部下）にすぎなかった。

清水の超整理

<住民自治のあらわれである住民の直接請求制度>

分類	請求の種類	必要署名数	請求先	手続
イニシアチブ（住民発案）	条例制定改廃請求	有権者の 50分の1以上	首長	地方議会の採択にかける
	監査請求		監査委員	監査結果を公表
リコール（住民解職）	地方議会解散請求	*2 有権者の 3分の1以上	選挙管理委員会	住民投票にかけ，過半数の賛成
	首長・議員の解職請求		選挙管理委員会	〃
	*1 役員の解職請求		首長	地方議会で4分の3以上の賛成（3分の2以上の出席の上で）

*1…役員とは，副知事・副市区町村長（かつての助役）など。会計を担当する出納長・収入役は2006年に廃止された。
*2…地方自治法改正で有権者40万人超の自治体では必要署名数が「40万人を超える数に6分の1を乗じた数」と「40万人に3分の1を乗じた数」を合算した数に緩和された。

地方の首長と議会の関係

地方公共団体の組織ってどうなっているの？

地方公共団体（都道府県，市区町村）には，三権のうち，**自主立法**権と**自主行政**権が与えられています。ただし，**自主司法権はありません**よ。司法権は国が行っているだけで，いわゆる「地方裁判所」も地方が運営するのではなく，国が運営する裁判所です。他に，地方は**自主課税**権が認められています。

地方には，議会と長がいます。もちろん，地方議会は**条例制定権**や**地方予算議決権**といった**立法権**や**課税決定権**を持ちます。一方，**首長**（都道府県知事，市区町村長）は**行政権**を持っています。首長と地方議会との関係では，以下のように，**議院内閣**制と**大統領**制が融合しているという点がポイントです。

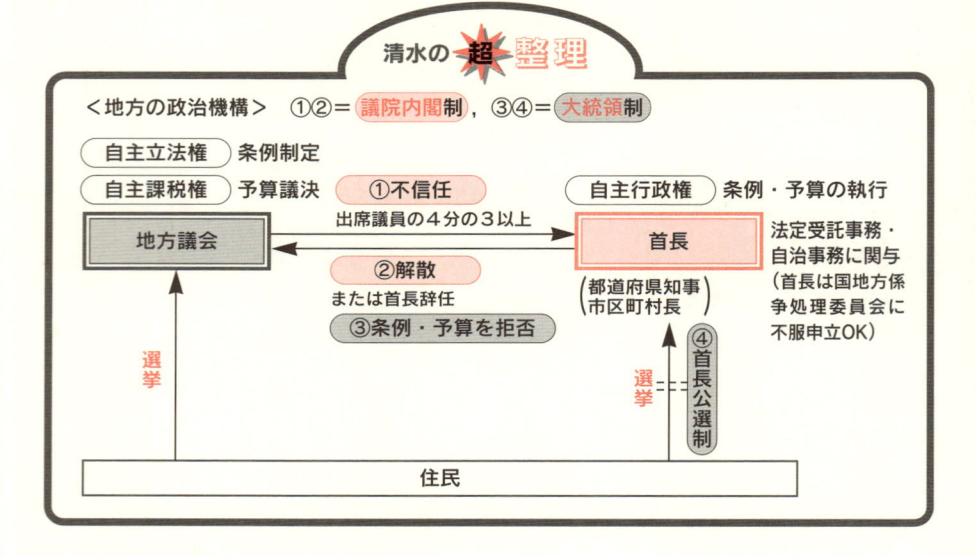

清水の超整理

＜地方の政治機構＞ ①② ＝ 議院内閣制，③④ ＝ 大統領制

- 自主立法権 → 条例制定
- 自主課税権 → 予算議決

地方議会 ←――①不信任――― 首長（都道府県知事・市区町村長）
　　　　　出席議員の4分の3以上
　　　　　②解散 または 首長辞任
　　　　　③条例・予算を拒否

- 自主行政権 → 条例・予算の執行
- 法定受託事務・自治事務に関与（首長は国地方係争処理委員会に不服申立OK）

地方議会 ← 選挙 ― 住民 ― 選挙 → 首長（④首長公選制）

地方の財源には何があるの？

　地方が，自ら集めた*自主財源*である**地方税**の収入は伝統的に全体の**3割**（現実には3～4割）程度しかなく，残りは国からの**依存財源**に頼っています。具体的には，国からの**地方交付税交付金や国庫支出金**です。このため，**地方政治の自主性も3割程度しか認められず，結局，国の仕事を多く処理するという中央依存化が進んでいる**のです（**三割**自治）。ですから，地方分権を推進するには，まず**三割**自治を解消しなければならないのです。

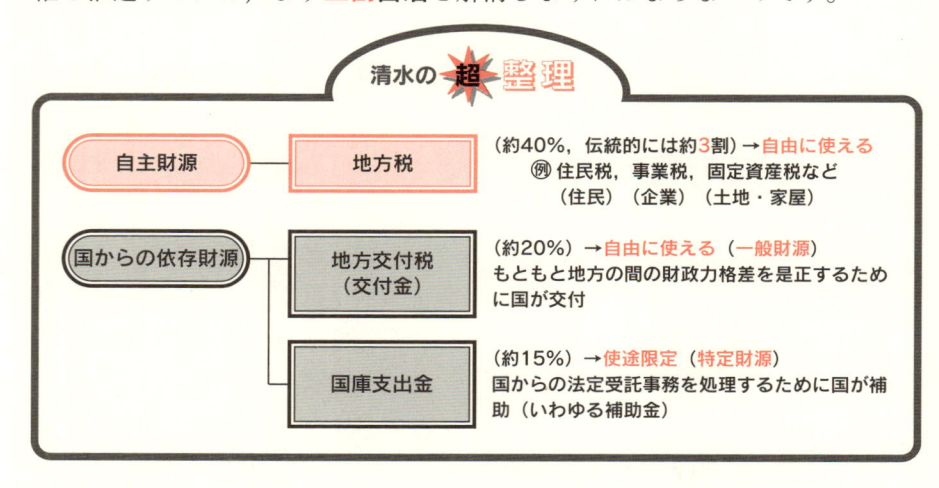

清水の超整理

- **自主財源** → **地方税**
  （約40％，伝統的には約3割）→ 自由に使える
  例 住民税，事業税，固定資産税 など
  　（住民）（企業）（土地・家屋）

- **国からの依存財源**
  - **地方交付税（交付金）**
    （約20％）→ 自由に使える（一般財源）
    もともと地方の間の財政力格差を是正するために国が交付
  - **国庫支出金**
    （約15％）→ 使途限定（特定財源）
    国からの法定受託事務を処理するために国が補助（いわゆる補助金）

＊地方税法に規定のない法定外税を新設して財源を確保する自治体が増加している。使途を限定しない法定外普通税に加え，地方分権一括法は法定外目的税の導入を認めた。東京都の宿泊税（ホテル税），福岡県北九州市の環境未来税，複数の自治体が導入しているレジ袋税などがある。

【三割自治】

【地方債】

✎ 地方も借金しているって本当なの？

最近問題になっていますね。具体的にいうと、*地方債を発行して市場から資金を借りています。地方債も地方財政の約15％を占めており、地方も国と同じく借金づけの財政に陥っているんですね。しかも**地方債残高**も2006年末で**約200兆円**に達し、国債残高542兆円とあわせると国・地方の公的債務は700兆円を超えています。これは大問題です。

2006年には、**北海道の夕張市**が借金の返済が困難な状態に陥り、翌07年に**財政再建団体**に指定されました。国の監視のもとに国からの援助を受けつつ、財政再建をめざすことになります。これから、全国で債務返済不能に陥る地方公共団体が続発するともいわれています。**一部地方の財政破綻が国の負担につながっていき、国の財政破綻を招くこと**を押さえておいてください。

✎ 地方自治の確立、すなわち地方分権はどのようにして進められているの？

小泉内閣のもとでは、改革の1つとして「**国から地方へ**」というスローガンが掲げられました。もちろん、**三割**自治を解消して、地方分権を確立することは、**地方の特性を活かした政治を地域住民の意思に沿って実現する**という点ですぐれた民主的な考え方といえるでしょう。**グラス・ルーツ・デモクラシー＝草の根民主主義の確立**といえば、格好よく聞こえますね。

ただ、注意してほしいのは、**地方分権の確立は、国の地方への財政援助削減の口実にもなる**という点です。「地方自治は確立したのだから、地方は地方の仕事を自分の財源で処理すべきだ！」となる。こうして国から地方に給付されてきた財政的援助を削減し、国家の財政赤字を削減するという手法がとられるようになります。

ですから、**地方分権推進には国から地方に対する補助金原則の見直しも**

＊地方債…地方公共団体が財源を確保するために起債する公債。従来、総務大臣の許可制だったが、2006年から事前協議制となった。

含まれており，その具体策が，小泉内閣が2002年に発表した**骨太の方針の第２弾**の三位一体の改革だということもできるのです。

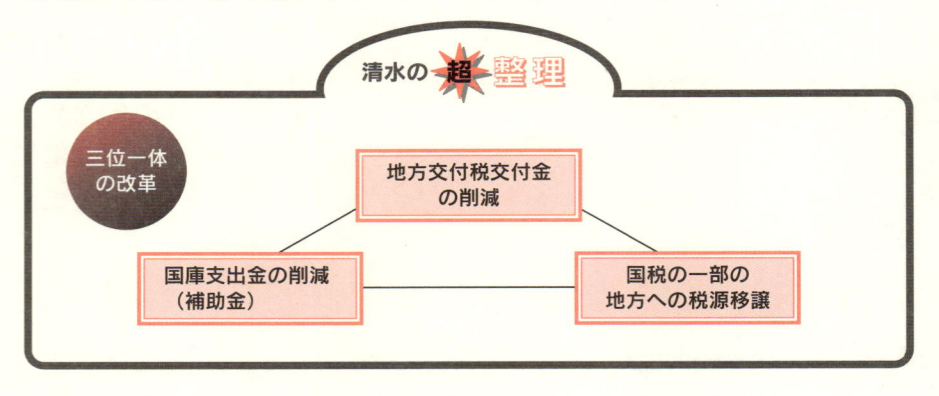

清水の超整理

- 三位一体の改革
  - 地方交付税交付金の削減
  - 国庫支出金の削減（補助金）
  - 国税の一部の地方への税源移譲

✎ 現在，地方分権はどのように進められているの？

三割自治を解消するため，**地方分権推進**法（1995年から５年間の時限立法）を制定し，**地方分権推進委員会**を設置しました。その中で地方分権の推進の方向性と内容を検討しました。それに基づいて国からの**補助金**原則**の見直し**が行われ，地方の自主財源を増やすために**地方**消費税を新設（1997年４月〜）するとともに，**所得税と住民税の所得課税のうち，住民税の割合を高め，国税を地方税に振り向ける**という税源移譲に関する改正も行いました（2006年改正）。また，**地方債発行**の際の**国**（当時の自治大臣，現在の総務大臣）**の**許可**制を廃止して**事前協議**制とする**という地方債起債の規制緩和も提言しました。これらの内容は1999年には，地方分権推進法に基づく議論の集大成としての地方分権一括法に規定されました（2000年施行）。

その核心が，国が地方の首長や行政委員会などに委任してきた**機関委任事務の廃止**です。**機関委任事務**の増加が地方自治の自主性を圧迫してきたという考え方に立ち，それを廃止しようというのです。この結果，**国と地方の関係は，「主従・上下」から「対等・協力」**関係に変わったのです。

清水の超整理

＜地方事務の再編＞
1999年改正前 ⟹ 1999年改正後

- **固有事務**（地方公共団体の仕事）→ **自治事務**（地方公共団体の仕事）
- **委任事務**（国から委任された仕事）
  - **団体委任事務**（地方公共団体に委任）→ **自治事務**
  - **機関委任事務**（地方の首長・行政委員会に委任）→ **法定受託事務**（地方公共団体が国から受託した仕事）
    - → 不必要な事務は廃止

法定受託事務の例
・戸籍事務
・選挙事務
・旅券業務

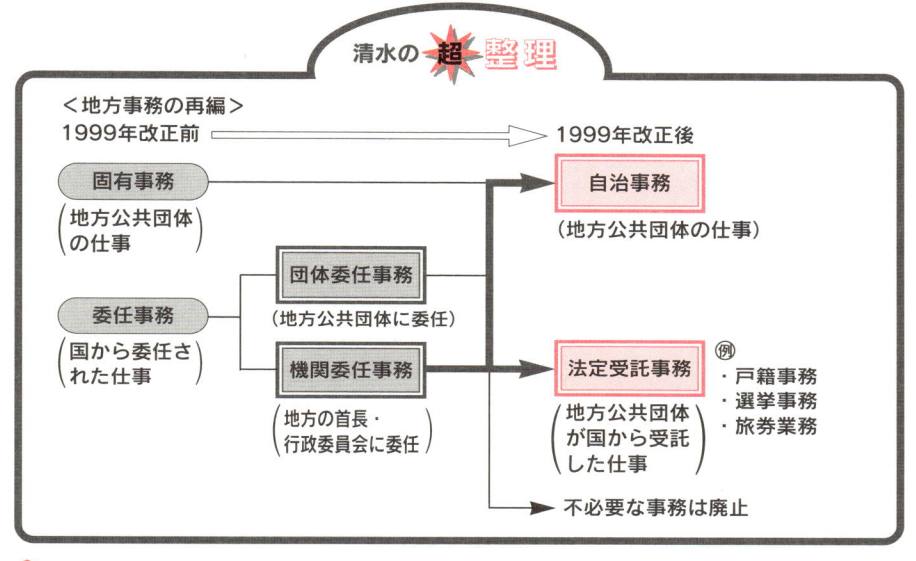

🖊 最近，平成の大合併とよばれるように市町村合併が進んでいるのはどうして？

2002年，わが国には約**3200**の市町村が存在していましたが，国は**市町村合併特例**法を制定して**市町村の目標数を1000**として合併を促進しています。

その理由は，一言で表現すれば，"**地方のリストラ・再編**"ですが，**国から地方に支出されている地方交付税交付金と国庫支出金を削減する三位一体の改革の実現**にあります。つまり，国の財政赤字解消の一前提として，地方の数を減らし，**地方の人件費や行政コストを削減**しようとしているのです。

> 2005年度までは，地方歳出の1位は，なんと給与関係費（人件費）でした。3200も市町村があれば3200の市町村長と市町村議会議員，公務員が存在します。それを約3分の1の1000に削減できれば市町村長も，市町村議会議員や地方公務員も削減でき，人件費も減らすことができるよね。

6 地方自治

ただ，市町村合併の欠点は，**地方の特性を活かした政治が失われてしまう**という点にあります。しかし，現在の財政赤字は巨額化しており，国および地方の財政再建は最優先課題といえるのです。

✎ 市町村合併を促進するために，合併した市町村に何か特恵を与えていないの？

市町村合併特例法を制定しています。同法は，合併した市町村に対して以下の3つの特恵を与えています。

――― 清水の 超 整理 ―――

市町村合併特例法　（2005年4月より新特例法。5年間の時限立法）

① 2つの市が合併をすれば，現在2つの市が国から交付されている地方交付税交付金を向こう10年間，削減しない。
② 合併に要する費用については，市場から借入できる合併特例債の発行を認め，その償還（返済）の7割は国が負担する（新特例法より国の7割償還は廃止）。
③ 在任特例として，合併した市町村の議員は，合併後も一定期間地位を保障される。新設合併の場合は2年間，吸収合併の場合は合併した市町村の残りの任期まで。

最近の改正で，住民側から市町村合併を提案できるしくみも導入され，この結果，市町村の数は**2006年3月末時点**で**約1800**と減少しています。

市町村の削減が実現した後は，**全国にある47都道府県を9～13程度の道州に再編**しようという**道州制**の導入も，地方制度調査会の提言に基づき**骨太の方針第4弾**（2004年）で提唱されています。47都道府県も大幅に削減することで，徹底して地方の行財政の効率化をはかろうというのです。

✎ 住民の意見を地方の政治に反映させる住民投票条例を制度化する地方公共団体が増加しているけれど，それには，どのような意味があるの？

これには素晴らしい意味がありますね。政治に民意が反映するというのは，すぐれた民主主義的意義があります。国政上の重要問題に際しての国民投票制度が今の日本には存在しないという問題を前に指摘しました。しかし，身近な地方政治においては，地方自治の本旨のうち，**住民自治**を尊重し，少なくとも**重要問題については*住民投票**を実施しようというのです。

＊住民投票の例…沖縄県・米軍基地整理縮小問題（96年），新潟県巻町・原発建設問題（96年），岐阜県御嵩町・産廃処理場建設問題（97年），徳島県徳島市・吉野川可動堰建設問題（00年），新潟県刈羽村・原発プルサーマル計画（01年），山口県岩国市・米軍厚木基地からの空母艦載機部隊移転問題（06年）。

2006年3月には，米軍厚木基地の空母艦載機部隊の山口県岩国市への移転問題で，岩国市で住民投票が行われて話題になりました。87%の住民が反対票を投じました。

ただ，住民投票の結果は民主的アピールにすぎず，少なくとも国との関係では法的拘束力はないという点に注意しましょう。

地方自治，地方分権の確立　現社ハンドブック　▶ P.210〜213

地方自治(1)・(2)　政経ハンドブック　▶ P.72〜75

清水の超整理

＜住民投票の資格は各市町村が条例で自由に決定できる！＞

未成年者に認めた例
秋田県岩城町（18歳〜）
長野県平谷村（中学生〜）
北海道奈井江町（小学5・6年生〜）

定住外国人に認めた例
滋賀県米原町
愛知県高浜市 ←常設型としては初！

✎ CHECK

☐ **1** 地方の自主財源が乏しく，国からの依存財源に頼っていることから，地方政治の自主性が疎外されることを一般に何というか。
　▶ 三割自治

☐ **2** 小泉内閣のもとで，いわゆる三位一体の改革が進められたが，その内容を3つ答えよ。
　▶ 地方交付税交付金の削減，国庫支出金の削減，国から地方への税源移譲

☐ **3** 市町村合併が国によって促進されている理由を答えよ。
　▶ 地方行政の効率化や人件費などの経費削減をはかるため

問題にチャレンジ！

レベル表示▶ レベルA：難　レベルB：やや難　レベルC：標準

例題1　レベルA▶ P139

地方の政治制度についての記述として**適当なもの**を次の中から一つ選べ。
① 首長公選制と首長に条例拒否権が与えられている点で大統領制が導入されている。
② 地方議会は出席議員の過半数の賛成によって首長を不信任できる。
③ 首長は，裁量によって地方議会に対する解散権を行使できる。
④ 地方公共団体は自主司法権を持ち，地方裁判所を管轄する。

解説　①正しい。この2点で大統領制が導入されている。地方議会の首長に対する不信任（②出席議員の4分の3以上の賛成）と首長に地方議会解散権が与えられている点では議院内閣制も導入されている。③首長は，議会の不信任に対抗して解散権を行使できるだけで，裁量による解散は認められない点が，内閣の衆議院解散権と異なる。④地方裁判所は国が管轄する。

解答⇒①

例題2　レベルB▶ P142

最近の地方政治に関する記述として**適当なもの**を次の中から一つ選べ。
① 地方自治法の規定に基づいて重要問題に際して住民投票を実施する自治体が増えている。
② 機関委任事務が廃止され，自治事務と法定受託事務に分類された。
③ 地方の主導により，市町村合併が増加しており，平成の大合併とよばれている。
④ 全国に20の道州を導入することが決定している。

解説　②正しい。地方分権一括法に規定された。①地方自治法には規定はないが，自治体が自主的に住民投票条例を制定する例が増えている。③国が市町村合併特例法を制定して，国主導のもとで合併を促進している。④道州制の導入は決定していない。9・11・13の道州を導入する案が検討されている。

解答⇒②

選挙と政党

第7講

選挙区制度の長所・短所や政界再編の流れを押さえ，2000年の衆議院・参議院の定数削減，参議院の比例代表区への非拘束名簿式比例代表制導入，2006年の在外投票を選挙区にも認める公職選挙法改正などの時事問題にも注意しよう！

テーマ

1. 選挙のしくみ
2. 政党と圧力団体の流れ
3. 行政国家の問題点と改革

テーマ1 選挙のしくみ

1：選挙区制・比例代表制

選挙制度には、選挙区制（小選挙区制と大選挙区制）、比例代表制があります。それぞれの長所と短所を押さえましょう！

小選挙区制の長所
政局安定　今回も支持しま〜す　大政党

小選挙区制の短所
①小政党からの当選困難（2位なのに落選なの…小政党）
②死票の増加（当選 ○田○夫 3501票／×本×男 3500票／1票差なのに死票）
③ゲリマンダーの危険（有利な選挙区境界線）

✏️ **小選挙区制って何？**

小選挙区制とは、1選挙区から1名選出する制度です。得票数が1位にならないと当選できないので、支持基盤が大きく、組織票を持っている大政党（多数党）に有利なんです（**多数**代表制）。長所は、*政局が安定すること。短所は、①**小政党からの当選が困難**で、②**小政党**への投票は議席に結びつかないため**死票が増加する**ことです。もう1つは、③**ゲリマンダーの危険**です。当選者が1人だと結果予測が立てやすいため、**与党が自分の政党に有利な選挙区境界線を不正に設定しや**すいのです。

　1994年より衆議院のうち300人は小選挙区制で選出されているため、この部分では自民党や民主党といった大政党が当選しやすくなっています。ただし、2005年9月の小泉内閣が行った郵政民営化に賛成か反対かの国民投票の意味を持った衆議院議員総選挙では、自民党が民主党に大差をつけて、圧勝しました。しかし、得票率に大差があったのではなく、各小選挙区で

＊小選挙区制を導入しているアメリカ・イギリスでは小政党は議席を伸ばせず二大政党制になっている。国民が政権交代を感じれば二大政党制になるが、わが国では自民党一党が議席を伸ばす可能性もある。

接戦を演じながらも，僅差で自民党候補者がせり勝った。だから議席は自民党が多いのです。民主党候補者に投じられた票は，死票になりました。死票が極めて多く発生した総選挙といえるでしょう。

✏️ 大選挙区制って何？

大選挙区制とは，1選挙区から複数名選出する制度です。定数が多ければ多いほど得票数が下位でも当選するチャンスが広がり，小政党からの当選がしやすくなります（**少数**代表制）。長所は，①**小政党からも当選のチャンスが広がる**こと，②**死票が減少する**ことです。短所は，**小政党の分立で政局不安定が生じる**ことです。

✏️ 比例代表制って何？

比例代表制とは，原則的に**有権者は政党に投票して，各政党の得票率に応じて公平な議席配分を行う**制度です。ただし，2000年改正で**参議院は拘束名簿式から非拘束名簿式に改正**されました。*非拘束名簿式の場合は，政党への投票のみならず，党公認候補者個人への投票を認めていますが，個人への投票も所属政党への投票とみなして獲得議席を計算します。いずれにしても長所は，①**公平**で，小政党にも当選のチャンスがあるということですね。②**死票も減少**します。短所は，①**小党分立**となり**政局不安定**，②拘束名簿式（衆議院の一部）では当選順位を政党幹部が決定するので，**民意**が各党の当選順位に反映されないことです。この点，参議院の**非拘束名簿**式比例代表制は，各党内の当選順は個人得票の多い順なので**民意**を反映することができ拘束名簿式の短所を補っています。

＊わが国では，参議院には1982年改正（1983年より実施），衆議院には1994年改正（1996年より実施）でそれぞれ拘束名簿式比例代表制が一部導入された。2000年改正で参議院は非拘束名簿式比例代表制に移行した。衆議院は従来通り拘束名簿式比例代表制。

選挙原則と選挙区制　現社ハンドブック ▶ P.214
選挙原則と選挙区制　政経ハンドブック ▶ P.78

清水の超整理

	長所	短所
小選挙区制（1選挙区1人当選）	①大政党有利→政局安定 ※選挙費用節減 ※乱立候補防止 ※有権者と立候補者が緊密化	①小政党不利→死票増加 ②ゲリマンダーの危険 ※1位になるための不正選挙の恐れ ※地方的小人物（有名人・ボス）に有利
大選挙区制（1選挙区複数名当選）	①小政党にチャンス →死票減少 →政治的関心アップ ※立候補者の選択幅拡大 ※ゲリマンダーの防止	①小党分立→政局不安定 （※同一政党内で同士討ち）
比例代表制（政党に投票） 非拘束名簿式の場合，各党の公認候補者個人への投票も所属政党への票とする	①各党は得票率に応じて公平に議席を獲得	①小党分立→政局不安定 ②拘束名簿式（衆議院）の場合，政党にしか投票できず，個人への投票が不可 →民意が反映されない

✎ CHECK

☐ **1** 小選挙区制は（　1　）代表制となるのに対して，大選挙区制は（　2　）代表制となる。
　　▶ 1－多数　2－少数

☐ **2** 政局が安定し，二大政党制になりやすい反面，死票が増加する可能性のある選挙区制度は何か。
　　▶ 小選挙区制

☐ **3** ゲリマンダーとは何か。説明せよ。
　　▶ 与党が自党に有利になるように不正な選挙区境界線を設定すること

2: 選挙制度〜衆議院と参議院

復活当選

✏️ **衆議院の選挙制度はどうなっているの？**

衆議院では，戦後一時期を除いて，1947年から94年まで，原則，1選挙区3〜5人（定数是正で1〜6人となった時期もある）を定数とする**中選挙区**制を実施していました。その後**1994年**，細川内閣の政治改革で公職選挙法が改正されて，**小選挙区・比例代表並立**制が導入されました。有権者は2票を投じ，**小選挙区**制で**300人**（全国300ブロック），**比例代表**制で**200人**→2000年改正で20人削減されて現在では**180人**（全国11ブロック）を選出することになっています。大政党に有利な**小選挙区**制と小政党にも進出チャンスのある**比例代表**制を組み合わせたわけです。また，衆議院では，小選挙区と比例代表区の**重複立候補***が認められています。**小選挙区の落選者も惜敗率**（同一選挙区当選者の得票数に対する当該落選者の得票数の比率）**によって，比例区での復活当選が可能**なんです。ただし，小選挙区で法定得票数（1/10）に達さず**供託金***を没収される者の復活当選は禁止です（2000年改正）。

✏️ **参議院の選挙制度はどうなっているの？**

参議院では従来，**全国区**（定員100人）は全国を1区とし，**地方区**（定員は当初150人，のちに152人）は各都道府県を1区として，有権者は計2票の投票を，立候補者個人に対して行ってきました。1983年から金権選挙防止のため**全国区**に代わって**比例代表**区（**100人**→現在**96人**）が導入され，都道府県単位で実施される**地方区**は，**選挙区**（**152人**→現在**146人**）と名称変更されました。

✏️ **現在，比例代表のしくみってどうなっているの？**

①衆議院の一部（180人）は**拘束名簿式比例代表**制。有権者は**政党**に投票して，各政党の獲得議席数は各党の得票数に応じて**ドント**方式で決定されます。当選者は，

---

*重複立候補…参議院では認められていない。復活当選があるのは衆議院のみ。
*供託金…乱立候補を防止するため，候補者が立候補する際に納付することになっている金銭。選挙において法定得票数に達しない場合は没収され，選挙公営化の費用に使われる。

比例代表のしくみ

衆議院＝拘束名簿式比例代表制
政党名　各党が提出した名簿順に当選　当選順位に民意が反映されない…
〇〇党
①悪井邪人
②恐井人子

参議院＝非拘束名簿式比例代表制
政党名or候補者名　個人名得票の多い順に当選　民意が反映される
〇〇党
①良井快夫
②善井婦人

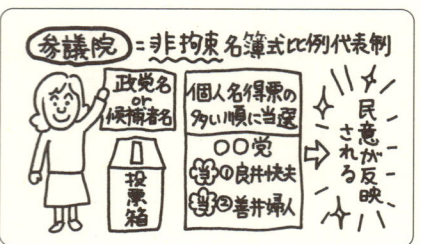

あらかじめ各党が提出した名簿の順位に従って獲得議席数までの順位の者となり，名簿順位の変更は認められません。

②参議院の一部（96人）は2000年改正で**拘束名簿式**から**非拘束名簿式比例代表**制に改められました。有権者は**政党名**または**政党公認候補者名**に投票でき，**両者の合計が各党の得票数**となって，ドント方式で獲得議席数が決定します。各党の当選者は，**個人名得票の多い順**に決定するので当選決定に**民意**が反映されるという長所があるんですね。

ただし，非拘束名簿式の場合，短所として**個人得票が集まりやすい全国的有名人や組織票を動員できる組織代表者に有利になりやすい**ということがあります。政党名を書いてもいいのに，あえて△△党公認の〇〇〇氏と書くのは，よほど，その人を支持しているか，知っているか，でしょうからね。

> 比例代表区の議席配分を決めるドント方式とは，各政党の得票数を1，2，3，……と自然数で割り，商の大きい順に定数まで各政党の獲得議席数を決める方法です。

＜比例代表制の議席配分～ドント方式の計算方法＞ 定数6名の場合

政党 得票数（万票）	A党 1000	B党 800	C党 500	D党 300
÷1	① 1000	② 800	③ 500	300
÷2	③ 500	⑤ 400	250	150
÷3	⑥ 333	267	167	100
÷4	250	200	125	75
⋮	⋮	⋮	⋮	⋮

1. 各政党の得票数を整数（1，2，3，……）で割り，商を出す
2. 商の多い順に定数（6名）まで選ぶ
3. □が当選。→A党－3名，B党－2名，C党－1名，D党－0名が当選する

選挙制度(1)〜衆議院と参議院　**現社ハンドブック** ▶ P.216

選挙制度(1)・(3)　**政経ハンドブック** ▶ P.80, 84

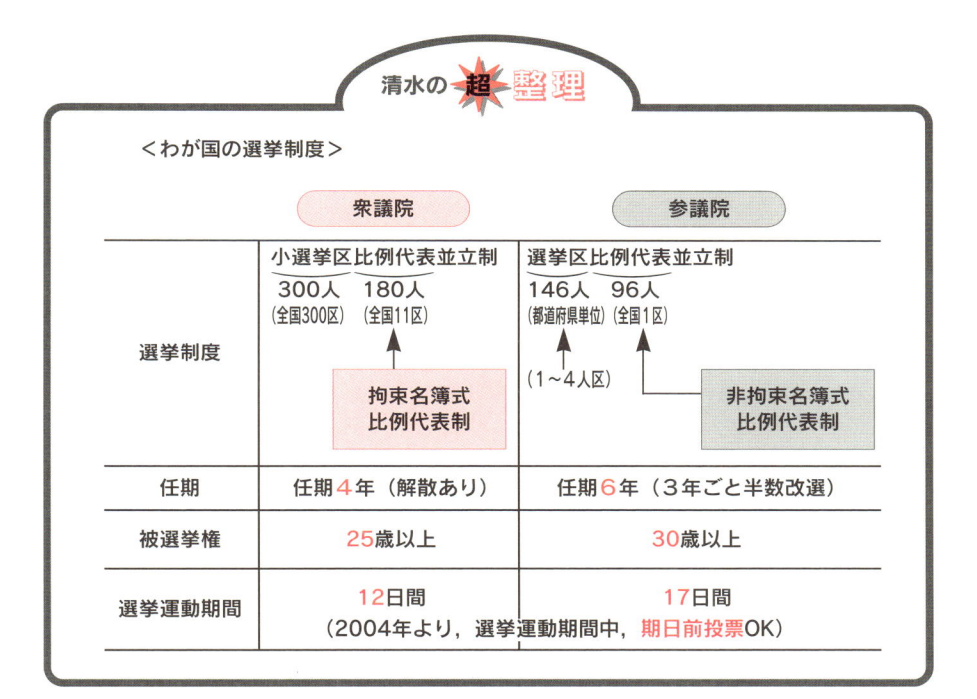

清水の 超 整理

＜わが国の選挙制度＞

	衆議院	参議院
選挙制度	小選挙区比例代表並立制 300人（全国300区）　180人（全国11区） 180人 ← **拘束名簿式比例代表制**	選挙区比例代表並立制 146人（都道府県単位）　96人（全国1区） （1〜4人区） 96人 ← **非拘束名簿式比例代表制**
任期	任期4年（解散あり）	任期6年（3年ごと半数改選）
被選挙権	25歳以上	30歳以上
選挙運動期間	12日間 （2004年より，選挙運動期間中，**期日前投票**OK）	17日間

✎ CHECK

☐ **1** 衆議院の選挙方法として，(1)1947〜94年までとられていた選挙区制と，(2)1994年以降，とられている選挙区制を答えよ。
▶(1)中選挙区制　(2)小選挙区比例代表並立制

☐ **2** 参議院の選挙方法として，(1)1945〜82年までとられていた選挙区制は，都道府県単位の地方区ともう1つは何区か。(2)この選挙区は，1983年以降，何区に変更されたか。
▶(1)全国区　(2)比例代表区

☐ **3** 比例代表制には，拘束名簿式と非拘束名簿式があるが，衆議院と参議院は，現在各々どちらの方式を採用しているか。
▶衆議院－拘束名簿式，参議院－非拘束名簿式

3: 選挙制度～公職選挙法

連座制

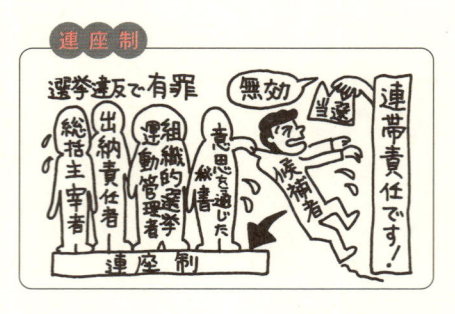

選挙運動にはどのような規制があるの？

　選挙運動規制とは，選挙の公正を守るための種々の規制のことです。**公職選挙法**（1950年制定）では，まず，**①事前運動**（**衆議院12日間，参議院17日間**の選挙運動期間以前の選挙運動）**の禁止**，選挙当日の選挙活動の禁止があります。選挙運動期間は**金権選挙を防止**するために，次第に**短縮**されてきたんです。それから，**②戸別訪問の禁止**。候補者が各家庭を回ることは禁止。最高裁も**買収・利益誘導の防止，住居の平穏維持**の観点より禁止規定を合憲としています。**③署名運動の禁止**。特定候補者支持の署名運動は禁止されています。ある政策をとってほしいという署名運動は許されますが，誰々さん支持というのは，欺瞞的署名（他に集まっている署名は全てウソかもしれない）の可能性がありますからね。後は，**④その他**＊──連呼行為・街頭演説の場所・時間制限，ビラやポスターの枚数制限，政治家が選挙区内で行う冠婚葬祭への寄附行為制限（自分が出席しない場合）などの規制があります。これらも金権選挙防止です。

　また，候補者の親族，選挙運動の**総括主宰者，出納責任者，組織的選挙運動管理者**（後援会幹部），**意思を通じた秘書**が選挙違反で有罪となった場合，**候補者本人の当選も無効**とする⑤**連座**制があります。この連座制は1994年改正で強化されて組織的選挙運動管理者や意思を通じた秘書が選挙違反で有罪となった場合を追加したと同時に，刑事罰のほかに，**実刑期間＋5年間**，選挙権と被選挙権（立候補の権利）を剥奪する**公民権停止**の措置が追加されました。政治家にとって立候補できないのは痛いですよね。

最近の公職選挙法改正の流れは，どのようになっているの？

　投票率は低下傾向にあり1995年の参議院通常選挙では史上最低の44.5％に低下し，1996年の衆議院総選挙でも衆院史上最低の59％台に低下しました。

＊他にも，泡沫新聞（候補者批判目的の新聞）の禁止，公務員や公職にある者の選挙運動禁止などがある。また，インターネットを通じた選挙運動は今のところ認められていない。ネットのホームページによる政治活動報告は可能であるが，選挙運動期間中のホームページ更新は認められていない。

そこで，投票率アップのため，公職選挙法の1997年改正で，①投票時間延長（7AM～6PM→8），②不在者投票*1（選挙日以前に前もって市役所などで投票できる制度）の要件を緩和（レジャー目的なども可）しました。
　また，2004年改正*2では，不在者投票の期間を選挙運動期間中の全てに拡大した（衆議院12日間、参議院17日間）のにともなって，その名称を期日前投票に改めました。1999年改正（2000年施行）では，外国在住の日本人の投票を現地の日本大使館などで認める在外投票制度を導入しました（2000年施行当初は衆参の比例代表のみ）。

> 当初，在外投票は比例代表についてのみ認め，選挙区には認めていませんでした。この点について，2005年，最高裁は，選挙区投票を認めない立法不作為に違憲判決を下して注目されました。そして2006年，在外投票を選挙区にも認める公職選挙法改正が行われました。

　また，比例代表当選者の他の既存政党への移動が禁止されている点も注意（2000年改正）。ただし，新政党へは移動できることになっています。

選挙制度(2)～公職選挙法　現社ハンドブック　▶ P.218
選挙制度(2)（公職選挙法）　政経ハンドブック　▶ P.82

✏ CHECK

- ❏ **1** 最近では，金権選挙防止のために選挙運動期間が短縮されてきたが，衆議院および参議院の選挙運動期間をそれぞれ答えよ。
  ▶ 衆議院－12日間，参議院－17日間
- ❏ **2** 欧米では認められている戸別訪問が，わが国で禁止されているのはなぜか。
  ▶ 買収・利益誘導の防止，住居の平穏維持のため
- ❏ **3** 1994年改正で，主要な選挙運動員に加えて，意思を通じた秘書や，組織的選挙運動管理者が選挙違反で有罪となった場合も，立候補者本人の当選を無効にすることになった制度は何か。
  ▶ 連座制
- ❏ **4** 2004年改正で，選挙運動期間中，前もって市区町村役場などで投票できる制度が導入されている。この制度を何というか。
  ▶ 期日前投票

＊1…現在では，指定老人ホームや病院などで投票できる制度，身体障害のため郵便投票を利用する制度を「不在者投票」とよぶことにした。
＊2…2004年の公職選挙法改正で地方選挙に電子投票制（投票所に来てタッチパネル方式で投票する）の導入が可能になった。ただし，国政選挙には導入されておらず，自宅でのインターネット投票は不可。

テーマ 2 政党と圧力団体の流れ

1：政党と圧力団体

政党は，どのような役割や機能を果たしているの？

政党には，4つの機能があります。①国民の多元的利益・意思（世論）を集約して綱領・政策に一本化する**利益集約**機能。②世論を政治に実現する**パイプ**役となる**利益媒介**機能。③**政権**獲得をめざし，与党は政府を組織し，野党は政府を批判かつ監督する**政権担当**機能。④国民に政治争点を明確化し，考え方を示す**政治教育**機能。こういった活動を政党組織によって行っています。

歴史的にみると市民革命後の**近代政党の特徴**は，政治参加していた資本家や貴族が名誉職として政治を行う**名望家**政党であると同時に，個人の力で政治を行う**議員**政党であり，有力者が集っただけの**徒党**にすぎませんでした。

しかし，普通選挙制度が確立した後の**現代政党の特徴**は，一般大衆の支持を受ける**大衆**政党であると同時に**組織**政党であり，全国民に対して責任を負う**公党**（**国民**政党）だといえます。したがって，政党は**綱領**を持っています。最近では，個々の選挙ごとに政権公約を示すという**マニフェスト**（**政権公約**）選挙を行うことにしています。

> 組織政党だから，2005年に小泉内閣が閣議決定した郵政民営化法案に反対した自民党議員は，自民党除名ないし離党勧告などの処分を受けたのです。これは党議拘束に違反したから処罰されたんですね。

---

*E.バーク（英・1729〜97年）は，政党とは，「ある特定の主義または原則において一致している人々が，その主義または原則に基づいて国民的利益を増進すべく努力するために結合した団体」と定義し，政党の国民政党，公党としての性格を初めて認めた。

圧力団体って何？

圧力団体（プレッシャー＝グループ）とは，自己の**特殊利益実現**のため，広範な組織力や票・献金を背景に議会や行政官庁に圧力をかけ，その実現をはかる利益集団のことです。**政権獲得はめざさず，政治のアウトサイダー**として活動する点で政党とは異なります（*日本経団連・日本労働組合総連合会・農協中央会・日本医師会など）。長所は，選挙ルートで吸収できない多様な民意を政治に反映して，**代議制を補完**する点にあります。一方，短所は，汚職や政治腐敗などの**金権政治**を発生させて，公正な民主主義を歪めてしまう可能性があることです。

政党と圧力団体 ▶▶ P.220 （現社ハンドブック）
政党と圧力団体 ▶▶ P.86 （政経ハンドブック）

清水の超整理

政党
①政治のインサイダーとして活動
②政権獲得目的あり
③代議制の媒介機能
　（国民と議会のパイプ役）
④政治責任あり
⑤国民的利益の実現

圧力団体
①政治のアウトサイダーとして活動
②政権獲得目的なし
③代議制の補完機能
　（選挙ルートで反映しない利益を反映させる）
④政治責任なし
⑤特殊利益の実現

＊日本経団連…2002年5月，日経連（日本経営者団体連盟）と経団連（経済団体連合会）が合体して日本経済団体連合会となった。大企業の圧力団体であり，自民党の支持母体となっている。初代会長がトヨタ自動車の奥田碩会長，2006年からキヤノンの御手洗冨士夫会長が就任している。

＊金権政治…政治資金を提供する者が，対価として，自分に有利な配慮を要求する政治のこと。政治腐敗の温床となる。

2 : 戦後日本の政党の流れ

55年体制

```
1955年〜自民党の長期安定     1993年
                          55年体制の
   1番   1½政党制            終焉
  自由民主党  日本社会党    おわった…
                        宮沢喜一内閣  不信任
```

わが国の政党の流れの特徴は？

1955（昭和30）年に，**保守**合同で**自由党**（吉田茂）と**日本民主党**（鳩山一郎）が合併して**自由民主党**が結成されて以来，1993年までの38年間つづいた自由民主党の長期安定政権のことを**55年体制**とよびます。その間，ロッキード事件（田中角栄首相）の際，金権政治を批判して自由民主党から分離した**新自由クラブ**との連立内閣となった一時期（1983〜86年）を除いたほとんどの時期，**自由民主党は単独政権を維持**しました。**最大野党の日本社会党の勢力は，自由民主党の議席の半分程度**しかなかったことから，**1½政党制**ともよばれました。自由民主党の長期安定政権がつづいた理由の1つには，1960年代以降の**野党の多党化**という要素があります。野党がバラバラになっていく一方，保守系政党は原則として自由民主党に一本化されていたため，相対的優位が定着したのです。もう1つは，高度成長期で景気が良かったことです。

しかし，**1990年代初頭に佐川急便問題やゼネコン汚職**などの自民党議員の政治腐敗が相次いで発覚したことから，**1993年に宮沢喜一内閣が不信任され，自由民主党は政権を失いました**。その後，**細川護熙**，**羽田孜**内閣と非自民連立内閣が1年弱続き，"**55年体制の終焉**"が叫ばれました。

ところが自由民主党は，1994年には，**日本社会党**が首班となった，**村山富市内閣**で連立という形で政権与党に復帰します。1996年の**橋本龍太郎内閣**以降，再び**自由民主党**首班の内閣がつづいており，**55年体制の復活**という状況になっています。ただし，かつてのような単独政権ではなく，**連立政権**という形での政権運営となっているのが特徴です。

> 細かい政党の流れは，P.160〜161の流れ図を必ず参照してください！

＊1960年，新日米安全保障条約をめぐって賛成派が日本社会党から分離して民主社会党（のちの民社党）が結成され，1964年には保守・革新の中間に位置する中道政党として公明党が結成された。

戦後日本の政党の流れ(1)・(2) 現社ハンドブック ▶ P.222〜225

戦後日本の政党の流れ(1)・(2) 政経ハンドブック ▶ P.88〜91

清水の超整理

		年月	首相(所属政党)	連立を組んだ政党	連立の呼称
55年体制終焉	非自民	1993.8	細川護熙(日本新党)	社会党 新生党 公明党 日本新党 民社党 新党さきがけ 等	非自民7党1会派の連立
		94.4	羽田孜(新生党)	新生党 公明党 日本新党 民社党 新党さきがけ 等	新党さきがけは閣外協力
55年体制復活	自民連立	.6	村山富市(社会党)	自民党 社会党 新党さきがけ	自・社・さ連立
		96.1	橋本龍太郎(自民党)	自民党 社民党 新党さきがけ	自・社・さ連立
		.10		自民党 社民党 新党さきがけ	社・さ,閣外協力
		98.6		自民党	社・さ,与党離脱
		.7	小渕恵三(自民党)	自民党	自民単独
		99.1		自民党 自由党	自・自連立
		.10		自民党 自由党 公明党	自・自・公連立
		2000.4	森喜朗(自民党)	自民党 公明党 保守党	自・公・保連立
		01.4	小泉純一郎(自民党)	自民党 公明党 保守党	自・公・保連立
		03.11		自民党 公明党	自・公連立
		05.9			
		06.9	安倍晋三(自民党)	自民党 公明党	自・公連立
		07.9	福田康夫(自民党)	自民党 公明党	自・公連立

第7章 選挙と政党

✍ CHECK

❏ **1** 戦後のわが国の自民党の一党優位制のことを一般に何というか。
　　▶ 55年体制

❏ **2** 自民党は1993年に内閣不信任によって,結党以来,初めて政権を失うことになる。不信任された内閣の首相の名前を答えよ。
　　▶ 宮沢喜一

❏ **3** 2の不信任によって1993〜94年には非自民連立内閣が2つつづくことになる。その2人の首相の名前を内閣成立順に答えよ。
　　▶ 細川護熙,羽田孜

❏ **4** 小泉内閣(2003年11月以降)と安倍内閣(2006年9月〜),福田内閣(2007年9月〜)を構成している政党を全て答えよ。
　　▶ 自由民主党と公明党

清水の超整理

55年体制～終焉とその後

1955年 (昭和30年) 55年体制
- 日本社会党の右派・左派合同 (1955年10月)
- 保守合同
  自由党＋日本民主党
  ＝自由民主党誕生 (1955年11月)

  国会での議席勢力
自由民主党	1	
日本社会党 (自民党の半分程度)	1/2	$1\frac{1}{2}$政党

  VS

1960年代以降 野党の多党化
- 1960年の新日米安保条約改定をめぐる対立（安保闘争）

  中道政党が誕生
  民主社会党
  （1960年日本社会党から分裂）
  公明党（1964年）

1970年代 (1976年ロッキード事件)
- 田中角栄元首相有罪判決
  →衆議院で自民党過半数割れ
  →1983～86年
  自民党を離脱した新自由クラブと一時連立政権を組む

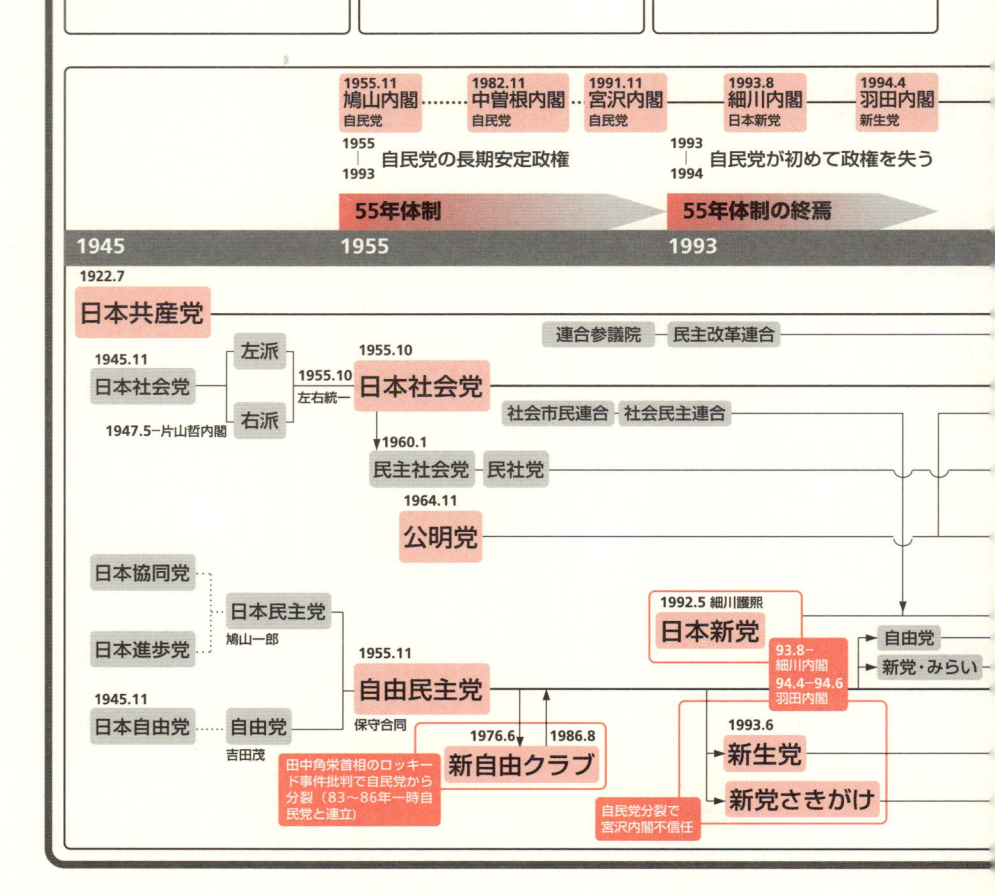

1955.11 鳩山内閣 自民党
1982.11 中曽根内閣 自民党
1991.11 宮沢内閣 自民党
1993.8 細川内閣 日本新党
1994.4 羽田内閣 新生党

1955～1993 自民党の長期安定政権
1993～1994 自民党が初めて政権を失う

55年体制 ────▶ **55年体制の終焉**

1945 ── 1955 ── 1993

1922.7 日本共産党

1945.11 日本社会党
├ 左派 ┐
│   ├ 1955.10 左右統一 → **日本社会党**
└ 右派 ┘
1947.5－片山哲内閣

連合参議院 ─ 民主改革連合
社会市民連合 ─ 社会民主連合

↓1960.1
民主社会党 ─ 民社党

1964.11
公明党

日本協同党 ┐
日本進歩党 ├ **日本民主党** 鳩山一郎 ┐
          │   ├ 保守合同 → **自由民主党** (1955.11)
1945.11   │   │
日本自由党 ┴ **自由党** 吉田茂 ──────┘

1976.6 ─ **新自由クラブ** ─ 1986.8
田中角栄首相のロッキード事件批判で自民党から分裂（83～86年一時自民党と連立）

1992.5 細川護熙
日本新党
93.8－細川内閣
94.4－94.6 羽田内閣

自由党
新党・みらい

1993.6
新生党
新党さきがけ
自民党分裂で宮沢内閣不信任

1980年代 与野党伯仲の時代（1970年代後半〜）

- 1988年
  リクルート事件
  （竹下登内閣）
  1989年
  消費税導入
  ↓ 国民の不満！
  1989年
  参議院で自民党過半数割れ
  （戦後初の与野党逆転）

1990年代

- 佐川急便問題
  ゼネコン汚職
  →相次ぐ不祥事
- 宮沢喜一内閣は自民党に有利な衆議院単純小選挙区制導入案を提出

1993年6月（1993年の政変）

- 宮沢喜一内閣不信任

55年体制の終焉
自民党が結党以来、初めて政権を失う

最近の政治

- 小泉純一郎内閣（2001年4月〜06年9月）
  "聖域なき構造改革"を断行
  ① 郵政民営化
  ② 特殊法人の廃止・民営化
- 安倍晋三内閣（2006年9月〜）
  ① 再チャレンジ社会
  ② 教育改革
  ③ 憲法改正の国民投票法を成立

第7講 選挙と政党

1994.6 村山内閣 社会党 ― 1996.1 橋本内閣 自民党 ― 1998.7 小渕内閣 自民党 ― 2000.4 森内閣 自民党 ― 2001.4 小泉内閣 自民党 ― 2006.9 安倍内閣 自民党

1994 自民党が連立の形で政権に復帰

55年体制の復活（連立政権の時代）

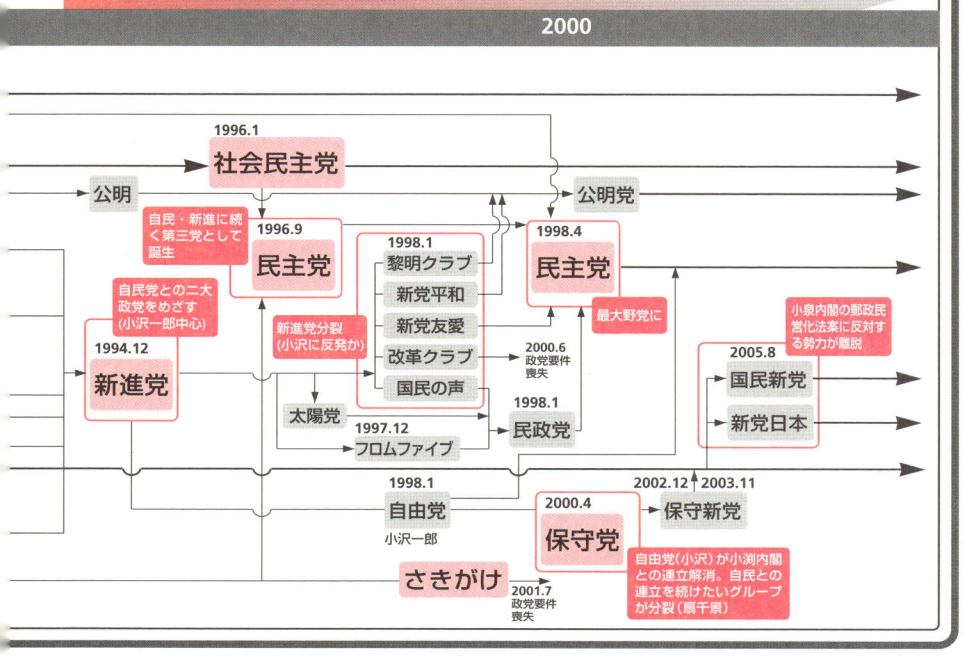

2000

1996.1 社会民主党

公明 → 公明党

1996.9 民主党
自民・新進に続く第三党として誕生

1998.1 民主党
- 黎明クラブ
- 新党平和
- 新党友愛
- 改革クラブ
- 国民の声

1998.4 民主党（最大野党に）

1994.12 新進党
自民党との二大政党をめざす（小沢一郎中心）

新進党分裂（小沢に反発か）

太陽党
1997.12 フロムファイブ

1998.1 民政党
2000.6 政党要件喪失

2005.8 国民新党 / 新党日本
小泉内閣の郵政民営化法案に反対する勢力が離脱

1998.1 自由党（小沢一郎）
2000.4 保守党
2002.12 → 2003.11 保守新党

自由党（小沢）が小渕内閣との連立解消。自民との連立を続けたいグループが分裂（扇千景）

さきがけ
2001.7 政党要件喪失

行政国家の問題点と改革

1：1994年の政治改革〜政治資金

1994年政治資金規正法はどのように改正されたの？

非自民連立の細川内閣は、政治資金規正法を次のように改正しました。①政治家個人への献金を全面禁止にしました。政治家個人への献金は政治腐敗を招くという理由からです。ただし、抜け道が作られて、②政治家1人につき1つの政治資金管理団体の保有が認められ、そこに対する政治献金は5年間認められました。5年後に見直しを行うという条件で、政党助成法が同時に制定され、公費を各政党に交付するという法律もできました。しかし、5年後には、政権は非自民から自民党政権（森内閣）に戻っていたため、結局、全面禁止には至りませんでした。2000年改正で企業・団体からの政治資金管理団体への献金は廃止されましたが、個人からの献金は現在も一定額の範囲内で認められたままになっています。

> 企業は社長とか役員の個人名を使って献金すれば、政治資金管理団体を通じて、事実上、政治家個人に献金することができるんですね。

もちろん、政党[*1]への献金は、これからも従来通りできますから、政党への国庫からの助成金とともに、政治資金は政党を中心に供給されるという方向を明確にしたのです。③違反者には実刑を加えるとともに、5年間の公民権停止（立候補禁止および選挙権剥奪）を科す罰則を強化しました。

政党助成法が1994年に新たに制定されたけれど、そもそも政党助成法って何？

政党助成[*2]法（1994年）というのは、政党の政治資金を公費（国民の税金）で助成することを定めた法律です。特定の企業や個人から献金をもらうと、献金をくれた人や団体のための政治になってしまうことから、「寄附と見返

[*1] …政党に対する政治献金は、企業・団体などは資本金・構成員数に応じて年間750万円以内〜1億円以内、個人からは年間2000万円以内が可能となっている。

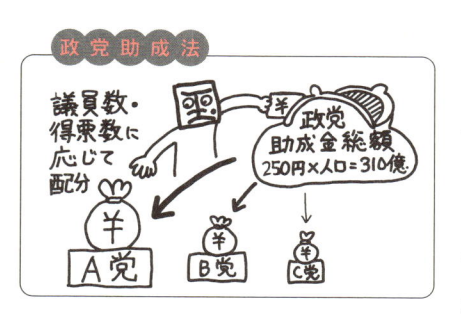

政党助成法

議員数・得票数に応じて配分

政党助成金総額 250円×人口＝310億

A党　B党　C党

り」という金権政治の腐敗構造の断絶をめざすことを目的に制定されました。具体的には、毎年、**政党助成金総額（250円×人口＝約310億円）が、各政党に、その議員数・得票数に応じて配分**されます。たとえば、2005年9月の衆議院総選挙に圧勝した自民党は、過半数の議席を持つわけですから、政党助成金総額の半分以上（約150億円以上）のお金を助成してもらえるのです。毎年ですよ。

> 政党助成法は、政治家個人への政治献金を禁止する代わりに、国庫（国民全体の資金）から各政党に助成金を交付するというものです。政党助成金は政治資金なので、選挙運動に使うことは禁止です。

政治腐敗防止と行政スリム化　現社ハンドブック ▶▶ P.226

1994年の政治改革（政治資金）　政経ハンドブック ▶▶ P.92

清水の超整理

個人
- → 政治家：1994年改正で禁止 ×
- → 政治資金管理団体：1994年改正で新設 ○（年間150万円以内）
- → 政党：（上限年2000万円）

企業・団体
- → 政治家：1994年改正で禁止 ×
- → 政治資金管理団体：2000年改正で禁止 ×（1994～2000年は○ 年間50万円以内）
- → 政党：（上限年間1億円）

政治家1人当たり1つ保有できる → 政治資金管理団体

国庫 → 政党：政党助成金（250円×人口＝約310億円）

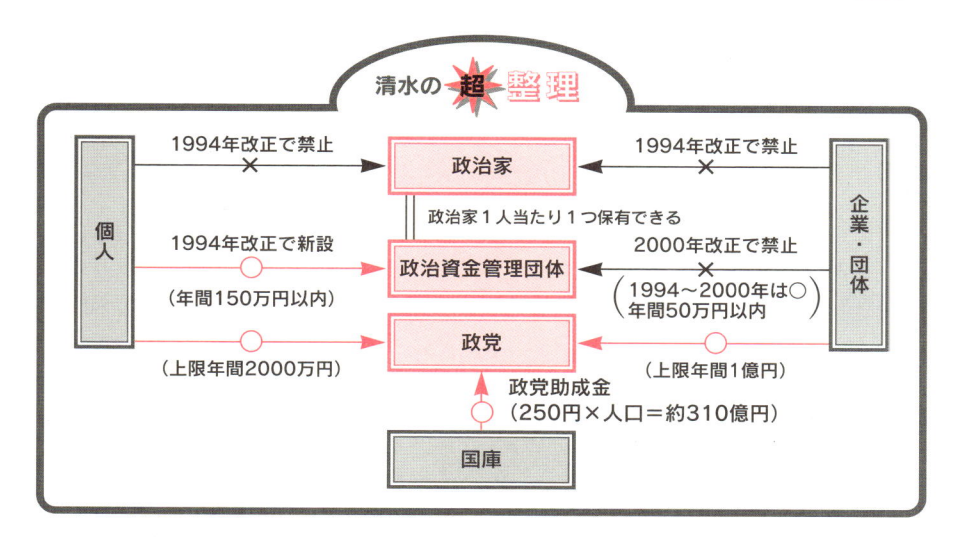

＊2…政治資金規正法と政党助成法の「政党」要件は異なる。政治資金規正法は①所属国会議員5人以上、②直近の国政選挙で得票率2％以上、のいずれかを満たす政治団体とする。政党助成法は①は同じだが、②の場合、国会議員が必ず1人以上所属していることが要件。

2:行政権の肥大化・民主化

行政権の肥大化って何？

　現代の国家機能は複雑・専門化したために，**立法**国家から**行政**国家へと変化して**行政権の肥大化**が進んでいます。具体的には①**委任立法**の増大，②行政裁量の拡大，③**内閣提出法案**＊の増加があります。

　①の**委任立法**とは，**法律で大枠を決め，具体的・細則的内容**（罰則等）**の決定は行政部**（政令，省令など）**に委任する立法形式**です。この委任立法が増加しているのです。ただし，いわゆる**行政府立法**なので，国民代表議会による民主的コントロールが及んでいないため，○○についての罰則を全面的に政令に委ねるという**白紙委任**（全面委任）**は禁止**と解釈されています。あくまで，法律で罰則の上限を定めておかなければなりません。

　②の**行政裁量**の拡大というのは，どのような営業を行うにも主務官庁の許可ないし認可を必要とする**許認可行政**が行われているため，**許認可決定に裁量権を持つ行政部の権限が著しく拡大**している現象ですね。

　③の**内閣提出法案**の増加は，**法案作成段階から行政部が関与**（議員提出法案が減少）することを示しています。本来は，法案も立法過程の一部ですから立法府が行うべきですが，現実的には，官僚たちが作った法案が内閣によって提出されることがほとんどなのです。

　これらには，行政権による議会立法権の侵害や議会による行政部監督機能の弱体化などの弊害もあり，**議会制民主主義の形骸化**が危惧されています。

行政民主化って何？

　行政の民主化は政治腐敗の防止手段です。行政への民主的コントロールともいわれています。まず，①**国政調査権**（憲法第62条）**の活用**がありますね。これは，衆参各院の調査権の行使によって，国民の**知る権利**に奉仕し，世論形成や選挙行

国政調査権の活用

国政 ←調査― 衆議院
国政 ←調査― 参議院
→ 知る権利に奉仕 → 国民

＊2003年は，提出された法案の65％が内閣提出法案であり，成立した法案の90％が内閣提出法案であった。

動に的確な判断資料を提供させることです。**対行政府への調査は積極的に行使されるべき**ですね。行政府による政治腐敗を監視する機能を持ちますからね。これによって、ロッキード事件などの疑獄事件の解明が行われてきました。ただし、**対司法府への国政調査権行使は予算の使途などの司法行政を除いて行うべきではない**でしょうね。特に、**判決内容批判目的の調査は許されません**。なぜなら、司法権には独立性が保障されていて、中立・公正な判決を下すことになっていますから、国会が裁判官の下した判決の量刑が軽すぎるとか重すぎるという干渉を行うべきではないからです。

> 浦和充子事件では量刑が軽すぎるという国政調査が行われましたが、最高裁が中止を求めて、この調査は中止されました。以後、判決内容への調査は行われていません。

それから、②**情報公開**制度。これは重要です。これは、**国民が公権力に対して情報内容の開示を請求し、必要な行政情報を知ることができる制度**でしたね。国民の**知る権利**の制度化といえます。**情報公開**制度は、日本では、条例（地方レベル）はあったんですが、法律（国レベル）は存在しなかった。しかし、**1999年に小渕内閣のもとで法律が成立**し、2001年から施行されました。世界初の導入は18世紀**スウェーデン**ですが、有名なのは、**アメリカ**で1966年に制定された中央省庁に対する**情報自由**法ですね。アメリカでは、1976年には行政会議も公開する**サンシャイン**法が制定されています。

さらに、③**行政監察官（オンブズマン）制度**、これも注目。**中立・公正な立場から行政の妥当性を監査するプロを置き、政治腐敗を防止する制度**です。**オンブズマン**制度は、1809年に**スウェーデン**で世界で初めて導入されました。日本では、**国には存在しません**が、川崎市（神奈川県）など**一部地方自治体でオン**

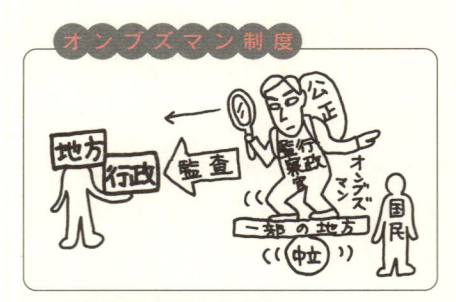

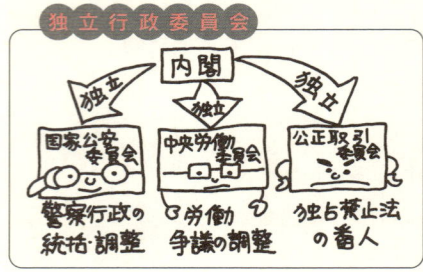

オンブズマン制度

独立行政委員会

ブズマン制度を実施しています。公務員たちの官僚組織の中で不正な公金流用などが横行している中、オンブズマン制度の導入は是非とも必要ですね。

最後に④**独立行政委員会**があります。これは**内閣から独立した行政機関が公正・中立に専門的見地から行政執行ができるように設けられた制度**です。アメリカで発達し、**準司法権・準立法権**を持つ場合もあります。もともとは行政の効率性を求めた制度でしたが、内閣からの独立性を認めている点で、行政内容への政治介入を防止し、不正を防ぐ機能を持っているともいえます。

行政権の肥大化・民主化 ▶▶ P.230 （現社ハンドブック）
行政権の肥大化・民主化 ▶▶ P.94 （政経ハンドブック）

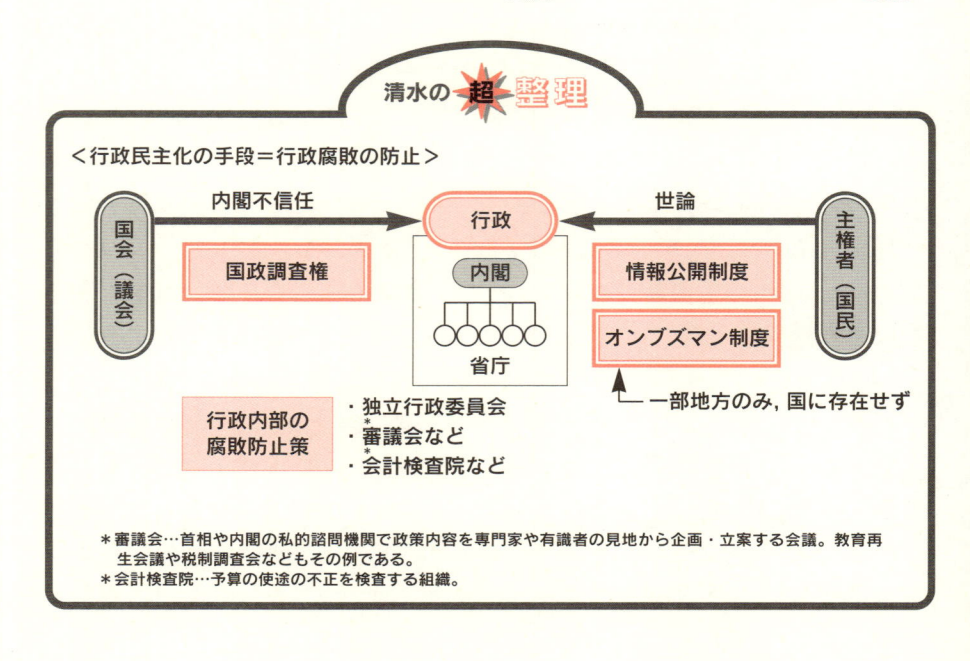

清水の超整理

〈行政民主化の手段＝行政腐敗の防止〉

国会（議会） — 内閣不信任 → 行政（内閣／省庁） ← 世論 — 主権者（国民）

- 国会（議会）: 国政調査権
- 主権者側: 情報公開制度、オンブズマン制度（一部地方のみ、国に存在せず）
- 行政内部の腐敗防止策:
  ・独立行政委員会
  ・審議会＊など
  ・会計検査院＊など

＊審議会…首相や内閣の私的諮問機関で政策内容を専門家や有識者の見地から企画・立案する会議。教育再生会議や税制調査会などもその一例である。
＊会計検査院…予算の使途の不正を検査する組織。

3: 政治腐敗の原因と対策

政治腐敗の原因

政界（政治家）／官界（公務員）／財界（企業）：三位一体の鉄のトライアングル（癒着構造）

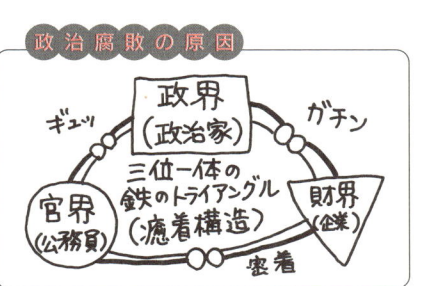

✏️ 政治腐敗ってどうして起こるの？

　政治が腐敗するには，何らかの原因があるんですね。それをみていきましょう。公務員が広い**許認可行政権**と営業停止などの**行政処分権**を持つため，企業は政治家に公務員への**口利き**を依頼するのです。その見返りに政治献金やワイロを引き渡したり，公務員に対しても贈与や退職後の役員就任（**天下り**）を約束することが横行するんです。この**政界**（政治家），**官界**（公務員），**財界**（企業）の**三位一体**の鉄のトライアングル（癒着構造）が政治腐敗の原因構造です。こういったことの解決策として，**特殊法人**の廃止・民営化や，**公務員の天下り規制**などが求められているんですね。

> 特殊法人は官僚（高級公務員）たちの天下り先であり，その人件費が財政の無駄使いの原因となっているのです。

✏️ 行政腐敗を防止するには，どうすればいいの？

　腐敗の原因がわかれば，対策としてはその原因を取り除けばいい。**官僚（公務員）の腐敗防止対策**として，次の4つを押さえておきましょう。

　①官僚が持つ行政裁量権を縮小して許認可権限を限定することです。これを，**規制緩和の推進**といいます。②不正の見返りとなる**天下りの規制**です。見返りがなくなれば腐敗は防止できるでしょうからね。③不正の対価となる贈与・接待の禁止・制限です。1999年に**国家公務員倫理法**が制定され，課長補佐以上の者が5000円を超える贈与，接待を受けることは禁止されました。④公務員が行う行政処分決定（営業停止や営業取消処分など）は企業への実質的な罰則となりますから，不当な行政処分を防止するために，当事者となった企業に**告知・聴聞**などの反論チャンスを与えることが

＊同時に国家公務員倫理審査会が設置され，懲戒などの処分を公正に決定することになった。

必要です。行政処分にも憲法第31条が刑事手続において保障する法定手続の保障を及ぼすことです。また従来，半強制的に行われてきた行政指導が強制力を持たないことを明記する必要があります。これらを明記した行政手続法が1993年に制定されました。

🖊 政治家への腐敗防止対策は？

政治家への腐敗防止対策も必要ですね。2002年に鈴木宗男議員と外務官僚との癒着が話題となりましたが，実は，政治家が官僚（公務員）に対して圧力をかけて許認可を与えるように口利きをし，その対価を受け取ることは，族議員＊に多く見られる腐敗構造なんです。このような口利きを禁止するために2000年に制定された法律が，あっせん利得処罰法です。口利きをして利益を得た政治家に対して刑罰を科するのです。さらに政治家にとって最も痛いペナルティである公民権の停止（選挙権・被選挙権＝立候補の禁止）を加えた点も押さえておきましょう。

🖊 公務員の天下り規制の改正案が2007年に成立したけれど，その内容は？

公務員は離職後，原則2年間は天下り禁止。ただし，例外があって人事院が許可を与えた場合は可能でした。その許可が不透明に決定されてきたことから，自民党は，再就職あっせんを一元化する「官民人材交流センター」を新設し，民間への再就職を透明にする一方，「2年間の天下り原則禁止」を撤廃する案を成立させました。こ

＊族議員…常に特定の常任委員会のメンバーとなり，特定の官庁や政策に影響力を持つ政治家のこと。特定分野で専門的能力を発揮する反面，政治腐敗の温床ともなっている。

の点，*¹民主党は，天下りバンクを作るに等しいと批判しています。

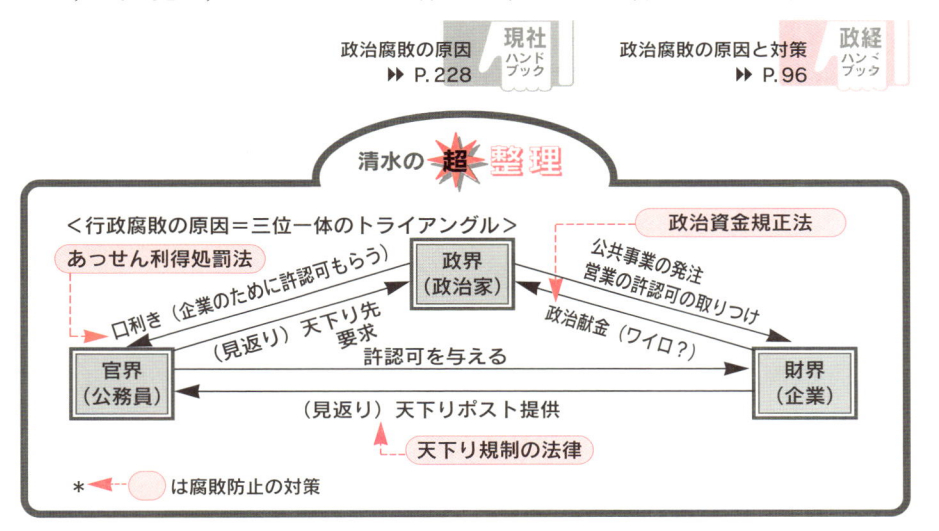

政治腐敗の原因　▶▶ P.228　【現社ハンドブック】
政治腐敗の原因と対策　▶▶ P.96　【政経ハンドブック】

清水の超整理

<行政腐敗の原因＝三位一体のトライアングル>

- あっせん利得処罰法
- 政治資金規正法
- 天下り規制の法律

政界（政治家）⇔ 官界（公務員）：口利き（企業のために許認可もらう）／（見返り）天下り先要求
政界（政治家）⇔ 財界（企業）：公共事業の発注・営業の許認可の取りつけ／政治献金（ワイロ？）
官界（公務員）⇔ 財界（企業）：許認可を与える／（見返り）天下りポスト提供

＊ ←▢ は腐敗防止の対策

4：わが国が進める行政改革〜中央省庁スリム化と特殊法人の改革

✎ 中央省庁等の改革はどうなっているの？

　まずは，**中央省庁等改革関連法**（2001年施行）によって中央省庁のスリム化が行われました。橋本政権が財政再建のために行政官庁を統廃合して，**1府22省庁を1府12省庁にスリム化**しました。それに次ぐ小渕内閣は，公務員数を10年間で25％削減することを公約に掲げていました。ただし，独立行政法人が退職する公務員の受け皿になることで，その目標を達成しようとしているとの批判もありました。また2005年9月の第3次小泉内閣では，向こう5年間で**公務員の純減5％**を目標に掲げました。この点は，2006年の通常国会で成立した*²**行政改革推進法**に明記されました。この法律は5年間に及ぶ小泉改革の集大成として，今後のポスト小泉政権（06年9月成立の安倍晋三政権）の改革指針を示したものといえます。

　いずれにしても2001年からスタートした中央省庁のスリム化は，以下のような特徴や問題点があります。①1府12省庁の内の1府に当たる**内閣府**

＊1…民主党案では人材バンクを作るのではなく，天下り禁止期間を2年間から5年間に延長すべきだと主張している。
＊2…国家公務員5％純減のほか，政府系金融機関の改革，31も存在する特別会計の見直しなどを規定した。

は省庁間の調整など，強大な権限を持つ。②**国土交通省**（建設省＋運輸省＋沖縄開発庁など）は広汎な許認可権を持つため，政治腐敗や官製談合を招く危険性があると指摘されています。

> 事実，2005年には国土交通省や日本道路公団にからんだ橋梁談合が発覚！ 社会保険庁でも予算の不正流用が発覚！ 2007年度通常国会で政府は社会保険庁を廃止して「日本年金機構」を新設し，非公務員化しようとしています。

③**環境庁**は**環境省**に昇格。**防衛庁**は2001年改革当時は防衛省への格上げは反対が強いため見送られましたが，安倍内閣のもとで防衛省への格上げ法が成立し，**2007年1月に防衛省**[*1]となりました。④**大蔵省**は**財務省**となり，銀行との癒着により機能しなくなったといわれる金融監督権限と金融企画権限は内閣府の外局として独立性が保持される**金融庁**に移管することになりました。⑤中央省庁のスリム化によって1人当たりの公務員の負担が増加した分，公務の委託機関として新たに設立する**独立行政法人（エージェンシー）** を設立しました。

✏️ 小泉内閣で進めた"聖域なき構造改革"って何？

小泉純一郎内閣（2001年成立）は，**"聖域なき構造改革"** を行いました。財政コストの削減のためにこのスローガンを掲げました。これは，具体的には何をやったのかというと，従来，元官僚（高級公務員たち）の天下り先であって，財政赤字（税金および年金保険料の無駄使い）の温床だと批判のあった**特殊法人**[*2]の廃止・民営化をめざしたのです。

これが実際に行われたのが，**特殊法人等整理合理化**計画（2001年12月）です。77特殊法人と86認可法人のうち，17法人を**統廃合**，45法人を**民営化**，38法人を新設した**独立行政法人化**とする3形態に整理されました。

＊1…防衛庁が防衛省になると以下の点が変化する。①防衛予算を自ら要求できること。②従来付随的業務とされてきた海外派遣が本体業務となること。
＊2…特殊法人とは，国が公益目的のために法律によって設立して運営している会社のこと。日本道路公団などの公団・公庫その他公共の法人の総称。

2003年10月1日，特殊法人34法人が廃止されましたが，代わって32の独立行政法人が新設されました。ほとんどが名称の変更に近いもので，**大半の独立行政法人の理事は特殊法人からの横滑りや官僚の天下りになっている点が大問題**です。国際協力事業団も，小泉首相は廃止だ！といって2003年11月の衆議院総選挙に臨みましたが，特殊法人から独立行政法人へと変更され国際協力機構と名称変更されたにすぎません。略称は同じJICAのままなんです。理事長に緒方貞子・元国連難民高等弁務官を登用し，小泉首相は改革をアピールしましたが，2003年11月総選挙前のパフォーマンスともいわれました。

　しかし，**独立行政法人の良いところは，行政法人なので情報公開の対象となる点と，5年ごとに財務状況を評価し，その存続や縮小を含めた検討を行う点**にあります。今後は，独立行政法人の厳格な再評価と縮小が大切となります。

道路四公団の民営化って何をしたの？

　小泉内閣の特殊法人改革の目玉が，**旧道路四公団の民営化**でした。具体的には，**日本道路公団，首都高速道路公団，阪神高速道路公団，本州四国連絡橋公団**ですが，いずれも巨額の赤字を抱えるばかりか，赤字路線の建設も計画されていました。そこで，小泉首相は，財政赤字の解消と赤字路線を計画する採算無視の道路計画を是正するために民営化することを唱えていたのです。

　2004年に**道路四公団民営化**法が成立し，**2005年10月から民営化がスタート**しました。具体的には，**東日本・中日本・西日本・首都・阪神・本州四国連絡橋の6つの道路株式会社という民営会社を設立**し，旧道路四公団の負債を引き継ぐ**独立行政法人**として**日本高速道路保有・債務返済機構**を設立しました。そして，この**独立行政法人が旧道路四公団が抱える約40兆円にも及ぶ過去の債務を全て肩代わりして返済する**のです。ただし，**高速道路の所有権は独立行政法人に移り，これを新設された6つの道路株式会社に賃貸する。そして45年間で肩代わりした代金を回収する**という計画です。

　しかし，民営化といっても新しい民営会社の株式の大半を国が保有するなど，事実上，国の会社にすぎず財政赤字は解消できない可能性があるこ

と，元官僚の天下り先になること，何よりも本当に45年間で回収できるのかといった批判もあります。

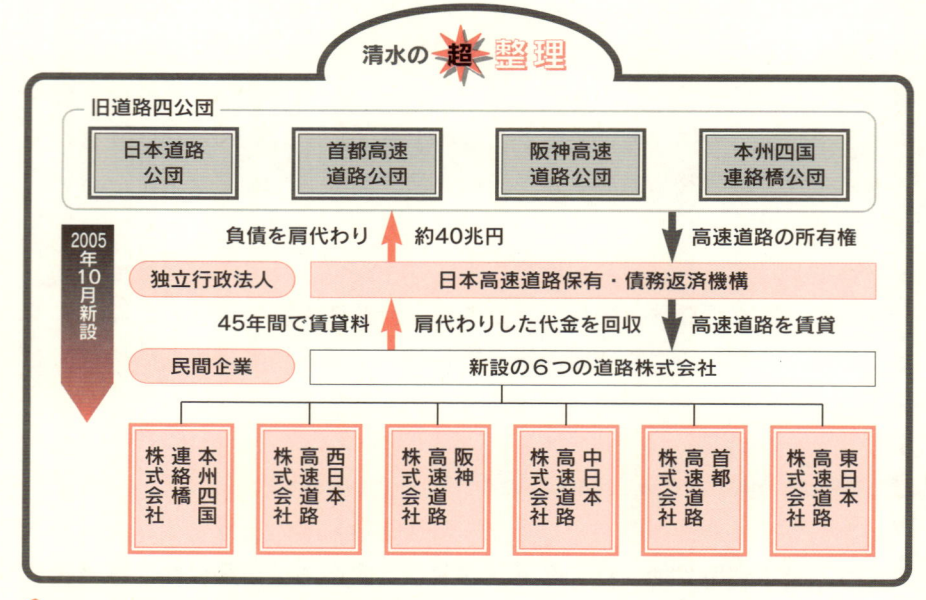

清水の超整理

旧道路四公団

| 日本道路公団 | 首都高速道路公団 | 阪神高速道路公団 | 本州四国連絡橋公団 |

2005年10月新設

独立行政法人　←負債を肩代わり　約40兆円　高速道路の所有権→　日本高速道路保有・債務返済機構

民間企業　←45年間で賃貸料　肩代わりした代金を回収　高速道路を賃貸→　新設の6つの道路株式会社

- 本州四国連絡橋株式会社
- 西日本高速道路株式会社
- 阪神高速道路株式会社
- 中日本高速道路株式会社
- 首都高速道路株式会社
- 東日本高速道路株式会社

✐ 小泉内閣は公約通り郵政民営化法を成立させたけれど，その内容は？

　小泉内閣の"聖域なき構造改革"の「本丸」，**郵政民営化関連法**が2005年10月，衆・参両院の可決を経て成立しました。

　2007年より，**民営の4つの郵便株式会社が発足し，10年かけて株式会社ゆうちょ銀行**（銀行部門）と**株式会社かんぽ生命保険**（保険部門）**の完全民営化を達成する**ことになります。ただし，国が設立した**持株会社**として**日本郵政株式会社**が発足し，2007年10月には，4つの郵政関連会社の株式を100％保有することになります。以後，その持株を市場で売却し，10年後の**2017年9月末までに株式会社ゆうちょ銀行**と株式会社**かんぽ生命保険の株式は全て売却し，完全民営化**します。しかし，**郵便事業株式会社**と**郵便局株式会社**（窓口ネットワーク会社）**の株式は3分の1超は保有を継続できる**ことになっています。

✐ 郵政改革の意義や長所はどこにあるの？　逆に民営化の短所は？

　郵政改革の意義は，**非効率的な郵便行政を切り捨てて民間活力で効率化**

＊2005年7月衆議院可決，8月参議院否決後，9月11日の衆議院解散・総選挙を経て，10月14日難航の末にやっと成立した。

をはかることです。

　長所として，第1に，その資金を民間経済に循環させて，日本経済の活性化に役立てるとともに，厳しい財政の規律を回復させること，第2に，郵便事業を黒字化して，民間会社として法人税を政府に納付させることによって，国家財政の赤字削減に役立てられることがあげられます。

　反面，**短所**もあります。収益の期待できない地方の過疎地の郵便局は，民間経営が困難となり廃止される恐れがあることです。

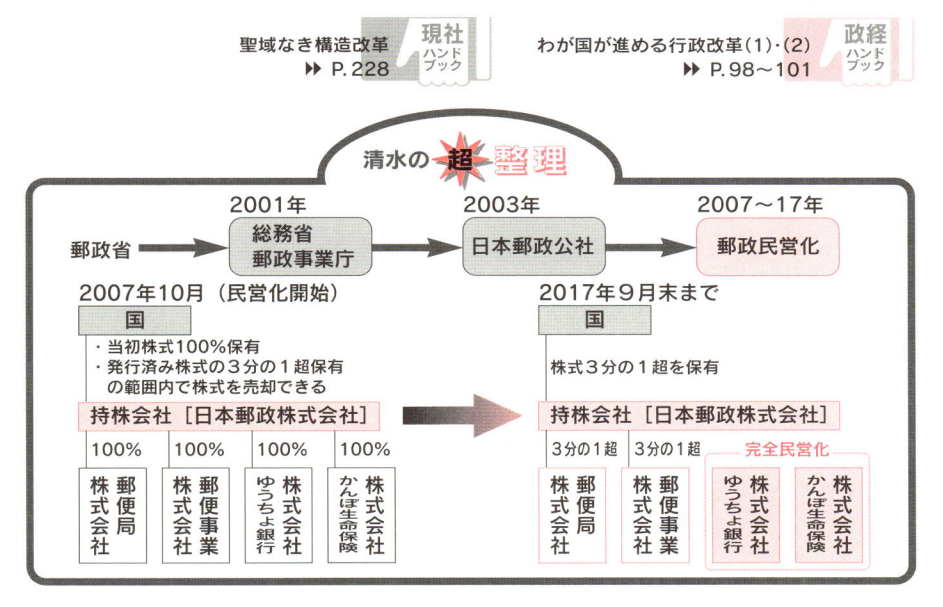

聖域なき構造改革　**現社ハンドブック** ▶▶ P.228
わが国が進める行政改革(1)・(2)　**政経ハンドブック** ▶▶ P.98〜101

清水の超整理

郵政省 → (2001年) 総務省 郵政事業庁 → (2003年) 日本郵政公社 → (2007〜17年) 郵政民営化

2007年10月（民営化開始）
国
・当初株式100％保有
・発行済み株式の3分の1超保有の範囲内で株式を売却できる
持株会社［日本郵政株式会社］
100％／100％／100％／100％
株式会社郵便局／株式会社郵便事業／株式会社ゆうちょ銀行／株式会社かんぽ生命保険

2017年9月末まで
国
株式3分の1超を保有
持株会社［日本郵政株式会社］
3分の1超／3分の1超／**完全民営化**
株式会社郵便局／株式会社郵便事業／株式会社ゆうちょ銀行／株式会社かんぽ生命保険

✎ CHECK

☐ **1** 1994年の非自民連立細川政権が成立させた政治改革関連法を3つ答えよ。
　▶ 政治資金規正法改正，政党助成法制定，公職選挙法改正

☐ **2** 1994年の政治資金規正法改正は政治家個人への献金を禁止したが，政治家が1人当たり1つ保有できる団体が新設され，そこへの献金は現在も一定の範囲で許されている。その団体の名称を答えよ。
　▶ 政治資金管理団体

☐ **3** 1994年に政党助成法が制定されたが，その目的は何か。簡潔に説明せよ。
　▶ 全国民が租税拠出している国庫から政治資金を助成してもらうことで，特定企業・団体からの献金を削減し，全国民のための政治を実現するため

☐ **4** 行政民主化の手段を複数答えよ。
　▶ 国政調査権の活用，情報公開制度，オンブズマン制度

☐ **5** 小泉内閣が進めた聖域なき構造改革の中心的内容を2つ答えよ。
　▶ 道路四公団の民営化，郵政民営化

問題にチャレンジ！

レベル表示▶ レベルA：難　レベルB：やや難　レベルC：標準

例題1　レベルB▶ P151

わが国の国政選挙の方法として**適当なもの**を次の中から一つ選べ。
① 衆議院は，300人は小選挙区制により，180人は非拘束名簿式比例代表制により選出される。
② 衆議院の比例代表は全国1ブロックで実施されている。
③ 参議院は，146人は都道府県単位の選挙区により，96人は非拘束名簿式比例代表制により選出される。
④ 参議院の比例代表は全国11ブロックで実施されている。

解説　③正しい。非拘束名簿式比例代表制は，政党名または各党公認候補者個人名への投票が認められ，両者の合計票が各党の得票数と計算され，各党への議席配分が決まる。次に各党当選者は個人得票の多い順となる。①衆議院の180人は非拘束名簿式ではなく，拘束名簿式の比例代表で選ばれる。②衆議院の比例代表は全国1ブロックではなく，全国11ブロック。④参議院の比例代表は全国11ブロックではなく，全国1ブロックである。

解答⇒③

例題2　レベルC▶ P148

ある選挙区制度をとった場合，その選挙結果に及ぼす影響についての記述に関して，**小選挙区制の場合には①を，大選挙区制の場合には②**を記せ。
(1) ゲリマンダーの危険性が高まる　(2) 小党分立となり，政局不安定となる
(3) 死票が増加する　(4) 同一政党の候補者間で，同士討ちが起こる

解説　(1)小選挙区制では当選者が1名なので選挙区境界線が与党有利に設定されやすい。(2)大選挙区制は定数が複数名なので，多くの政党から当選者が出るため，政局不安定となる。(3)小選挙区制では2位以下は落選するので，2位以下の候補者への投票は議席に結びつかず，死票が多く発生する。(4)大選挙区制では，同一政党から複数の候補者が出るので同士討ちが起こる。

解答⇒　(1)①，(2)②，(3)①，(4)②

例題3 レベルA▶ P154

公職選挙法に関する記述として**適当なもの**を次の中から一つ選べ。
① 現在,国政および地方選挙においてタッチパネル方式による電子投票制が導入された。
② インターネットの普及にともなってインターネットやホームページを利用した選挙運動が認められることになった。
③ 立候補者が有権者の家庭を訪問して選挙運動を行う戸別訪問は現在も禁止されている。
④ 現在,連座制の適用は,選挙運動の総括主宰者や出納責任者が選挙違反をした場合には認められるが,秘書が行った場合には適用されない。

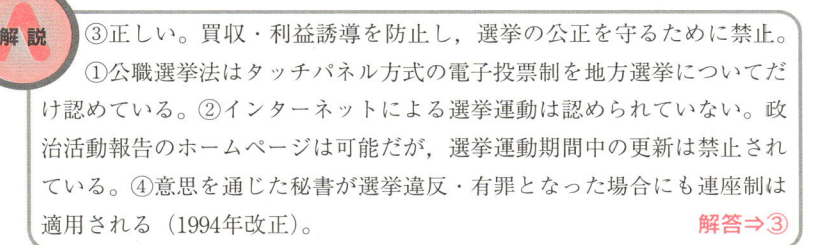

> **解説** ③正しい。買収・利益誘導を防止し,選挙の公正を守るために禁止。①公職選挙法はタッチパネル方式の電子投票制を地方選挙についてだけ認めている。②インターネットによる選挙運動は認められていない。政治活動報告のホームページは可能だが,選挙運動期間中の更新は禁止されている。④意思を通じた秘書が選挙違反・有罪となった場合にも連座制は適用される(1994年改正)。　　　　　　　　　　　　　**解答⇒③**

例題4 レベルB▶ P158

日本の政党の流れとして**適当でないもの**を次の中から一つ選べ。
① 戦後の政党勢力は $1\frac{1}{2}$ 政党制ともいわれてきた。
② 自由民主党は1955~93年までの間に連立内閣を組んだことがある。
③ 1993年,自由民主党の橋本龍太郎内閣が不信任され,結党以来,初めて政権を失った。
④ 1993年~94年には,細川内閣,羽田内閣と非自民連立内閣が成立したが,94年以降,再び自由民主党は与党の地位を取り戻している。

> **解説** ③誤り。1993年に不信任されたのは,橋本内閣ではなく,宮沢喜一内閣。55年体制の終焉が叫ばれた。①55年体制のもと,自民党勢力が1に対して,社会党勢力はその $\frac{1}{2}$ であったことから $1\frac{1}{2}$ 政党制とよばれた。②1980年代に田中角栄元首相がロッキード事件で有罪となると,自民党は衆議院で過半数割れしたため,一時,自民党から離脱した新自由クラブと連立内閣を結成して,政権を維持した。④1994年,村山内閣(社会党首班だが自民党と連立),以後,自民党首班内閣がつづいている。(96年~橋本内閣,98年~小渕内閣,00年~森内閣,01年~小泉内閣,06年~安倍内閣)。　　　　　　　　　　　　　**解答⇒③**

例題 5　レベルB ▶ P158

戦後日本の政党史に関する記述として**適当でないもの**を次の中から一つ選べ。
① 1955年の保守系政党の自由党と日本民主党が合同して，自由民主党が結成された。
② 戦後，自由民主党優位の政党勢力のことを45年体制とよぶ。
③ 戦後の政党勢力は日本社会党が長い間，第二党の立場にあったが，1990年代に入ってイデオロギーの終焉にともなって，その議席は減少していった。
④ 1960年代に入り，日本社会党からの民主社会党の分裂や公明党などの結成があり，多党化が見られた。

解説　②誤り。自由民主党の結成および日本社会党の右派・左派の再統一が1955年であることから，55年体制とよばれた。以後，38年間にわたり政権与党の自由民主党と野党第一党の社会党が対抗する政治体制がつづいた。①1955年に保守合同があり，自由民主党が結成された。③冷戦終焉による国際貢献の高まりとともに，自衛隊と日米安全保障条約に違憲を唱える日本社会党は議席を激減させた。1996年に社会民主党と党名変更をしたが，議席回復には至っていない。④1960年に日本社会党から民主社会党（のちの民社党）が分裂。1964年には中道政党として公明党が結成された。　**解答⇒②**

例題 6　レベルB ▶ P169

最近の小さな政府への流れとして**適当でないもの**を次の中から一つ選べ。
① 1980年代，中曽根内閣は，三公社の民営化を進めた。
② 1990年代，橋本内閣は，中央省庁のスリム化を進めた。
③ 2000年代，小泉内閣は，特殊法人の廃止・民営化として，道路公団の民営化を進めた。
④ 2000年代，安倍内閣は，小泉内閣で決定できなかった防衛庁の省への格上げと，郵政民営化を決定した。

解説　④誤り。郵政民営化法は小泉内閣下の2005年に成立。防衛庁の省への格上げ法は06年12月，安倍内閣下で成立して，07年1月に省に格上げされた。①1985年より，三公社であった日本電信電話公社，専売公社，日本国有鉄道が民営化され，NTT・JT・JR各社となった。②1996〜98年，橋本内閣は，中央省庁の統合を決定した。③2001〜06年，小泉内閣は，特殊法人（公団，公庫など）の廃止・民営化を進め，道路四公団民営化法を2004年に成立させ，05年10月より実施に移した。　**解答⇒④**

第8講 国際政治

東西冷戦構造と1989年の冷戦終焉宣言以降の東西対立構造の解消と核軍縮の流れ、2001年のアメリカへの同時多発テロ後の国際関係、中東和平ロードマップ、地域紛争の原因、PKOの機能などに注意しよう！

テーマ

1. 国際社会と国際機構
2. 戦後の国際関係

国際社会と国際機構

1: 国際連盟

勢力均衡方式

集団安全保障方式

> 第一次大戦後に設立された国際連盟ってどんな組織? その目的と意義を教えて!

第一次世界大戦（1914～18年）後の**ベルサイユ条約**の中の1編に「**国際連盟規約**」が定められていました。つまり、**第一次大戦後の平和を実現するための集団安全保障**体制が国際連盟だったのです。

国際連盟の本部はスイスのジュネーブで、1920年に発足しました。目的は、①**各国間の平和安寧の完成**、②**軍備縮小**、③**国際協力の促進**にありました。その意義は、世界初の国際的な平和維持機構であり、第一次大戦前の**勢力均衡**方式（バランス・オブ・パワー）に代えて、**集団安全保障**方式をとり入れたことにあります。それぞれしっかり押さえておきましょう。

> でも、国際連盟には欠陥があって、第二次大戦を防止できなかったわけですが、国際連盟の問題点はどこにあったの?

第1に、**参加国の普遍性が欠如**していたことです。**大国の不参加**に問題がありました。提唱国**アメリカ**は、議会（上院）の反対により参加できなかったのです。

＊国際平和を支持した思想家と著作…グロチウス『戦争と平和の法』（1625年）＜近代自然法・国際法の父＞、トルストイ『戦争と平和』（1869年）、ウィリアム・ペン『ヨーロッパ平和論』（1693年）＜国際法と定期的議会＞、サン・ピエール『永久平和草案』（1713年）＜スペイン継承戦争、勢力均衡方式、ヨーロッパに平和機構設立を提唱＞、ルソー『永久平和論』（1761年）＜常設議会と違反国への制裁＞、カント『永久平和のために』（1795年）＜集団的安全保障機構創設、国際連盟に影響＞

> 国際連盟提唱者はアメリカの大統領ウィルソンでした。彼は国際協調主義を掲げる民主党に所属。でも上院の多数派は共和党でした。共和党は国内政策を優先するモンロー主義＝孤立主義を唱えてウィルソンの提唱に反対したんですね！

社会主義国**ソ連**は，当初参加せず，**1934年に加盟**しましたが，フィンランド侵入を理由に**1939年に除名**されました。この米ソの二大国の動きは大きいですよ。しかも**日・独**は33年，**伊**は37年に戦争を開始するために相次いで脱退しました。大国が参加しない平和機構なんて無力ですよね。

第2に，**全会一致**制。総会・理事会で，実質事項の議決は**全会一致**制を採用したので，**一国の反対で議決ができず，有効・迅速な対応が困難**でした。実際に全会一致が成立したのは，1937年のイタリアのエチオピア侵略に対する経済制裁の決定だけでした。しかし，イタリアは第二次大戦に入る準備をしていたのですから，全く無力でした。

第3に，**制裁方法**も不備でした。規約違反国に対しては勧告による**経済制裁のみ**（**軍事**制裁として，常設の連盟軍を予定していなかった）なので，有効ではなかったのです。

国際社会と国際連盟　**現社ハンドブック** ▶▶ P.234

国際社会，永久平和論と国際連盟　**政経ハンドブック** ▶▶ P.106〜109

2：国際連合

国際連合の目的って何？

国際連合は目的として，以下の4つを掲げています。①**国際平和と安全の維持**，②**諸国間の友好関係の促進**，③**経済的・社会的・文化的・人道的国際問題の解決**，および**基本的人権尊重についての国際協力**，④国連が国

際活動の中心の場となるべきこと（**国連中心主義**）。**平和・安全の維持**が最も大切ですが，平和の基礎として**人権尊重の国際協力**を加えて，人権の国際化を掲げた点には注意しましょう。

✏️ 国際連合の組織はどのようになっているの？

(1) 総会

これは，**全加盟国が参加する最高機関**ですね。**平和問題など全ての事項を討議し，加盟国に勧告**します。しかし，平和・安全問題の第一次責任は安全保障理事会ですから，総会は，平和・安全の**勧告**を出すというのが限界なんですね。だから，最も強い勧告として，停戦勧告としての**PKO**を決定するというのが限界だったわけです。重要事項は**3分の2以上**，一般事項は**過半数**による多数決で議決します（一国一票）。重要事項とする指定は**過半数**で決定します。なお，次に述べる**安全保障理事会**が**5大国（常任理事国）**の**拒否権**でマヒした場合，朝鮮戦争の際に採択された「**平和のための結集**」決議（1950年）により，平和・安全問題について24時間以内に，**緊急特別総会**を開催する道が開かれました。しかし，ここにおいても総会である以上，**停戦**勧告が限界です。

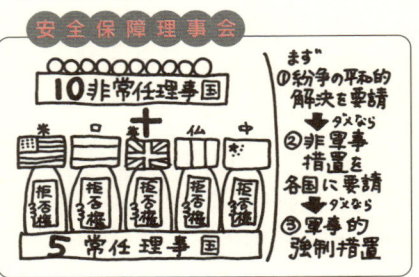

(2) 安全保障理事会

平和・安全問題の第一次責任を負います。構成メンバーは，**拒否権**を持つ**5常任理事国（米・ロ・英・仏・中）**と任期**2年**の**10非常任理事国**の計**15ヵ国**です。安保理（**安全保障理事会**）の任務は，以下の手順に従って，紛争の解決を行うことです。①**国連憲章第6章**に基づき，当事国に紛争の平和的解決を要請。②**国連憲章第7章41条**に基づき，経済・交通・外交断絶など**非軍事**措置を各国に要請。③以上の①②で解決不能の場合，最後の手段として，同じ**国連憲章第7章42条**に

＊1…2004年，安保理改革として日本，ドイツ，ブラジル，インドのG4は常任理事国入りを主張したが，未決定である。
＊2…わが国は，過去9回，非常任理事国に選出されている（直近は2005年1月〜06年12月まで）。

基づく**軍事**的措置をとる。**正規国連軍による集団制裁を行う**のです。必ず①②③の順番で解決をはかるのです。軍事的強制措置については，**正規国連軍は過去1度も組織されたことはありません。**正規国際連合軍とは，**加盟各国が兵力・便益を安保理にいつでも提供するという特別協定（憲章43条）を締結して組織した常設国連軍**のことをいいます。まだ一カ国も「特別協定」を結んだ国が存在しないので，正式な国連軍は存在していないのです。朝鮮戦争（1950年）の際の国連軍も，米軍中心の変則的国連軍でしたね。

> 2006年10月の北朝鮮の地下核実験に対する安保理決議は国連憲章第7章41条の「非軍事的措置」でした！

(3) 経済社会理事会[*]

経済・社会・文化などの非政治分野の問題に関する討議・勧告を行います。**54理事国**，**任期3年**，毎年3分の1ずつ改選されます。経済社会理事会の下には**専門機関**が存在しています。ただし，専門機関は独立性を認められた自治機関であり，各国が協定によって設立し，加盟しています。だから，国連とは別の独立機関なのですが，**経済社会理事会を通じて国連と連携**しています。

(4) 信託統治理事会

未開発地域の国家独立を援助する機関でした。**5常任理事国**で構成されますが，1994年，パラオ諸島の独立により事実上，任務は完了しました。

(5) 国際司法裁判所

裁判官**15名**，**任期9年**，3年ごと3分の1ずつ改選。**紛争当事国双方の付託により裁判が開始**されます。これを**任意的管轄方式**といいます。つまり，紛争当事国双方が**国際司法裁判所**に行こうといわない限り，裁判を行うことができないのです。この点に，国際裁判の限界があ

＊経済社会理事会の下に，人権の保護・推進を話し合う人権委員会が存在したが，2006年に人権理事会に改組され，総会の下で活動する機関となった。日本は初代の理事国に選出された。

ります。また，国際司法裁判所は，国際機関の提訴に基づいて**国際法の解釈について**勧告的意見**を出す**ことができます。1996年には，核兵器の使用が国際人道法に違反するのではないかについての勧告的意見が求められました。**一般的には核兵器使用は違法である**といいながらも，**自衛のための核兵器使用は，場合によっては違法とは断定できないとする**勧告的意見を出しました。

(6) 事務局

事務総長は**任期5年**，安保理の勧告を受け，総会で任命されます。**2期連続して務めるのが慣行**です。しかし，それは慣行であって，第6代**ブトロス・ガリ**事務総長は1992年～96年の1期のみの任務となりました。ガリ事務総長のPKO強化（1992年のガリ提案）によって国際紛争が混迷し，国連の財政赤字が拡大することに反対したアメリカが再選を拒否したのです。2007年からは韓国の**潘基文**（パンギムン）が第8代事務総長に就任しました。

> 🖉 平和・安全問題が国連の最も重要な機能といえるけれど，安全保障理事会の表決方法はどうなっているの？ また，それには問題はないの？

国際連盟が第二次大戦を防止できなかった反省をふまえて，安保理は迅速な対応をめざして**多数決制**を導入しました。**手続事項は15理事国のうち9理事国の賛成**で議決されるのですが，**実質事項の議決には5常任理事国を含む9理事国の賛成が必要**です。よって，5常任理事国のうち1ヵ国でも反対して**拒否権**を行使すれば否決されてしまいます（つまり，**5大国一致の原則**がとられているのです）。戦後の紛争はほとんどが東西対立を背景に持つ米ソ**代理戦争**であったことから，常任理事国どうしの戦いとなり，**安保理の機能は拒否権によってしばしばマヒすることになりました**。そこで現実には国連の緊急特別総会に紛争解決が委ねられるため，事実上，PKOによる停戦勧告・監視による解決が多くなっているのです。

国際連合(1)・(2) 【現社ハンドブック】 ▶ P.236～239
国際連合(1)・(2) 【政経ハンドブック】 ▶ P.110～113

＊第1代トリグブ・リー［ノルウェー］（1946～52年），第2代ダグ・ハマーショルド［スウェーデン］（1953～61年），第3代ウ・タント［ビルマ］（1961～71年），第4代クルト・ワルトハイム［オーストリア］（1972～81年），第5代ハビエル・ペレス・デクエヤル［ペルー］（1982～91年），第6代ブトロス・ガリ［エジプト］（1992～96年），第7代コフィ・アナン［ガーナ］（1997～06年），第8代潘基文［韓国］（07年～）

清水の超整理

＜国際連合の組織図＞

- 非政治分野
  - **経済社会理事会**
  - 任期3年
  - 54理事国
- 最高決定機関
  - **総会**
  - 192カ国，一国一票
- 平和・安全問題
  - **安全保障理事会**
  - ・5常任理事国（米・ロ・英・仏・中）
  - ・10非常任理事国　任期2年
- 国家間紛争解決
  - **国際司法裁判所**
  - 任期9年
  - 15人の裁判官（1国から1名のみ）
- **事務局**
  - 2007年〜
  - 事務総長（第8代）
  - 潘基文（韓国）
  - ↑
  - アジアから2人目
- 独立の手助け
  - **信託統治理事会**
  - 5常任理事国（米・ロ・英・仏・中）

3：国連平和維持活動〜PKO

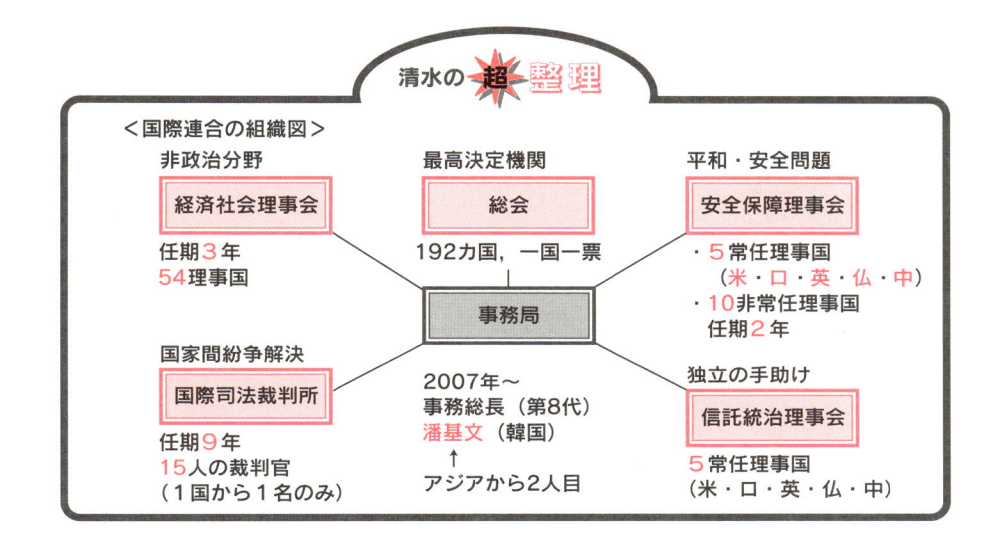

国連平和維持活動（PKO）

- 非武装少数部隊 → 停戦監視団
- 軽武装多数部隊（武器の使用は自衛のみ）→ 平和維持軍（PKF）
- 文民 → 選挙監視団

▸ 国連平和維持活動って何をするの？

　国連平和維持活動（PKO：Peace Keeping Operations）は，具体的には**停戦勧告・停戦協定の監視**や**選挙の監視**などを目的として，加盟国が自発的に提供した要員を国連が編成し，紛争地域に派遣する活動のことです。①**非武装の少数部隊からなる停戦監視団**，②軽武装の多数部隊からなり，停戦勧告を行う**平和維持軍（PKF：Peace Keeping Force）**，③**選挙監視団**などの文民活動の3つに分類できます。ただし，PKOの目的は，紛争地域に駐留して紛争停止を勧告することなので，制裁などの強制措置は行いません（武力行使は自衛に限る）。

▸ PKO原則って何？

　次の4つの**PKO原則**を押さえましょう。①兵力提供が強制でなく加盟国（原則，中立な中小国）の自発による**任意**原則。②派遣に際し，紛争当事国

の受け入れ同意が必要とする**同意**原則。③紛争当事国の一方だけに加担はしない**中立**原則。④自衛の場合以外は武力行使をしない**自衛**原則。これらは，安保理のもとで行われる集団制裁を前提とする強制措置とは根本的に異なります。注意してくださいね。なお，わが国は①～③の要件が欠けたら，独自の判断で撤収することになっています。

> PKOは，憲章第6章の平和的解決にも第7章の強制措置にも分類しがたいという意味で，「第6章半活動」ともよばれます。1988年にノーベル平和賞を受賞しました。

「平和への課題」レポート

✏️ 「平和への課題」レポートって何？

「**平和への課題**」レポートは，1992年にPKO強化のため**ガリ**国連事務総長が提出したものです。レポートは，①**予防外交**（紛争発生前に国連要員を駐留）→②**平和創造**（重装備の**平和執行部隊**創設）→③**平和維持**（PKO）→④**平和構築**（秩序回復，難民帰還などの平和定着）を提唱しました。

内容は主に以下の2つ。①人道上の理由から，**紛争当事国双方の受け入れ同意がなくても，被侵略国一方の要請があればPKOを派遣**する。②紛争の激しい地域には**平和創造**のため，現在のPKFよりも重装備で，**武力行使を予定する「平和執行部隊」を派遣**する。ガリ提案に基づくPKO強化は武力行使を前提とする点で，国連憲章第7章の「強制措置」に近いPKOです。

✏️ 最近のPKO強化の具体例は？

①**国連イラク・クウェート監視団**（UNIKOM）と**国連ユーゴ保護軍**（UNPROFOR）は，**紛争当事国の同意がないままに，被侵略国の要請のみで人道上，派遣されました**。国連イラク・クウェート監視団は，イラクのクウェート侵攻（1990年）に対するイラク制裁を行った湾岸戦争（1991年）

＊わが国のPKO協力法は，当初，自己の生命を守る場合に限定していたが，現在は保護支配下にある者（難民など）を守るためにも自衛力を行使できることになっている。

の後に派遣されました。また国連ユーゴ保護軍は1991～95年のユーゴスラビア内戦の停戦監視・停戦勧告を行いました。②**第二次国連ソマリア活動（1993～94年）** と**国連ユーゴ保護軍（1992～95年）** は，自衛の範囲を越え広範な武力行使を予定する「平和執行部隊*」です。

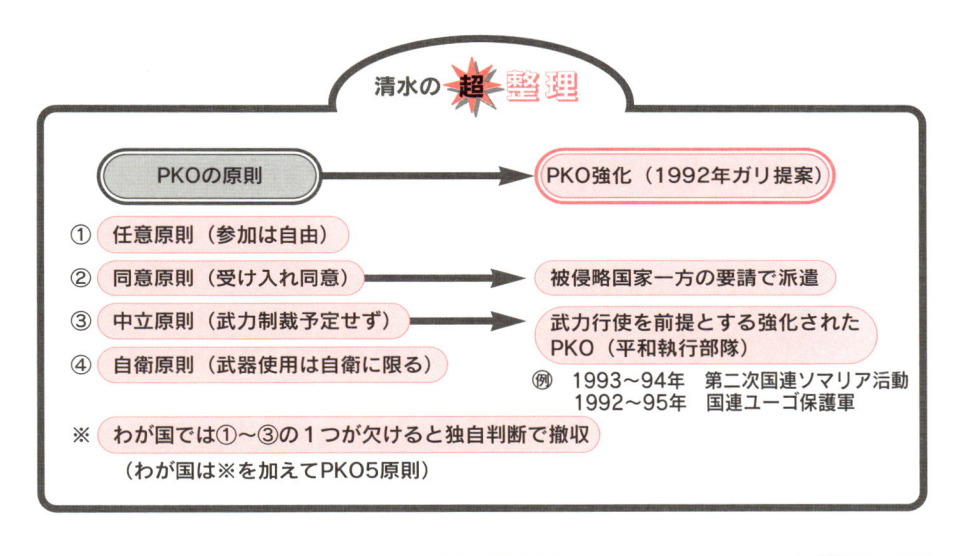

清水の超整理

PKOの原則 → PKO強化（1992年ガリ提案）

① 任意原則（参加は自由）
② 同意原則（受け入れ同意） → 被侵略国家一方の要請で派遣
③ 中立原則（武力制裁予定せず） → 武力行使を前提とする強化されたPKO（平和執行部隊）
④ 自衛原則（武器使用は自衛に限る）
　例　1993～94年　第二次国連ソマリア活動
　　　1992～95年　国連ユーゴ保護軍

※ わが国では①～③の１つが欠けると独自判断で撤収
（わが国は※を加えてPKO5原則）

国連平和維持活動～PKO　現社ハンドブック ▶ P. 240

国連平和維持活動（PKO）　政経ハンドブック ▶ P. 114

✎ CHECK

☐ **1** 国連総会は全ての加盟国で構成され一国一票の議決権が与えられている。一般事項の議決要件と重要事項の議決要件を答えよ。
　▶ 一般事項－過半数，重要事項－３分の２以上

☐ **2** 安全保障理事会は５常任理事国（５大国）一致の原則がとられている。その内の１カ国が反対すると議決は成立しないが，反対票を投じることを一般に何というか。
　▶ 拒否権の行使

☐ **3** 国際司法裁判所は国際法解釈について一定の意見を述べることができる。このことを一般に何というか。
　▶ 勧告的意見

＊第二次国連ソマリア活動も，国連ユーゴ保護軍も泥沼化し，平和執行部隊は挫折した。

テーマ 7 戦後の国際関係

1：戦後国際関係史（1）～第1期（1945～55年）冷戦構造の形成

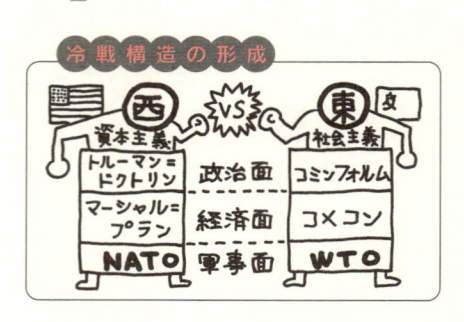

冷戦構造の形成

📝 第二次大戦後，約10年間で東西対立の構造はどのように形成されていったの？

　まず，資本主義の西側の動きです。1946年，**英国首相チャーチル**が「**鉄のカーテン**」演説でソ連の秘密主義を批判しました。それを機に，アメリカを中心とした西側陣営は対ソ連・反共産ブロックを形成していきました。**政治面**では，**トルーマン＝ドクトリン**（1947年）で，**対ソ封じ込め政策**を掲げました。**経済面**では，**マーシャル＝プラン（欧州復興援助計画）**（1947年）を実施し，欧州諸国などにアメリカが経済援助を行いました。当然，資本主義陣営に入ることを条件にするひも付き援助でしたが，こうして**反共陣営を拡大**していきました。最終的に，**軍事面**では，**北大西洋条約機構（NATO）**を結成し（1949年），**西側の軍事同盟＝地域的集団安全保障機構**を作りました。現実には，ドイツの首都ベルリンの取り合いが米ソ間で起こった際に，ソ連が西側からのベルリンへの道を封鎖したことに対抗して結成されました（**ベルリン危機**[*1]，1948年）。

　一方，社会主義の東側の動きをみましょう。**政治面**では，東側陣営の政治的結束をはかるため，**コミンフォルム（共産党国際情報局＝各国共産党連絡機関）**を設置（1947～56年）。**経済面**では，**コメコン（COMECON：東欧経済相互援助会議）**[*2]を設置（1949～91年）し，ソ連が欧州諸国にひも付きの経済援助を行って，**社会主義陣営を拡大**するという政策をとりました（1991年6月廃止）。最終的に，**軍事面**では，**ワルシャワ条約機構**[*3]**（WTO）**を結成（1955～91年）してNATOに対抗しました。

*1…ベルリン危機（1948年）の中で，ソ連に対抗するために西側諸国が結成した軍事同盟がNATO。
*2…コメコンとWTOは，ソ連の経済破綻により1991年に解体し，同年12月にはソ連邦自体が解体したため，東側陣営は消滅し，東西対立構造は解消した。

このように1945〜55年の約10年間に東西両陣営に政治・経済・軍事対立構造が形成されていったのです。

清水の超整理

	西側（資本主義陣営）	東側（社会主義陣営）
政治 経済	トルーマン＝ドクトリン（1947年） マーシャル＝プラン（1947年）	コミンフォルム（1947〜56年） コメコン［東欧経済相互援助会議］（1949〜91年）
軍事	北大西洋条約機構［NATO］（1949年）	ワルシャワ条約機構［WTO］（1955〜91年）

旧WTO加盟国の多くはNATOに加入（NATOの東方拡大）

2: 戦後国際関係史（2）〜第2期（1955〜79年）雪解け

1950〜60年代の東西の対立状況はどうなったの？

50年代は，朝鮮休戦協定（1953年）・ジュネーブ休戦協定（1954年）により，**東西の代理戦争**といわれた**朝鮮戦争・インドシナ戦争**が終結しました。1955年には連合国の米ソ英仏の**四大国首脳会談**がスイスのジュネーブで開かれ，話し合いによる「雪解け」「平和共存」が合意されたんです。

60年代は，①**ソ連共産党書記長フルシチョフ**は「平和共存」を，**アメリカ大統領ケネディ**は「デタント」（緊張緩和）を掲げたことから両者の意見の一致は，米ソ首脳会談の定期的開催を可能にし，「話し合い外交」を進展させました。キャンプ・デービッド会談の定期的開催は

＊3…ワルシャワ条約機構設立の直接のきっかけは西ドイツのNATO加盟（1954年）。
＊四大国首脳会談…（米）アイゼンハワー大統領，（ソ）ブルガーニン首相，（英）イーデン首相，（仏）フォール首相が参加。ジュネーブ四巨頭会談とよばれる。

雪解け

[イラスト：米ソの考えだけでは戦争ができない＝東西内部分裂／アフリカ「じゃ～ん」平和共存・第三世界の台頭]

その成果といえます。②1962年，**キューバ危機**が発生し，**核戦争勃発の危機**に直面しました。しかし，**米ソ首脳の話し合いにより戦後最大の核戦争の危機は回避**されました。この事件は，緊張緩和の必要性を痛感させ，**話し合い外交**を加速させたんです。③米ソ二極対立から**多極**化への動きも，米ソ戦争の防止機能を果たしました。

こうして，西側，東側の内部分裂によって米ソの考え方だけで戦争を起こすことは難しい状況になっていきました。加えて平和共存を主張する**第三世界の台頭**は，米ソ二極対立のバランサーの役割を果たしたのです。**多極**化も平和実現の要因であることに注意してください。

(1) 西側内部分裂（1966年・**仏**の**NATO軍事機構脱退**）

フランスは1965年のアメリカのヴェトナム戦争介入（北ヴェトナム爆撃開始）を批判してNATOの軍事部門から脱退しました。ただしNATO政治機構には加入している点に注意してください。

(2) 東側内部分裂（**東欧自由化**，アルバニア・ユーゴスラビアの独自化，1968年**チェコ**の民主化「**プラハの春**」，中ソ対立など）

東欧諸国でも民主化を求める動きが起こります。特に**チェコ**の「**プラハの春**」は，ドプチェク民主化政権が成立しますが，すぐにソ連軍によって制圧され，再び共産党政権に引き戻されてしまいます。しかし，確実に東欧で民主化の動きが見られ始めたのです。

(3) 第三世界が台頭（**1960年，独立したアフリカ17カ国のうち16カ国が国連へ一括加盟：「アフリカの年」**）

これらは，国連で平和を唱える勢力となり，1978・82・88年には平和を主張する**国連軍縮特別総会**開催の推進力となりました。

✎ 雪解けの後は何が起こったの？

雪解けの成果としては，まず，60年代に，2つの**軍備管理**（核管理）条約が成立しました。これらは**軍備縮小**（核軍縮）条約ではない点に注意し

---

*1…ソ連がキューバにアメリカ向けのミサイル基地建設を始め，アメリカはそれを阻止するためにキューバの海上封鎖を断行した。　*2…キューバ危機の翌年（1963年），米ソ首脳間に電話回線（ホットライン）を設置。米ソ英の三カ国で部分的核実験禁止条約締結が実現し，雪解けの気運が高まった。

ましょう。核兵器を減らすのではなく、核実験の場所を制限したり、核兵器の拡散を防止するという点で、**軍備管理**条約といわれるものです。それが、①**部分的核実験禁止条約**（**PTBT**・1963年調印・発効）と②**核拡散防止条約＝核不拡散条約**（**NPT**・1968年調印・70年発効）です。当初、米英ソの三国条約でしたが、のちに加入を自由に認める開放条約となったため、現在100カ国以上の国が加入しています。

70年代には、①米ソ間で**長距離核兵器の上限数を制限する戦略兵器制限条約**（SALT Ⅰ・1972年調印・発効）が成立しました。②さらに**長距離核兵器の上限を引き下げるSALT Ⅱ** も1979年に調印されました。ここまでが雪解けの動きです。しかし、**1979年12月のソ連のアフガニスタン侵攻**を機にアメリカがSALT Ⅱの批准を拒否して、再び緊張が高まりました。この時期（1979～85年）を**新冷戦**期とよびます。

スターリンの死亡（1953年）後、ソ連共産党書記長となったフルシチョフは、56年のソ連共産党第20回大会でスターリン批判（徹底した反米、反資本主義路線を批判）をして平和共存を主張しました。

清水の超整理

雪解けの背景
①四大国首脳会談（1955年）
②米ソ首脳会談「話し合い外交」
　　ケネディーデタント（緊張緩和）
　　フルシチョフー平和共存
③反核の国際世論
　　ビキニ水爆実験（1954年）
　　└原水爆禁止世界大会（1955年）
④キューバ危機（1962年）の回避
　　「話し合い外交」加速
⑤多極化→第三世界の平和主張

雪解けの成果
①**部分的核実験禁止条約〔PTBT〕**
　　（1963年調印・発効）
　　宇宙空間・大気圏内・水中の核実験禁止
②**核拡散防止条約〔NPT〕**
　　（1968年調印・70年発効）
　　非核保有国の核開発禁止
　　非核保有国への核引き渡し禁止
③**戦略兵器制限条約**
　　SALT Ⅰ（1972年調印・発効）
　　SALT Ⅱ（1979年調印・米国が批准拒否）

3：戦後国際関係史（3）〜第3期（1979〜85年）新冷戦期

🖊 なぜ，新冷戦の状態になったの？

　新冷戦期（1979〜85年）のアメリカとソ連がどう動いたのかをみていきましょう。

　せっかくの雪解けが，再び緊張状態に逆戻りしたきっかけは，**ソ連のアフガニスタン**侵攻です。1979年にソ連は，**制限主権**論（社会主義国は社会主義の枠を飛び出す国家主権を与えられないとする考え方）に基づいて**アフガニスタン**の民主化運動を軍事鎮圧しました。それに反発して**アメリカは調印していたSALTⅡの批准を拒否**したのです。西側資本主義陣営はモスクワオリンピックをボイコットしました。その後，米ソ間の交渉が再開されましたが，今度は米大統領**レーガン**が**宇宙**戦争による**戦略防衛**構想（SDI＝**スターウォーズ計画**）を進めていることが発覚したため，ソ連がアメリカとの軍縮交渉を中断しました。今度は東側社会主義陣営がロサンゼルスオリンピックをボイコットしました。

4：戦後国際関係史（4）〜第4期（1985年以降）ポスト冷戦期

> 「ヤルタからマルタへ」とは，1945年以来の東西対立であるヤルタ体制が崩壊して，89年以降，東西冷戦の終焉・平和共存をめざすマルタ体制に移行したことを示す言葉です。ヤルタからマルタとは，ゴロが良いですよね！

🖊 この新冷戦はどうやって終焉を迎えたの？

　1985年にソ連の共産党書記長に平和共存を主張する**ゴルバチョフ**が就任したことが大きいですね。**ゴルバチョフ**政権が掲げたのは次の2つです。①東西イデオロギー対立の枠にとらわれず平和共存していこうという**新思**

ポスト冷戦期

[図：ゴルバチョフ「平和共存 新思考外交」「ヨーロッパは1つ 欧州共通の家」「仲良くしよう!」]

[図：ジョージHWブッシュとゴルバチョフ「冷戦終焉」マルタ宣言]

考 外交と②ヨーロッパは1つの家であって東西の枠組みにこだわる必要はないとする「**欧州共通の家**」構想です。**ゴルバチョフ**の提案に基づいて米ソ間であらゆる局面から軍縮を話し合う**包括軍縮交渉**が開始されました。**89年**の米ソ首脳会談（ブッシュ（父）・ゴルバチョフ）では、ついに「**冷戦終焉**宣言（**マルタ**宣言）」が出され、米ソ対立に終止符が打たれました。その結果、90年には分断していた**東西ドイツ統一**も実現したんですね。

✎ 冷戦終焉を示す出来事には何があるの？

その結果として、次の5つを押さえておきましょう。①1987年に米ソ**INF**（**中距離核戦力**）**全廃条約**の調印（88年発効）。②1990年に**CSCE**（**全欧安保協力会議**）で**CFE**（**欧州通常戦力削減**）**条約**と**パリ不戦宣言**（**パリ憲章**）を採択。③1991年に東側の軍事同盟であった**WTO**（**ワルシャワ条約機構**）が解体し、**NATO**（**北大西洋条約機構**）との対立が終了。④戦略核（長距離大型核兵器）削減をめざす[*1]**START**（**戦略兵器削減条約**）Ⅰ（91年調印、94年発効）、Ⅱ（93年調印、未発効）が成立。2002年にはSTARTⅡに代わる条約として[*2]**SORT**（**戦略攻撃兵器削減条約＝モスクワ条約**）を調印（2003年発効）。⑤1996年に**部分的核実験禁止条約**（**PTBT**）を発展させて、「**地下**」を含めた臨界における全ての核爆発実験を禁止する**包括的（全面的）核実験禁止条約**（**CTBT**）が国連総会で採択されました。ただし、全ての核保有国および核開発能力国の批准が発効条件となっている**CTBT**は最大の核保有国**アメリカが批准を拒否**するなど発効のめどは立っていません。

戦後国際関係史(1)～(3) 現社ハンドブック ▶▶ P.242～247

戦後国際関係史(1)～(3) 政経ハンドブック ▶▶ P.116～121

＊1…SALTは戦略核兵器の上限制限条約（増やす場合の上限枠設定）に対し、STARTは削減条約。STARTⅠは7年間で20～40%削減する条約で、STARTⅡはさらに3分の1に削減する条約。
＊2…SORTは戦略核兵器をそれぞれ1700～2200発に削減する条約。

清水の超整理

<冷戦終焉を示す出来事>

- **1985年** ソ連にゴルバチョフ政権発足
  新思考外交と欧州共通の家構想を示す
- **1987年** 米ソINF（中距離核戦力）全廃条約調印（1988年発効）
- **1989年** 米ソ首脳会談→「米ソ冷戦終焉宣言」［マルタ宣言］
  ㊋ブッシュ大統領（父）と㋕ゴルバチョフ共産党書記長
- **1990年** 全欧安保協力会議［CSCE］←東西欧州諸国が集まる
  ├ パリ不戦宣言［パリ憲章］
  └ 欧州通常戦力削減［CFE］条約
  東西ドイツが統一（10月3日）
- **1991年** ワルシャワ条約機構［WTO］解体←東側の軍事同盟解体
  北大西洋条約機構［NATO］との対立が終了
  戦略兵器削減条約　┌ START I　1991年米ソ調印・94年米口発効
  　長距離・大型核兵器　└ START II　1993年米口調印・未発効
  2002年，START II に代わって戦略攻撃兵器削減条約［SORT］に米口が
  調印・2003年発効
- **1996年** 包括的（全面的）核実験禁止条約［CTBT］←国連総会で採択
  ├ 地下も含めた全面的な核爆発実験（臨界実験）禁止条約
  └ アメリカが批准を拒否するなど発効のメドなし

CHECK

☐ **1** 東西対立の象徴となった西側の軍事機構と東側の軍事機構について，以下の問いに答えよ。(1)それぞれの名称，(2)1991年に解体した軍事機構は西側か東側か。
▶(1)西側－北大西洋条約機構（NATO），東側－ワルシャワ条約機構（WTO）
(2)東側

☐ **2** 1955年に米ソ（東西）間の雪解けのきっかけになった話し合いを何というか。
▶四大国首脳会談（ジュネーブ四巨頭会談）

☐ **3** 以下の略称の日本語名称を答えよ。(1) INF　(2) SALT　(3) START　(4) CTBT
▶(1)中距離核戦力　(2)戦略兵器制限条約　(3)戦略兵器削減条約　(4)包括的核実験禁止条約

5：戦後国際関係史（5）～テロ後の国際関係

✎ アメリカへの同時多発テロ（2001年9月11日）を覚えてる？

アメリカのニューヨーク世界貿易センタービルと国防総省（ペンタゴン）を狙った同時**テロ**が発生しました。首謀者は**イスラム原理主義**テロ集団**アルカイーダ**の**ウサマ・ビンラディン**でした。アメリカのブッシュ大統領は，テロ集団を支援する国家を「**ならず者国家**」と非難して，新たな仮想敵国をテロ集団ないしテロ支援国家（集団）とする新しい国際協調体制を築いていきます。

その後，テロ集団アルカイーダをかくまうイスラム教原理主義国家**アフガニスタン**の**タリバン政権に対する集団制裁**を実施します（2001年10月）。米英など北大西洋条約機構（NATO）合同軍が**NATO第5条**に基づく**集団制裁**を行ったのは，これが初めてでした。

同年11月にはアフガニスタンの首都カブールが制圧されて，12月22日にはタリバン政権崩壊後のアフガニスタンの民主化と復興のため，アフガニスタン暫定政権（カルザイ議長）が発足し，翌02年1月には東京で**アフガニスタン復興支援国際会議**（緒方貞子議長）が開かれました。

✎ テロ後にアメリカの外交はどのように変化していったの？

テロの発生は，ブッシュ大統領が当初から掲げていた**ミサイル防衛**（**MD**＝**ミサイル・ディフェンス**）**構想**に対する国民の支持をもたらしました。さらにブッシュ政権は**ネオコン**（**新保守主義**）を標榜し，再び強いアメリカの再生をめざします。この中，「将来，アメリカに対して大量破壊兵器を使用する恐れのある国に対する先制攻撃は自衛の範囲内である」とする**ブッシュ＝ドクトリン**が表明され，**イラク**（サダム・フセイン大統領）への戦争を正当化します。「**イラク自由作戦**」と称して，2003年3月20日，ついにイラク戦争を開始します。

＊ならず者国家として，ブッシュ大統領は，イラク，イラン，北朝鮮を名指しで非難した。

このイラク戦争には，フランス・ドイツなどが反対しました。特に安保理常任理事国のフランスの**シラク**大統領は絶対反対を表明し，**拒否権**行使の構えを示したため，米・英は国連安保理の**武力行使容認決議のないまま，開戦**に踏み切りました。テロ後のアメリカには，国連を無視した**単独行動主義**（**ユニラテラリズム**）に基づく動きが目立ちますね。2003年5月1日ブッシュ大統領は「**戦闘行為終結宣言**」を出し，12月には，サダム・フセイン大統領の身柄を拘束し，2006年12月には死刑を執行しました。しかし，戦後処理で米・英など合同軍は，占領統治のために**連合国暫定当局**（**CPA**）を設置して駐留をつづけたため，米軍などを狙った自爆テロ，攻撃が相次いでいるばかりか，戦争に協力した国々をターゲットにしたテロも続発しています。

このような中，**わが国は自衛隊を戦後復興・民主化支援のためにイラクへ派遣した**のです（2004年1月〜。2006年7月，陸上自衛隊は撤退）。その根拠となる法律が**イラク復興支援特別措置法**[*1]です。

> 2004年にはスペインのマドリードで列車を狙ったテロが，2005年には，グレンイーグルズ・サミット開催中のイギリスのロンドンでテロが発生しましたね。

2004年6月に**CPA**の占領統治が終わり，**イラク暫定政府に主権委譲**されました。その後，2005年4月からの**イラク移行政府**を経て，2006年5月には，マリキ首相率いる**イラク本格民主政権**が誕生しました。したがって，**陸上自衛隊は2006年7月に撤退を完了**したのです。[*2]

✏️ でも，イラク戦争後，イラクで核兵器も化学兵器も見つかっていないけれど，アメリカのブッシュ大統領は，戦争をどう説明するつもりなの？

どうも，**ブッシュ＝ドクトリン**は間違っており，核兵器などの大量破壊

＊1…2003年に制定。2007年に2年延長が決定。
＊2…航空自衛隊は輸送協力のため派遣がつづけられている。

兵器を持っていない国を間違って攻撃してしまった，つまり，正当防衛ではなく，誤想防衛であった可能性が高いですね。そこでブッシュ大統領は，戦争直後の2003年6月，イスラエルとパレスチナの対立である**パレスチナ紛争**（中東紛争）を抜本的に解決するために**中東和平ロードマップ**（**行程表**）を両者に受諾させる仲介役となったのです。つまり，イラク戦争は，中東の民主化による平和・安定の一環であったとしたのです。**中東の平和・安定を乱す独裁政権サダム・フセインを倒し，中東を民主化するプロセスである**として，イラク戦争を正当化しようとしているのです。

戦後国際関係史(4)　現社ハンドブック　▶ P.248
戦後国際関係史(4)　政経ハンドブック　▶ P.122

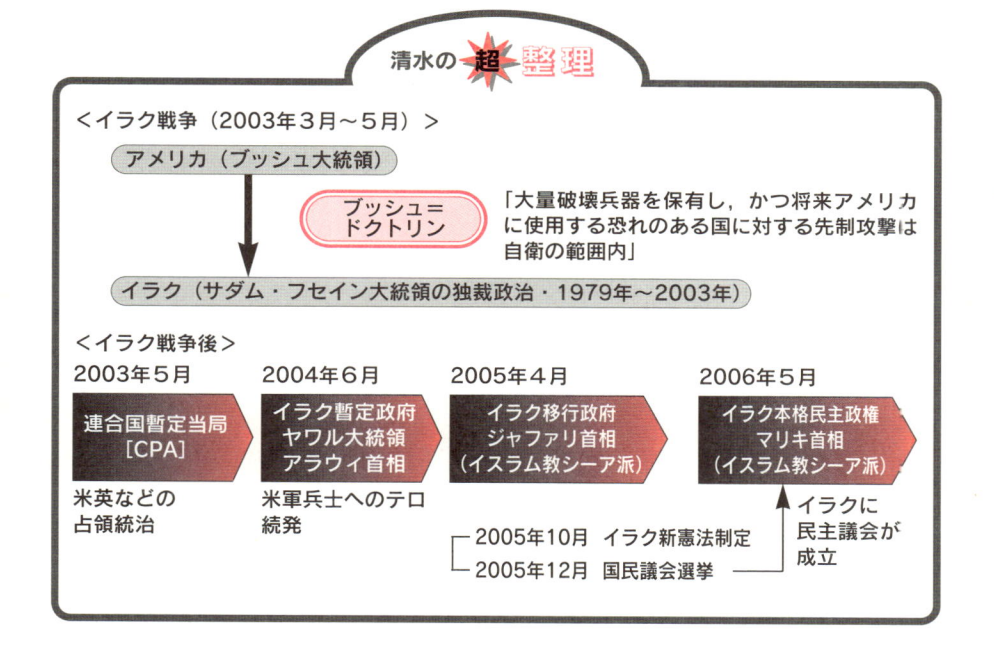

清水の超整理

<イラク戦争（2003年3月〜5月）>

アメリカ（ブッシュ大統領）
↓
ブッシュ＝ドクトリン：「大量破壊兵器を保有し，かつ将来アメリカに使用する恐れのある国に対する先制攻撃は自衛の範囲内」
↓
イラク（サダム・フセイン大統領の独裁政治・1979年〜2003年）

<イラク戦争後>

2003年5月
連合国暫定当局[CPA]
米英などの占領統治

2004年6月
イラク暫定政府
ヤワル大統領
アラウィ首相
米軍兵士へのテロ続発

2005年4月
イラク移行政府
ジャファリ首相
（イスラム教シーア派）
- 2005年10月　イラク新憲法制定
- 2005年12月　国民議会選挙

2006年5月
イラク本格民主政権
マリキ首相
（イスラム教シーア派）
イラクに民主議会が成立

⑧ 国際政治

清水の超整理

2001年9月 テロ後の国際関係の流れ
アメリカ・ブッシュ大統領の一国主義的政策が目立つ（**単独行動主義**）

2001年

❶ 9月11日 アメリカに対して同時多発テロ
（世界貿易センタービル・国防総省が攻撃される）
　　　アルカイーダのウサマ・ビンラディンが首謀者

❷ ビンラディンをかくまうアフガニスタンのタリバン（最高指導者オマル師のイスラム原理主義政権）に対して合同軍が攻撃

❸ アメリカ・ブッシュ大統領が**ミサイル防衛[MD]構想**を実施
　　アメリカ本土攻撃に対する防衛
　　世界中の米軍基地・同盟国への攻撃に対する防衛

❹ 米国はロシアに対して **ABM（弾道弾迎撃ミサイル）制限条約**
（1972年米ソ調印）の破棄を通告（正式には2002年）

2002年

❶ NATO・ロシア理事会創設（テロとの戦いで協力することを決定）
　　ロシアがNATOに準加盟

（代償）

❷ 米ロが **戦略攻撃兵器削減条約[SORT]** 調印（2003年発効）
　　↑ START Ⅱ が発展
　　長距離・大型核兵器（米ロ）各々1700〜2200発に削減
　　ただし、廃棄ではなく、解体・保存OK（アメリカ優位）

❸ NATOの東方拡大が加速
　　（ブルガリア、ルーマニア、スロバキア、スロベニア、リトアニア、エストニア、ラトビアの加入決定、2004年より）→西側19カ国＋東側7カ国＝26カ国
　　東西対立を超えた平和機構（集団安全保障機構）に発展

❹ 日朝首脳会談が初めて実現（小泉純一郎・金正日会談）**日朝平壌宣言**

❺ 北朝鮮が核開発を認めたため、**朝鮮半島エネルギー開発機構[KEDO]**
による重油供給計画が停止される
　　　　　↳（2006年5月正式廃止）
　　1994年の米朝枠組み合意に基づく
　　㊗核兵器開発を中止 ←代償— ㊇㊐㊈重油を年間50万トン供給する

2003年

❶ イラクに対する国連安保理の武力行使容認決議案の可決がないまま、アメリカ・イギリスを中心とする合同軍がイラクを武力攻撃（3月20日）
　5月1日ブッシュ大統領が「戦闘行為終結宣言」を出す

❷ イラク国内で、米軍兵士や国連現地本部を狙ったテロが続発

❸ 6月　中東和平ロードマップ
　アメリカ（ブッシュ大統領）がパレスチナ〈アラブ人〉（パレスチナ自治政府アッバス首相）とイスラエル〈ユダヤ人〉（シャロン首相）の和平計画（ロードマップ）を発表・両者が受諾
　→2005年11月 イスラエル入植地（ガザ・ヨルダン川西岸）から撤退を開始

❹ 北朝鮮が、米・日・韓・中・ロを交えた　六カ国協議　に応じる
　（第1回2003年8月→第2回2004年2月→第3回2004年6月→以後中断→
　第4回2005年7月再開→再び中断→第5回2006年11月→2007年2月一応決着）

2004年

❶ イラク復興支援特別措置法に基づいて、自衛隊をイラクのサマワに派遣
　（2003年12月先遣隊・04年1月本隊）
　↑ 2006年7月 陸上自衛隊は撤退完了

❷ スペインのマドリードでアルカイーダ系組織が列車同時多発テロ
　（200人超が犠牲）

❸ 連合国暫定占領当局［CPA］の占領統治が終了し、イラク暫定政府に主権委譲（アラウィ首相・ヤワル大統領）
　　→2005年 4月　イラク移行政府　イスラム教シーア派（ジャファリ首相）
　　→2005年10月　新憲法
　　→2005年12月　国民議会選挙
　　→2006年 5月　イラク本格民主政権　イスラム教シーア派（マリキ首相）

❹ 5月 小泉首相が2度目の平壌訪問（拉致被害者の家族が一部帰還）

❺ 9月 ロシアの北オセチア共和国でチェチェン独立派が学校占拠テロ
　（300人以上が犠牲）

第8講 国際政治

清水の超整理

2005年

❶ 3月 韓国で反日デモ ← 島根県議会が2月22日を「竹島の日」に制定
　 4月 中国で反日デモ

❷ 6月 グレンイーグルズ・サミット開催（イギリス）中、ロンドン同時テロ発生

❸ 10月 イラクで新憲法が国民投票で採択

2006年

❶ 3月 パレスチナ自治政府に反和平派のハマス政権（ハニヤ首相）

❷ 4月 イランが核保有を表明（アフマディネジャド大統領）
　　　安保理常任理事国5カ国＋ドイツ→ウラン濃縮停止包括案
　　　（6月 イランは拒否）

　　　中東和平ロードマップに暗雲

❸ 5月 イスラエル首相シャロンからオルメルトに

❹ 7月 イスラエルとレバノンの民兵組織ヒズボラ（党首ハッサン・ナスララ）が軍事衝突（8月停戦）

❺ 7月 **北朝鮮がテポドン2号、ノドンなど7発のミサイルを日本海に発射**
　　　↑ 安保理が「北朝鮮非難決議」（制裁決議は不成立）

❻ 10月 **北朝鮮が国際社会の制止を振り切って地下核実験を強行**
　　　↑ 安保理が国連憲章第7章41条の「非軍事的措置」を採択
　　　（制裁決議が成立）

2007年

❶ 2月 **北朝鮮が六カ国協議「初期段階措置」の合意文書を受け入れ**
　　　1) 寧辺の実験用原子炉など核施設を60日以内に停止すれば、参加国（日本は除く）は重油5万トンを供給
　　　2) 全ての核施設を無能力化すれば、さらに重油95万トンを供給する

6: 軍縮の歴史～まとめ

多国間交渉は何があるの？

多国間の**軍備管理条約**としては，次の3つを押さえましょう。

清水の 超 整理

＜多国間の核管理条約＞

部分的核実験禁止条約〔PTBT〕 （1963年米英ソ調印・発効　三国間条約→開放条約化）

大気圏内・宇宙空間・水中の核実験を禁止

（問題点）
- 地下核実験を除く点が不十分
- 1996年に採択された包括的核実験禁止条約〔CTBT〕は，地下も含めた核実験の全面禁止条約であるが，発効のメドは立っていない！

核拡散防止条約〔NPT〕 （1968年米英ソ調印・70年発効　三国間条約→開放条約化）

① 非核保有国の核開発禁止
② 非核保有国への核兵器引き渡し禁止 ｝ これ以上，核保有国を増やさず，核兵器の拡散を防止する
③ NPT加盟国は国際原子力機関（IAEA）の核査察を受ける義務を負う

（問題点）既核保有国の優位が定着してしまう

包括的（全面的）核実験禁止条約〔CTBT〕　国連総会で採択（1996年）
※軍縮会議での採択に失敗（全会一致を得られず）

地下も含めた臨界における全ての核爆発実験を禁止

（問題点）
- 臨界前（未臨界）実験＝コンピュータ・シミュレーション実験を禁止していない
- 発効のメドなし（全ての核保有国および核開発能力国44カ国の批准が発効条件〔インド，パキスタンは未批准で，1998年に両国は核実験を行った〕）

米ソ（ロ）間の軍縮交渉はどうなっているの？

次に，米ソ（ロ）間の二国間条約をみていきましょう。

清水の超整理

〈米ソ(ロ)の二国間交渉と条約〉

① 第一次戦略兵器制限条約 ［SALTⅠ］ （1972年米ソ調印・発効）

　米ソ間を狙う長距離核兵器の上限制限（あと何発まで増やせるか）
　上限を4500～5000発程度とする

② 弾道弾迎撃ミサイル ［ABM］ 制限条約 （1972年米ソ調印・発効）

　米ソ間で相手方が撃って来たミサイルを撃ち落とすミサイルの上限制限

③ 地下核実験制限条約 （1974年米ソ調印・90年発効）

④ 平和目的地下核爆発制限条約 （1976年米ソ調印・90年発効）

⑤ 第二次戦略兵器制限条約 ［SALTⅡ］ （1979年米ソ調印→米国批准拒否で未発効）

　上限を2500～3500発程度に下げる
　1979年12月ソ連のアフガニスタン侵攻により，米国は批准せず

⑥ 中距離核戦力 ［INF］ 全廃条約 （1987年米ソ調印・88年発効）

　中距離とはいえ，ゼロとする条約は軍縮史上初！

⑦ 第一次戦略兵器削減条約 ［STARTⅠ］ （1991年米ソ調印・94年米ロ発効）

　７年間で戦略核（長距離大型核）を20～40％削減

⑧ 第二次戦略兵器削減条約 ［STARTⅡ］ （1993年米ロ調印・未発効）

　STARTⅠの３分の１に削減する

⑨ ＊戦略攻撃兵器削減条約 ［モスクワ条約＝SORT］ （2002年米ロ調印・03年発効）

　STARTⅡに代わる条約として戦略核兵器を1700～2200発に削減する
　ただし，解体廃棄ではなく，解体保存が可能なので資金のあるアメリカ優
　位の条約といわれる（←資金のないロシアは解体廃棄となる）

＊2001年9月11日のアメリカでの同時多発テロ後，ブッシュ政権はミサイル防衛（MD）構想を推進す
　るため，かつて冷戦期に米ソ間で結んだABM制限条約の破棄通告をロシアのプーチン大統領に行って，
　迎撃ミサイルの増強をはかろうとした。しかし，その見返りが，SORT条約であり，ロシアを狙った長
　距離核は大幅削減となった。

<広がる世界の非核地帯>

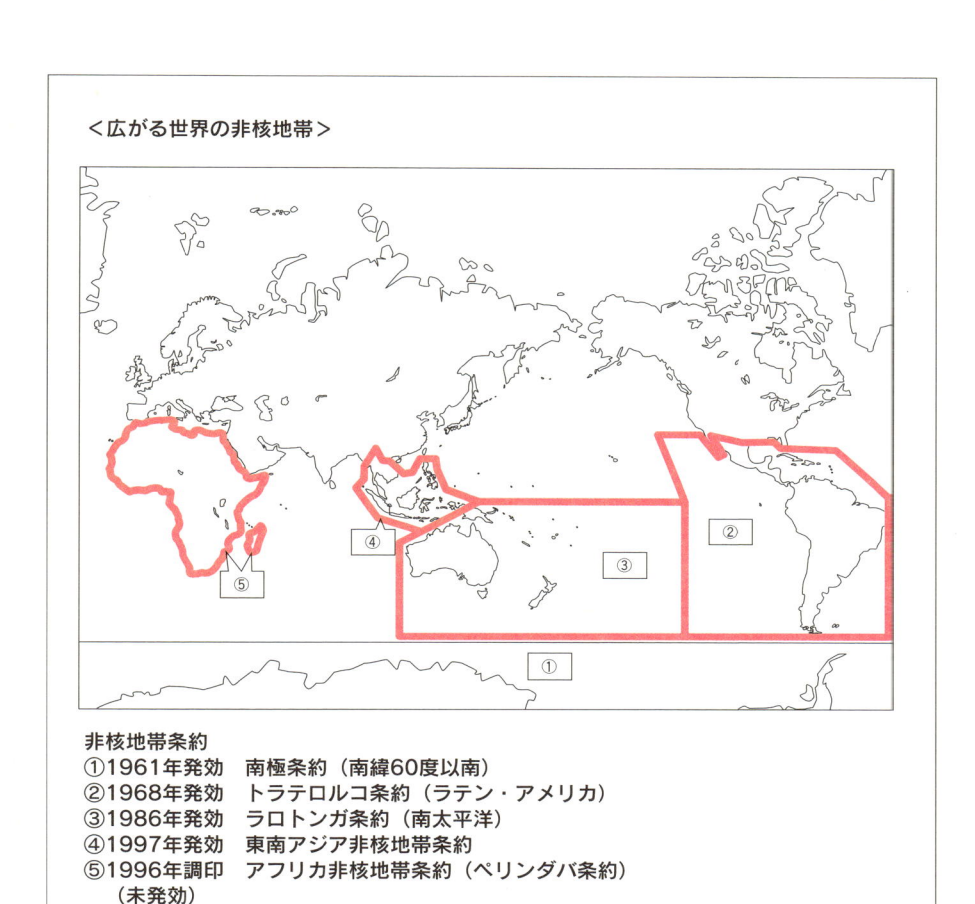

非核地帯条約
①1961年発効　南極条約（南緯60度以南）
②1968年発効　トラテロルコ条約（ラテン・アメリカ）
③1986年発効　ラロトンガ条約（南太平洋）
④1997年発効　東南アジア非核地帯条約
⑤1996年調印　アフリカ非核地帯条約（ペリンダバ条約）
　（未発効）

軍縮の歴史（まとめ）
▶ P.124

7: ソ連邦解体と東欧の民主化

✏️ 東欧民主化の立役者ゴルバチョフの基本政策は何？

1985年，ソ連共産党書記長に就任した*1 ゴルバチョフは，①ペレストロイカ（経済改革＝市場原理導入），②グラスノスチ（行政民主化＝情報公開），③新思考外交（東西イデオロギー対立の終焉＝平和共存）を唱えました。

ゴルバチョフの基本政策

東欧民主化もOK! ゴルバチョフ
ペレストロイカ（市場原理導入）
グラスノスチ（情報公開）
新思考外交（平和共存）
欧州共通の家　＝③

✏️ ゴルバチョフの基本政策が何故，東ヨーロッパの民主化に結びついたの？

特に③の考え方をヨーロッパに適用したことが大きかったですね。**欧州は東も西もない1つの家であるとする「欧州共通の家」*2 構想**を掲げました。つまり，社会主義＝東側，資本主義＝西側という経済体制にとらわれず，仲良く共存していこうという構想ですね。こうして，東側社会主義国が民主化することについて従来の制限主権論による軍事介入をソ連は行わないとして，**制限主権論を放棄**したのです。したがって，**東欧諸国は安心して民主化**することができました。

だから，**1989年は東ヨーロッパ諸国が相次いで民主化を達成した東欧民主化**の年となったのです。

そして，東西ドイツ分断の象徴となっていた**ベルリンの壁**が民衆の実力によって壊されたのも**1989年**。翌**1990年10月3日には東ドイツと西ドイツは統一**を果たすことになったのです。

東西ドイツの統一も，ソ連のリーダー，ゴルバチョフが事実上これを認めたということが背景にあるのですね。

✏️ ソ連邦はどのように解体したの？

ソ連邦内の民主化が加速しすぎたために，ソ連邦は解体しました。1990年，憲法改正で共産党独裁を規定した条文を改正し，**複数政党**制に移行しました。民主化に反対する共産党の力を抑えるのが目的でした。1991年8

＊1…1990年のソ連邦憲法改正で，新たに大統領制が導入され，ゴルバチョフ共産党書記長が初代大統領に就任した。
＊2…「欧州共通の家」構想は，東欧諸国の民主化に対して，ソ連は軍事介入しないことを意味したため，ソ連邦内の15共和国の民主化運動はもちろん，東欧諸国の民主化運動を加速させる結果となった。

月にはゴルバチョフ連邦大統領の改革に反対する保守派（共産党）のクーデターが発生しましたが，民主化を求める民衆がクレムリンの広場に集まり，共産党を取り囲んだことから，結局失敗に終わりました。民衆が勝利したのです。ゴルバチョフ連邦大統領は，クーデターを企てた**共産党を解体**しました。そして，9月にソ連邦内の15共和国の，まず**バルト三国（リトアニア，エストニア，ラトビア）の独立が承認された**のです。**バルト三国の独立**が認められ，**12月**には，**ロシア共和国**（当時はエリツィン大統領），ウクライナ共和国，ベラルーシ共和国など他の共和国も**独立宣言**を出し，結局**ソ連邦は69年の歴史をもって解体**しました。

　ソ連邦解体後，バルト三国を除く12共和国は，緩やかな結合である**独立国家共同体（CIS）**を結成し，協調をはかっています。核兵器の管理や経済協力が必要ですからね。

ソ連邦解体と東欧の民主化
▶ P.252　現社ハンドブック

ソ連邦解体と東欧の民主化
▶ P.126　政経ハンドブック

清水の超整理

＜1989年に東欧諸国の民主化が始まった！＞

1989年	ポーランド	「連帯」主導内閣が発足
		民主的な自主管理労働組合「連帯」が選挙で圧勝
	東ドイツ	**ベルリンの壁**崩壊
	ルーマニア	共産党独裁のチャウシェスク政権崩壊
	チェコスロバキア	市民フォーラムのハベル大統領選出
		1968年の「**プラハの春**」以来，本当の民主化を実現
1990年	ハンガリー	民主フォーラムが43年ぶりに選挙で圧勝
	ソ連	憲法改正で共産党の指導条項削除
		共産党独裁を廃止→**複数政党制**へ
1991年	ソ連	**バルト三国**の独立と民主化を承認
	ソ連	**ソ連邦解体**（69年間の歴史に幕）
		バルト三国のほかに12共和国が独立
		独立国家共同体〔CIS〕を結成し，ゆるやかな話し合いを行う

＊トルクメニスタンは，2005年にCISを脱退して準加盟国となった。

8:地域紛争

🖉 パレスチナをめぐる中東紛争って何？

1948年のユダヤ人国家イスラエルの建国によって、それまで住んでいた土地を追放されてしまった**パレスチナ**人（**アラブ**民族）と、**イスラエル**（**ユダヤ**民族）との間で紛争が発生しました。**4回の中東紛争**（1948, 56, 67, 73年）を経て1993年には**和平合意**（**オスロ**合意）が成立しましたが、その後も、テロ・紛争がつづきました。

イラク戦争後の**2003年6月**にアメリカのブッシュ大統領の仲介のもと、**中東和平ロードマップ**が示され、**過去4回の中東戦争で拡大したイスラエルの土地をパレスチナ側に順次返還する代わりに、パレスチナ側もイスラエル国を承認してテロを中止するという案**が示されて合意に達しました[*]。現在、イスラエルの軍事撤退が進められています。

2006年、パレスチナの議会選挙ではイスラム過激派テロ集団ハマス（ハニヤ首相）が多数を占め、一方、イスラエル首相もシャロンからオルメルトに代わり、先行きは不透明となっています。しかし、オルメルト首相は、ロードマップの履行の意思を示し、同年イスラエル軍の撤退が開始しています。

🖉 紛争（中東戦争）の歴史的原因は？

もともと2000年以上も前の紀元前には、現在の**イスラエル**（**ユダヤ**人国家）には、**ユダヤ**教を信仰するユダヤ人が居住していました。しかし、ユダヤ人はイエス・キリストを十字架にかけて処刑した民ということで、キリスト教社会が誕生すると、その土地を追放されてしまった。その後、**アラブ**民族である**パレスチナ**人たちがそこに居住し、アラブ民族の宗教である**イスラム**教のモスクも建設されました。

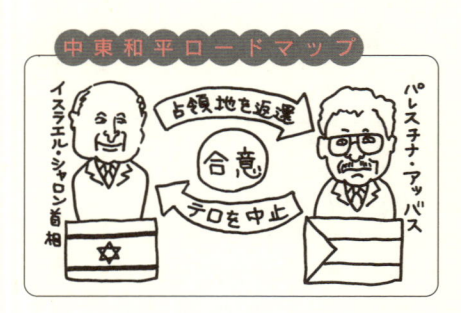

国を失ったユダヤ人は、世界各国に分散しましたが、ユダヤ教の聖地のある**エルサレムの土地（シオンの丘）に戻る**という運動（**シオニズム運動**）を行ってきました。第一次大戦中の1917年、この地域を植民地支配していたイギリスは、こ

[*] イスラエルのシャロン首相、パレスチナ代表アッバス。

のパレスチナの土地をユダヤ人国家と認めるという**外相バルフォア宣言**を出す一方で，アラブ人にもこの土地の占有を認める**マクマホン書簡**を送りました。**宗主国イギリスの矛盾した二枚舌外交が，ユダヤ人とアラブ人の対立を引き起こした**といわれています。その後，第二次大戦時，ドイツのナチス・ヒトラーが，少数民族であったユダヤ人を虐殺したことから，第二次大戦後，ユダヤ人保護のため，**国際連合はパレスチナの土地にユダヤ人国家イスラエルの建国を認めた**のです（1948年）。

結局，国連はパレスチナの土地を，**アラブ民族であるパレスチナ**と**ユダヤ民族であるイスラエルに分割**したのです（1947年）。しかし，国連のパレスチナ分割決議を認めない**アラブ民族（パレスチナ人）は，国連のイスラエル建国決議は無効だとして，直ちにイスラエルへの攻撃を開始**。これが**1948年のパレスチナ紛争（第一次中東戦争）**です。以降，**中東戦争**（アラブ人とユダヤ人の戦い）は**1956年，67年，73年と4回発生**しました。しかし，近代兵器を持つ**ユダヤ人国家イスラエルが戦争に勝利し，その領土を徐々に拡大**していきました。

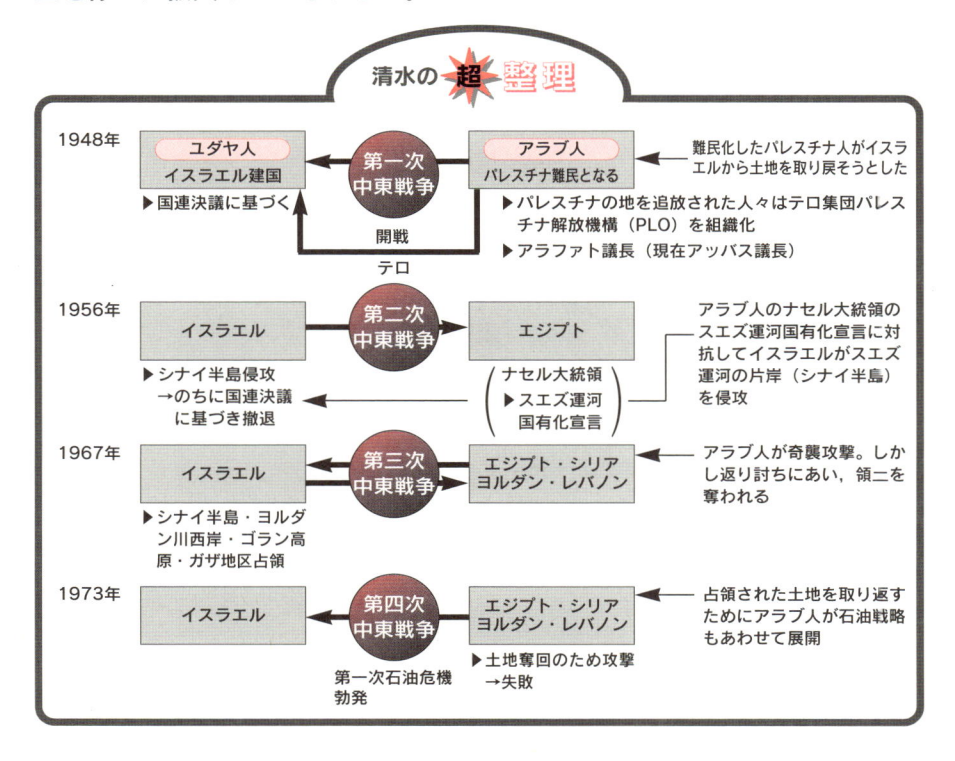

清水の超整理

1948年　第一次中東戦争
- ユダヤ人　イスラエル建国
  - ▶国連決議に基づく
- アラブ人　パレスチナ難民となる
  - ▶パレスチナの地を追放された人々はテロ集団パレスチナ解放機構（PLO）を組織化
  - ▶アラファト議長（現在アッバス議長）
- 難民化したパレスチナ人がイスラエルから土地を取り戻そうとした
- 開戦／テロ

1956年　第二次中東戦争
- イスラエル
  - ▶シナイ半島侵攻 →のちに国連決議に基づき撤退
- エジプト　ナセル大統領
  - ▶スエズ運河国有化宣言
- アラブ人のナセル大統領のスエズ運河国有化宣言に対抗してイスラエルがスエズ運河の片岸（シナイ半島）を侵攻

1967年　第三次中東戦争
- イスラエル
  - ▶シナイ半島・ヨルダン川西岸・ゴラン高原・ガザ地区占領
- エジプト・シリア・ヨルダン・レバノン
- アラブ人が奇襲攻撃。しかし返り討ちにあい，領土を奪われる

1973年　第四次中東戦争
- イスラエル
- エジプト・シリア・ヨルダン・レバノン
  - ▶土地奪回のため攻撃 →失敗
- 第一次石油危機勃発
- 占領された土地を取り返すためにアラブ人が石油戦略もあわせて展開

民族浄化

「セルビア人は常に多数派でいなければならない」
異民族排斥

✎ 旧ユーゴスラビア連邦の内戦の原因は何？

旧ユーゴスラビア内戦（1991～95年）の主な原因は，連邦を構成していた6共和国の内，1991年**クロアチア，スロベニア，マケドニア**の各共和国，92年**ボスニア＝ヘルツェゴヴィナ**共和国が独立宣言を出したのに対して，独立反対派の**セルビア**共和国（モンテネグロ共和国も協力）と各共和国内の**セルビア**人勢力が独立阻止の軍事介入を行ったことです。**セルビア人と非セルビア人の民族対立**（**汎セルビア主義**，**民族浄化**（エスニック・クレンジング））が原因ですね。また，内戦の激しかった**ボスニア＝ヘルツェゴヴィナ**共和国で，クロアチア人・モスレム人・セルビア人の紛争となりました。＊旧ユーゴスラビア連邦の多数派民族であったセルビア人が，6共和国の分離独立により，一部共和国内でセルビア人同胞が少数派民族になることを嫌ったのが原因だといわれています。**セルビア人は常に多数派でいなければならない**とする**汎セルビア主義**に基づいて，**異民族を排斥する民族浄化**（エスニック・クレンジング）が行われたのです。

　NATOが民族浄化をつづけるセルビア人勢力に対して人道的見地から空爆することで，やっと停戦合意が成立しました（1995年）。しかし，結果，旧ユーゴスラビア連邦は5つの国に解体しました。このような中，連邦解体反対派の**セルビア共和国とモンテネグロ共和国は合体して新ユーゴスラビア連邦**と名乗ることになりました（1992年）。

清水の⚡超整理

1991～95年

旧ユーゴスラビア内戦 （ボスニア・ヘルツェゴビナ紛争 1992～95年）

6共和国の内，クロアチア，スロベニア，マケドニア，ボスニア＝ヘルツェゴビナの各共和国が独立宣言	VS	独立反対派のセルビア共和国＋各共和国内のセルビア人が独立阻止の軍事介入

＊旧ユーゴ連邦は，6つの民族，3つの宗教，2つの文字，4つの言語が混ざったモザイク国家だったため，バルカン半島は"ヨーロッパの火薬庫"とよばれてきた。

では，コソボ紛争はなぜ発生したの？

コソボ紛争（1998～99年）は，**新ユーゴスラビア連邦**（旧セルビア共和国とモンテネグロ共和国）**内のコソボ自治州におけるアルバニア系住民の分離・独立運動が原因**で発生しました。多数派であるセルビア人（新ユーゴ政府の**ミロシェビッチ大統領**（セルビア人））が独立阻止の軍事介入を行い，アルバニア人の大量虐殺が行われました。これも**汎セルビア主義**に基づく，**民族浄化**が主な原因です。

NATOは人道介入を行って新ユーゴ政府を空爆して，アルバニア系住民への虐殺を止めさせ，セルビア人の**ミロシェビッチ大統領**はユーゴ国際戦犯法廷で大量殺人罪に問われました。結局，コソボ問題については，99年に**和平協定**が成立し，コソボの独立は認めず，現状のままで紛争を停止することになりました。

その後，新ユーゴスラビア連邦は，**2003年に連合国家「セルビア・モンテネグロ」と国名を変え**ていましたが，2006年，**「セルビア」と「モンテネグロ」に分裂**することになりました。結局，**旧ユーゴスラビア連邦構成国は，6つの国に分裂**してしまいました。

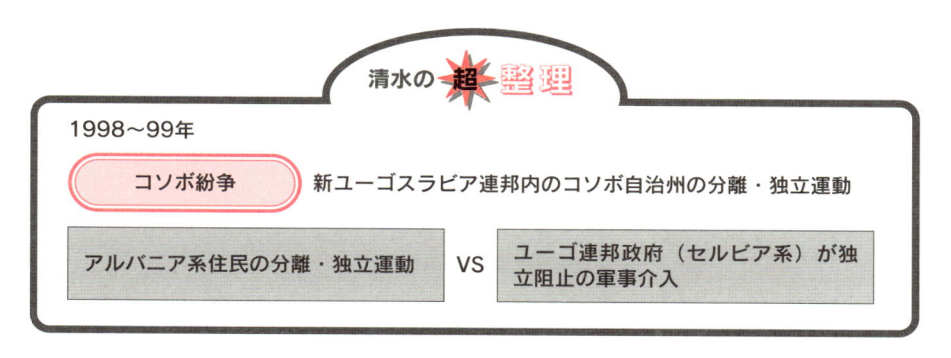

清水の超整理

1998～99年

| コソボ紛争 | 新ユーゴスラビア連邦内のコソボ自治州の分離・独立運動 |

| アルバニア系住民の分離・独立運動 | VS | ユーゴ連邦政府（セルビア系）が独立阻止の軍事介入 |

チェチェン共和国の独立運動って何？

キリスト教（ロシア正教）の多い**ロシア連邦**から，**イスラム**教徒の多い**チェチェン共和国**が独立しようとしました。これに対して，ロシア連邦政府軍が独立阻止の軍事介入を実施しました。この紛争は，**キリスト教とイ

スラム教原理主義の宗教的対立の側面を持つとともに、チェチェン共和国内を通るロシアからEU向けの天然ガスのパイプラインや、チェチェン共和国内に存在する**資源の主権をめぐる経済紛争**という側面をあわせ持ちます。チェチェン共和国内の武装勢力には、アフガニスタンでアメリカなどに制裁されたタリバン兵士が流れ込んでいるという話もあり、2003年には**ロシア劇場占拠事件**、04年にはロシア連邦北オセチア共和国の**学校占拠事件**など多数の被害者を出すテロ事件につながっています。

ロシアのプーチン大統領は、「キリスト教のロシアは、チェチェンのイスラム原理主義勢力からテロ攻撃を受けている。これは、アメリカにテロを行った勢力と全く同じである」として、対テロでアメリカのブッシュ大統領に協力し合うことを提唱したのです。

清水の超整理

1991〜97年

チェチェン紛争
キリスト教とイスラム教原理主義の宗教的対立
資源の主権をめぐる経済紛争

| ロシア連邦内のチェチェン共和国が独立運動 | VS | ロシア連邦政府が独立阻止の軍事介入 |

北アイルランド紛争って何？

イギリス領内北アイルランドで起こった，南アイルランドへの併合を求める**キリスト教カトリック系住民**と，独立を阻止しようとする**キリスト教プロテスタント系住民**との**宗派対立**による紛争です。1998年の和平合意で，イギリス領からの分離は認めないが，北アイルランドの自治を承認しました。しかし，カトリック系過激派IRA（アイルランド共和国軍）の攻撃が散発的につづいており，不安定な情勢がつづいています。

清水の超整理

12c～1998年

北アイルランド紛争
イギリス領内の北アイルランドの独立
南アイルランドとの併合問題

| キリスト教カトリック系住民
（独立・併合派） | VS | キリスト教プロテスタント系住民
（イギリス残留派） |

インド・パキスタン（カシミール）紛争って何？

1947年からつづく，インド・パキスタン国境線のインド領の**カシミール地区**の**領有権争い**です。インド残留を望む**ヒンズー教系**住民と，パキスタン併合を求める**イスラム教系**住民が対立しています。1998年には，両国が相次いで地下核実験を行うなど，核実験の連鎖も起こりました。しかし，2004年1月，インドとパキスタンの首脳が対話による解決に合意しました。

清水の超整理

1947年～

インド・パキスタン（カシミール）紛争
インド・パキスタン国境線のカシミール地区での分離・独立運動

| イスラム教系住民
（独立・パキスタン併合派） | VS | ヒンズー教系住民
（インド残留派） |

✎ 東ティモール独立運動って何？

インドネシアに対する東ティモール島住民の独立運動です。ポルトガルの支配下にあった東ティモールは，1976年，ポルトガル撤退直後にインドネシアに武力占領されていました。1999年の住民投票の結果，独立が多数を占め，2002年5月，正式に独立しました。初代大統領はグスマンです。

わが国からも自衛隊が住民投票監視と独立支援のために国連東ティモール暫定統治機構（PKO）と国連東ティモール支援団（PKO）に派遣されましたが，2004年に任務は完了しました。

清水の超整理

1976〜2002年

東ティモール独立運動 … 東ティモール島を武力占領したインドネシアに対する住民の独立運動

1999年　住民投票で独立を決定
- 国連東ティモール暫定統治機構（PKO）の監視下で独立を達成
- 国連東ティモール支援団（PKO）が独立後の自立を支援

地域紛争　現社ハンドブック ▶ P.250
地域紛争(1)・(2)　政経ハンドブック ▶ P.128〜131

✎ CHECK

☐ **1** 中東紛争は1948年に国連決議に基づいてある国が建国されたことに対して，この土地を追放された人々が土地の奪還を軍事力で行ったことから発生した。(1)建設された国の名称とその国を構成する民族，(2)土地の奪還を行おうとした人々の名称とその民族を答えよ。
　▶ (1)イスラエル，ユダヤ民族　(2)パレスチナ人，アラブ民族

☐ **2** 旧ユーゴスラビア連邦で内戦が起こった原因は，多数派のセルビア人が汎セルビア主義に基づいて異民族を排斥する行動に出たためといわれる。この行動を一般に何というか。
　▶ 民族浄化（エスニック・クレンジング）

☐ **3** 東ティモールは独立運動の結果，住民投票によって独立を決定した。どこの国から独立をしたか。
　▶ インドネシア

9：日本の戦後外交

日本と中国の関係

✏ わが国と中国の関係はどうなっているの？

1949年，**社会主義国家**としての**中華人民共和国**（北京政府）が誕生しました。わが国は1952年に資本主義体制をとる中華民国（台湾政府）との間で日華平和条約を結び，国交関係を樹立しました。しかし，**国連が1971年に正式な中国として北京政府に代表権を認めた**ことから，田中角栄内閣は，**1972年に日中共同声明**を発表し，**日中国交回復を実現**しました。ですから，日本・中国間の関係を回復したのは田中角栄首相の功績といわれています。この結果，台湾政府とは国交が断絶する結果となり，現在に至っています。でも，台湾とはケンカしたわけではないので，旅行も貿易も行われています。

その後**1978年**には**日中平和友好条約**を結び，相互不可侵，政治，経済，文化の友好をはかることになりました。現在の日中貿易関係の礎を築いた条約です。

✏ わが国と韓国，北朝鮮との関係はどうなっているの？

1965年，**大韓民国**（韓国）と**日韓基本条約**を締結，**国交が正常化**されました。韓国を朝鮮半島唯一の合法政府としたため，**朝鮮民主主義人民共和国（北朝鮮）との国交は断絶**してしまいます。91年に日朝国交正常化交渉が開始されましたが，**北朝鮮の国際原子力機関（IAEA）による核査察拒否**（1993年），**核拡散防止条約（NPT）脱退表明**（1993年）で中断してしまいます。これは北朝鮮の最高指導者に戦後君臨しつづけた金日成（キムイルソン）の時代でした。

しかし，金日成の死去（1994年）後，**金正日**（キムジョンイル）**体制になった2002年9月**，小泉純一郎首相は首相として初めて訪朝し，金正日国防委員長との**日朝首脳会談**を行いました。いわゆる**日朝平壌**（ピョンヤン）**宣言**が採択されます。この宣言では北朝鮮は日本人拉致の事実を認めて謝罪するとともにミサイル発射を凍結することを確認し，一方，日本は戦後補償として経済援助を行うことを

⑧ 国際政治

条件に，国交正常化交渉を進めることが決まりました。拉致被害者の実態調査を求めた日本に対して，北朝鮮側は，多くの被害者が既に死亡しているとの報告を出し，同年10月には生存している**拉致被害者の一時帰国**も実現しました。しかし，日本側が一時帰国者の北朝鮮への帰還を拒否したことから関係は悪化し，現在緊張状態にありますね。

　しかも，日本からの経済・食料援助を引き出すことに失敗した北朝鮮は，自ら核開発の事実を認め（2005年2月，北朝鮮は公式に核保有宣言），核開発を中止することを見返りに，アメリカ，日本，韓国などから何らかの見返りを引き出そうという核カードを使った外交（「瀬戸際外交」）を行っています。

　1994年，**北朝鮮が核開発をやめることの見返りとして朝鮮半島エネルギー開発機構（KEDO）を設立して，米・朝・日で重油を年間50万トン供給するという米朝枠組み合意**が結ばれました。しかし，アメリカは，核開発の事実は，この合意に違反していることからKEDOによる重油供給を中止し，**2006年にはKEDO自体を廃止**して，北朝鮮へのプレッシャーをかけています。2003年8月以降，**北朝鮮，中国，ロシア，アメリカ，韓国，日本の六カ国協議**が行われていますが，何度も中断しており，難航していますね。

　2006年7月には，核弾頭を搭載可能な「**テポドン2号**」（中・長距離核），「**ノドン**」（短距離核）を含む7発のミサイルを日本海に向けて発射しましたね。日本は国連憲章第7章のあらゆる手段を含む「強制措置」の発動を国連安保理に求めましたが，中国，ロシアの反対から，**対北朝鮮非難決議**が採択されるにとどまりました。

　しかし，2006年10月には**北朝鮮は地下核実験を強行**したことから，安保理は，国連憲章第7章41条の「**非軍事的措置**」を明記した制裁決議案を全会一致で採択しました。

> 42条の「軍事的措置」は中国，ロシアの反対があって明記されませんでしたが，国連憲章第7章「非軍事的措置」と明記した点は画期的ですね！

さらに，日本は独自の制裁として，①北朝鮮からの輸入全面禁止，②北朝鮮籍の船舶の日本への入港禁止，③対北朝鮮金融制裁などを実施しました。アメリカもマカオにある北朝鮮の預金口座封鎖などの経済制裁を行ったことから，経済的に追い込まれた北朝鮮は2006年12月，久々に六カ国協議のテーブルにつき，**2007年2月には，初期段階措置として，寧辺（ニョンビョン）の核関連施設を廃止する代わりに，日本を除く5カ国が重油5万トンを提供すること，さらに全ての核施設を廃止すればさらに95万トンの重油を提供すること**に合意しました。

清水の超整理

＜北朝鮮問題の流れ＞

1993年	北朝鮮が核拡散防止条約（NPT）脱退表明
1994年	北朝鮮が国際原子力機関（IAEA）脱退表明。金日成（キムイルソン）主席死去
1994年	米朝枠組み合意
	↓
1994年	朝鮮半島エネルギー開発機構（KEDO）創設
1997年	国家主席（朝鮮労働党総書記）に金正日（キムジョンイル）正式就任
1998年	短距離核ミサイルノドン，中〜長距離核ミサイルテポドン発射
2000年	南北朝鮮共同宣言（韓国金大中（キムデジュン），北朝鮮金正日）〜朝鮮半島統一に合意
2002年	初の日朝首脳会談（小泉純一郎，金正日）
	→日朝平壌宣言採択。拉致被害者5人が帰国
2002年	核兵器保有を表明
2003年	六カ国協議開始（北朝鮮・中国・ロシア・アメリカ・韓国・日本）
2004年	小泉首相2度目の訪朝
	→拉致被害者の一部の家族が日本に帰還
2005年	北朝鮮が正式に核保有宣言。北朝鮮の資金洗浄（マネー・ロンダリング）疑惑でマカオの銀行の口座をアメリカが凍結
2006年	7月　北朝鮮，テポドン2号，ノドンなど7発のミサイル発射
2006年	10月　北朝鮮が地下核実験
2007年	2月　六カ国協議で一応の合意

第8章　国際政治

2000年には，南北朝鮮首脳会議（韓国：金大中大統領と北朝鮮：金正日国防委員長）で南北朝鮮の統一が決定しているんです。国名も「朝鮮連邦」となっている！簡単にはいきそうもないですけどね。

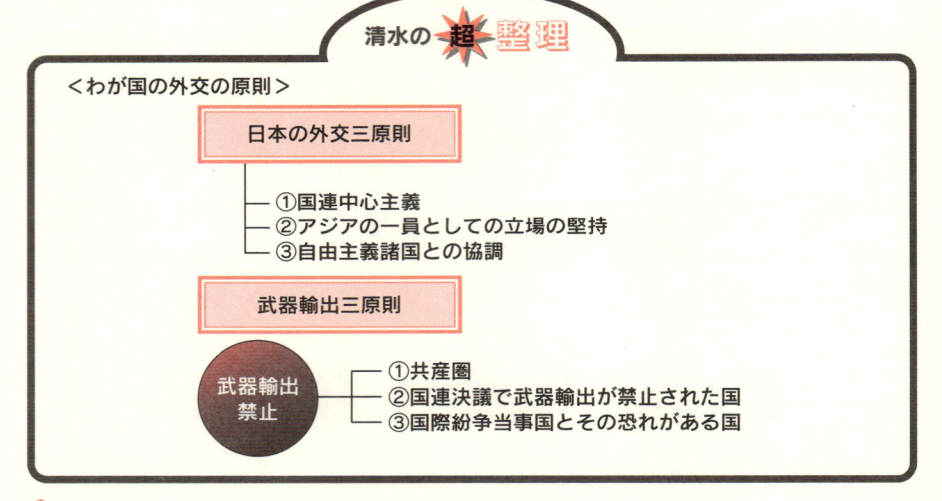

清水の超整理

<わが国の外交の原則>

日本の外交三原則
- ①国連中心主義
- ②アジアの一員としての立場の堅持
- ③自由主義諸国との協調

武器輸出三原則

武器輸出禁止
- ①共産圏
- ②国連決議で武器輸出が禁止された国
- ③国際紛争当事国とその恐れがある国

日本の領土紛争ってどんなことが起こっているの？

①**北方領土**問題

日本は**歯舞・色丹・国後・択捉**の北方4島を固有の領土として主張しています。特に，日ソ共同宣言（1956年）の際，ソ連側がいったん約束した歯舞・色丹の2島先行返還の履行をロシアに要求しています。

②**竹島（独島）問題**

日本と**韓国**が領有権を主張し，排他的経済水域の拡大をめぐって対立。韓国名は「**独島**」で，実質的な支配を行っています。2005年3月に島根県議会が2月22日を「**竹島の日**」としたことから，韓国で反日運動が発生しました。

③**尖閣諸島**問題

日本が先に占有しましたが，石油・天然ガスの存在がわかり，中国・台

湾も領有権を主張しています。2004年，中国は天然ガスの採掘調査を開始。このことは日中間で政治問題となりました。日本側から天然ガスの日中共同開発の提案をしましたが，難航中です。

清水の超整理

＜日本の領土紛争＞

①北方領土問題
②竹島（独島）問題
③尖閣諸島問題

現在，わが国は国際社会の中で国際貢献を果たすために，どのような主張をしているの？

特に，国際連合の改革として以下のことを求めています。

まず第1に，**国連憲章に残る**「旧敵国条項」（憲章53条，107条）**の削除**です。「旧敵国」とは，連合国と戦って敗れた枢軸国の，日本，ドイツ，イタリアをはじめ，ルーマニア，ハンガリー，ブルガリア，フィンランドの7カ国のことです。**「旧敵国」が将来，侵略行為を行った場合，安保理の決議なしに制裁を発動できる**ことになっています。1995年の国連50周年総会で日本の要求のもと早期に削除を求める決議が採択されましたが，国連憲章改正に向けての各国国内承認手続が行われておらず，現在も残ったままになっています。わが国は敵ではないのですから，早急に削除してほしいですよね。

> 国連分担金もわが国はアメリカの22%に次いで世界2位。従来19%を支出してきたのですからね。

　第2に，**安全保障理事会の常任理事国入り**を求めています。非常任理事国には過去9回も選出されていますが，任期のない常任理事国となって国際平和のための発言力を持ちたいのです。

　2004年には，日本，ドイツ，インド，ブラジルの4カ国（G4）が常任理事国入りを表明しましたが，今のところ厳しい状態にあります。

わが国の戦後外交　**現社ハンドブック**　▶P.254
日本の外交(1)・(2)　**政経ハンドブック**　▶P.132～135

✍ CHECK

❑ **1** 日本と中国の国交正常化のきっかけとなった声明を何というか。また，その時のわが国の首相は誰か。
　　▶日中共同声明，田中角栄

❑ **2** 日本と韓国の国交正常化のきっかけとなった条約を何というか。
　　▶日韓基本条約

❑ **3** 2002年，日本の首相として初めて北朝鮮を訪問し，日朝首脳会談を行った首相と北朝鮮の首脳の名前，およびそこで採択された宣言の名称を答えよ。
　　▶小泉純一郎，金正日。日朝平壌宣言

❑ **4** 1994年に北朝鮮が核開発を中止することの見返りとして重油を供給するために創設された組織を何というか。
　　▶朝鮮半島エネルギー開発機構（KEDO）

＊2007～2009年の毎年の負担割合は，日本の主張が認められて約16%に引き下げられた。

問題にチャレンジ！

レベル表示▶ レベルA：難　レベルB：やや難　レベルC：標準

例題 1　レベルB▶ P180

国際連合に関する記述として**適当なもの**を次の中から一つ選べ。

① 現在，国際連合には190カ国以上の国が加盟しているが，加盟していない国はスイス，台湾などの一部の国・地域となっている。
② 国際連合に加盟するには，安全保障理事会の5常任理事国一致の勧告が必要なので，過去に5常任理事国の拒否権によって加盟できないことがあった。
③ 国際紛争の解決は，すべて国際連合の決定によって行われ，2003年に発生したイラク戦争も安全保障理事会の武力行使容認決議に基づき開始された。
④ 国際連合では，安全保障理事会が拒否権によって機能マヒした場合，平和・安全問題については国連で扱う方法が存在しないので，関係国の協議や武力によって解決されるのが建前となっている。

解説　②正しい。国連加盟の要件は，安保理の5常任理事国一致の勧告に基づいて，総会で3分の2以上の賛成が必要である。5常任理事国の1カ国でも反対すると国連には加盟できなかった。したがって，東西対立による分断国家の国連加盟が難しいという状態が生じていた。①2002年，スイスが加盟した。しかし，台湾は国として認められておらず，現在は国連に加盟していない。③2003年3～4月に行われたイラク戦争は，常任理事国であるフランスと当時の議長国ドイツの反対があったため，安保理の武力行使容認決議のないまま，アメリカ・イギリスを中心とした合同軍がイラクに対して武力行使を実施した。④安保理が5常任理事国の拒否権発動で機能マヒした場合，緊急特別総会を開催することができる。

解答⇒②

例題2 レベルC ▶ P180

国連の機関に関する記述として**適当なもの**を次の中から一つ選べ。
① 国際紛争の解決については，総会が主要な責任を負い，そこで解決ができない場合に限り，安全保障理事会に議事が移される。
② 国際司法裁判所は国連の司法機関であり，国際紛争の当事国間の合意がなくても，一方の当事国が提訴すれば，裁判が開始される。
③ 国連難民高等弁務官事務所（UNHCR）は，非政府組織（NGO）の協力も得るなどして，難民の救援に当たっている。
④ 国連の平和維持活動（PKO）については，事務総長の下に設けられる常設の機関が実施するものとして，国連憲章に明文で規定されている。

> **解説** ③正しい。①平和・安全問題の第一次的な責任は安保理が負い，5常任理事国の拒否権でマヒしたときに緊急特別総会を開く。②紛争当事国双方の付託によって裁判を開始。④PKOは，国連憲章に明文規定が存在せず，第6章の「平和的解決」と第7章の「強制措置」の中間形態の第6章半活動とよばれている。部隊は，紛争ごとに任意に創設。　　**解答⇒③**

例題3 レベルB ▶ P186

冷戦時代に起こった事柄の記述として**適当なもの**を次の中から一つ選べ。
① 西側から東側への輸出は，対共産圏輸出統制委員会（COCOM）により設定された輸出禁止品目リストに従って，制限された。
② NATOが東側からの武力攻撃を阻むために築いたベルリンの壁は，長い間，東西対立の悲劇を象徴する存在となった。
③ 朝鮮戦争の際に米ソ両軍の直接の戦闘が核戦争の危機を招くことが認識され，両国首脳は緊張緩和のためにホットライン設置に合意した。
④ 核兵器の増大を懸念したアメリカは，ソ連に対して戦略兵器を制限する交渉を提案したが，ソ連側の拒否にあい，実現しないままに終わった。

> **解説** ①正しい。COCOM（対共産圏輸出統制委員会）は1949年に設立された西側の東側への武器輸出禁止政策を行う機関。②ベルリンの壁は東ベルリンから西ベルリンへの逃亡を防ぐために東側が築いた壁（1961年～89年）。③ホットライン（通信回線）設置はキューバ危機（1962年）の翌年。④第一次米ソ戦略兵器制限条約（SALT I）が1972年調印・発効。　　**解答⇒①**

例題4 レベルA▶ P199

軍備管理・軍縮について説明した記述として**適当なもの**を次の中から一つ選べ。

① 第二次世界大戦後，軍備管理・軍縮交渉は国連によって主導されており，初の核兵器削減条約である中距離核戦力（INF）全廃条約も国連軍縮特別総会で締結されたものである。

② 核不拡散条約（NPT）では，非核保有国には核兵器を持たないことを約束させ，核保有国には核実験を行う場合に，条約の加盟国会議に対して事前許可を求めることを約束させた。

③ 核兵器を開発するために不可欠な核実験は，部分的核実験停止（禁止）条約で規制の対象となり，1990年代には包括的核実験禁止条約が結ばれたので，この条約の締結後，核実験は行われていない。

④ 今日，軍縮の対象となっているのは核兵器だけではなく，その他の兵器も対象となっており，たとえば1990年代には，神経ガスなどの化学兵器の禁止などを定めた化学兵器禁止条約が採択されている。

> **解説** ④正しい。化学兵器禁止条約は1993年に採択され，97年に発効した。
> ①1987年に結ばれた中距離核戦力（INF）全廃条約は，米ソ間の二国間条約であって国連軍縮特別総会での締結ではない。②核拡散防止条約（NPT）は，非核保有国への核の拡散を防止する目的のもので，核実験の事前許可制の規定は存在しない。③1996年の包括的核実験禁止条約採択後の1998年には，インド・パキスタンで地下核実験が行われた。なお，CTBTは現在，未発効で条約発効のメドも立っていない。
> 解答⇒④

名人の授業シリーズ
清水の 新 政治攻略 ●政治のしくみと時事

CHECK & INDEX 索引

ポイントがきちんと理解できていますか？
繰り返し学習して頭の中を整理しましょう！

第1講 ● 民主政治の基本原理

テーマ1 国家の機能
- [ ] 1 国家の機能～国家観の変遷 …………… 8

テーマ2 社会契約説
- [ ] 1 社会契約説
　　～ホッブズ，ロック，ルソー ………… 10

テーマ3 民主政治
- [ ] 1 民主政治 ……………………………… 14

テーマ4 法の支配の歴史と現状
- [ ] 1 国家支配の正統性 …………………… 18
- [ ] 2 法の支配と法治主義 ………………… 19
- [ ] 3 現在のわが国の法体系 ……………… 21

第2講 ● 基本的人権の歴史

テーマ1 基本的人権の内容と歴史
- [ ] 1 自由権 ………………………………… 26
- [ ] 2 参政権 ………………………………… 28
- [ ] 3 社会権 ………………………………… 30

テーマ2 人権の国際化
- [ ] 1 国際化の意義 ………………………… 32
- [ ] 2 人権の国際化を進める個別条約 …… 34

第3講 ● 各国の政治制度

テーマ1 権力分立の考え方
- [ ] 1 権力分立の必要性 …………………… 40
- [ ] 2 権力分立を主張した思想家 ………… 40

テーマ2 イギリスの政治機構
- [ ] 1 イギリス議院内閣制の特徴 ………… 43
- [ ] 2 イギリス政党政治～二大政党制 …… 44

テーマ3 アメリカの政治機構
- [ ] 1 アメリカ大統領制の特徴 …………… 46
- [ ] 2 アメリカ議会と裁判所の地位と権限 … 49

テーマ4 その他の国の政治機構
- [ ] 1 注意しておくべき国の政治機構 …… 51
- [ ] 2 中国の政治機構 ……………………… 53
- [ ] 3 開発独裁 ……………………………… 54

第4講 ● 日本国憲法の諸原理

テーマ1 憲法の三大原理
- [ ] 1 臣民の権利から国民の権利へ ……… 58
- [ ] 2 三大原則
　　～国民主権・平和主義・基本的人権の尊重 … 59

テーマ2 平和主義と有事立法
- [ ] 1 平和主義
　　～日本の防衛原則と有事立法 ……… 64

テーマ3 基本的人権の尊重
- [ ] 1 人権の限界〜「公共の福祉」............ 70
- [ ] 2 自由権〜精神的自由 72
- [ ] 3 自由権〜人身の自由・経済的自由 81
- [ ] 4 平等権 89
- [ ] 5 請求権 93
- [ ] 6 社会権 〜自由権を実質化"生きる自由" 93
- [ ] 7 新しい人権 97

第5講 ● 日本の政治機構

テーマ1 わが国の三権分立
- [ ] 1 政治機構〜三権の相互関係 110

テーマ2 わが国の政治制度のしくみ
- [ ] 1 国会 114
- [ ] 2 内閣 118
- [ ] 3 裁判所 122

テーマ3 司法改革と問題点
- [ ] 1 その他の司法制度 129

第6講 ● 地方自治

テーマ1 地方政治のしくみ
- [ ] 1 地方自治 138

第7講 ● 選挙と政党

テーマ1 選挙のしくみ
- [ ] 1 選挙区制・比例代表制 148
- [ ] 2 選挙制度〜衆議院と参議院 151
- [ ] 3 選挙制度〜公職選挙法 154

テーマ2 政党と圧力団体の流れ
- [ ] 1 政党と圧力団体 156
- [ ] 2 戦後日本の政党の流れ 158

テーマ3 行政国家の問題点と改革
- [ ] 1 1994年の政治改革〜政治資金 162
- [ ] 2 行政権の肥大化・民主化 164
- [ ] 3 政治腐敗の原因と対策 167
- [ ] 4 わが国が進める行政改革 〜中央省庁スリム化と特殊法人の改革 ... 169

第8講 ● 国際政治

テーマ1 国際社会と国際機構
- [ ] 1 国際連盟 178
- [ ] 2 国際連合 179
- [ ] 3 国連平和維持活動〜PKO 183

テーマ2 戦後の国際関係
- [ ] 1 戦後国際関係史(1) 〜第1期(1945〜55年)冷戦構造の形成 186
- [ ] 2 戦後国際関係史(2) 〜第2期(1955〜79年)雪解け 187
- [ ] 3 戦後国際関係史(3) 〜第3期(1979〜85年)新冷戦期 190
- [ ] 4 戦後国際関係史(4) 〜第4期(1985年以降)ポスト冷戦期 ... 190
- [ ] 5 戦後国際関係史(5) 〜テロ後の国際関係 193
- [ ] 6 軍縮の歴史〜まとめ 199
- [ ] 7 ソ連邦解体と東欧の民主化 202
- [ ] 8 地域紛争 204
- [ ] 9 日本の戦後外交 211

名人の授業シリーズ

清水の新政治攻略
政治のしくみと時事

2007年9月26日 初版発行
2008年4月26日 第2版発行

著　者	清水 雅博
発行者	永瀬 昭幸
編集担当	松尾 朋美、矢﨑 優子
発行所	株式会社ナガセ
	東京都武蔵野市吉祥寺南町1-29-2 〒180-0003
	出版事業部
	TEL 0422-70-7456／FAX 0422-70-7457

本文デザイン	有限会社 ピーチ アンド ダムズン
カバーデザイン	山口 勉
本文イラスト	米沢 昭代
カバーオブジェ	伊東 宣哉
巻末デザイン	パシフィック・ウィステリア有限会社
DTP・印刷・製本	株式会社 ジー・アンド・ピー

©Masahiro SHIMIZU 2007
Printed in Japan

ISBN978-4-89085-393-9 C7330

落丁・乱丁本は，着払いにて小社出版事業部宛にお送りください。新本にお取りかえ致します。
尚，チェックシートのお取りかえは，ご容赦ください。

多くの合格体験記に登場する

受講生大絶賛!!

著者 清水雅博 先生の授業を受けよう!!

─── センター試験対策講座 ───

- ●センター試験対策　政治経済
- ●センター試験対策　現代社会
  - ＊1学期・2学期通年講座＋夏期・冬期講習　全34回
  - ＊政治経済・現社ともに講座回数は同じ（夏期・冬期講習の内容は共通です）

─── センター〜私大・二次対策講座 ───

基礎から政治経済を学習

- ●政治経済①②（通年全42回の授業）　＊1学期＝政治分野／2学期＝経済分野
- ●政治経済演習（通年全22回）

分野別対策

- ●政治経済攻略　〜国際政治と国際経済〜　　　　（夏期全6回）
- ●政治経済攻略　〜憲法条文と政治〜　　　　　　（夏期全6回）
- ●政治経済攻略　〜経済理論と経済動向〜　　　　（夏期全6回）
- ●政治経済攻略　〜時事テーマ・予想問題〜　　　（冬期全6回）
- ●政治経済直前対策　　　　　　　　　　　　　　（直前全3回）

大学対策講座

- ●早大政治経済問題演習　　　　　　　　　　　　（全 6 回）
- ●上位私大政治経済問題演習　　　　　　　　　　（全 6 回）

＊授業1コマはすべて90分です（授業回数には確認テスト・講座修了判定テストを含みます）
＊講座名・授業回数は変更することがあります

東進ならSVLですぐに受講スタートできます!!

東進ハイスクール　📞0120-104-555（トーシン・ゴーゴーゴー）
東進衛星予備校　📞0120-104-531（トーシン・ゴーサイン）
東進ハイスクール在宅受講コース　📞0120-531-104（ゴーサイン・トーシン）

東進ブックス 公民・清水先生の本

政経問題集と併用すれば効果抜群!!

一目でわかる
政経ハンドブック 2007▶2009
清水雅博 著
Ａ５判／定価1,260円
（本体1,200円＋税）

**政経受験生大絶賛!!
時事対策の決定版!!**

政経問題集 2007▶2009
清水雅博 著
Ａ５判／定価1,100円
（本体1,048円＋税）

試験でねらわれる現代的テーマを完全予想!!

一目でわかる
現社ハンドブック 2007▶2009
清水雅博 著
Ｂ６変形判／定価1,260円
（本体1,200円＋税）

**受験生大絶賛!!
最新時事対応の改訂版!!**

名人の授業シリーズ
清水の㊟経済攻略
清水雅博 著
Ａ５判／定価1,000円
（本体952円＋税）

詳しくは… 東進WEB書店　http://www.toshin.com/books

東進ブックス

この本を読み終えた君にオススメの3冊！

荒巻の世界史の見取り図 文明の発祥 16世紀
豊富な地図や図版で「世界の歴史」を体感できる画期的参考書。「世界史学習」がガラっと変わること間違いなし‼

山岡の地理B教室 PART I
「地理は暗記科目ではない！」。知識ゼロの人でも必ず地理が好きになる。実力がつくこと間違いなしの新ベストセラー！

清水の新経済攻略 経済理論と時事 改訂版 現代社会対応
経済のメカニズムを押さえて得点力アップ！ 豊富なイラストと図表で経済理論がみるみるわかる‼

体験授業

この本を書いた講師の授業を受けてみませんか？

※1講座(90分×1回)を受講できます。
※お電話でご予約ください。
　連絡先は付録9ページをご覧ください。
※お友達同士でも受講できます。

東進では有名実力講師陣の授業を無料で体験できる『体験授業』を行っています。「わかる」授業、「完璧に」理解できるシステム、そして最後まで「頑張れる」雰囲気を実際に体験してください。

清水先生の主な担当講座　※2008年度
「センター試験対策 政治経済」など

東進の合格の秘訣が次ページに

合格の秘訣1 全国屈指の実力講師陣

ベストセラー著者の なんと7割が東進の講師陣!!

東進ハイスクール・東進衛星予備校では、そうそうたる講師陣が君を熱く指導する!

本気で実力をつけたいと思うなら、やはり根本から理解させてくれる一流講師の授業を受けることが大切です。東進の講師は、日本全国から選りすぐられた大学受験のプロフェッショナル。何万人もの受験生を志望校合格へ導いてきたエキスパート達です。

英語

今井 宏 先生 [英語]
大手予備校トップ歴任の超大物講師。君に驚きと満足、そして合格を与えてくれる

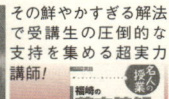

大岩 秀樹 先生 [英語] 
情熱と若さあふれる授業で、知らず知らずのうちに英語が得意教科に!

福崎 伍郎 先生 [英語] 
その鮮やかすぎる解法で受講生の圧倒的な支持を集める超実力講師!

宮崎 尊 先生 [英語] 
雑誌『TIME』の翻訳など、英語界でその名を馳せる有名実力講師!

安河内 哲也 先生 [英語] 
数えきれないほどの受験生の偏差値を改造、難関大へ送り込む!

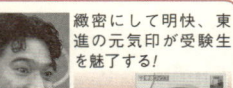

山中 博 先生 [英語] 
緻密にして明快、東進の元気印が受験生を魅了する!

数学

沖田 一希 先生 [数学] 
短期間で数学力を徹底的に養成。知識を統一・体系化する!

志田 晶 先生 [数学] 
河合塾の若き数学科トップ講師が、ついに東進に移籍

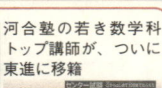

長岡 恭史 先生 [数学] 
受講者からは理IIIを含む東大や国立医学部など超難関大合格者が続出

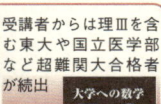

付録1

WEBで体験

東進ドットコムで授業を体験できます！
実力講師陣の詳しい紹介や、各教科の学習アドバイスも読めます。
www.toshin.com/teacher/

国語

板野 博行 先生 [現代文・古文]
「わかる」国語は君のやる気を生み出す特効薬

荻野 文子 先生 [古文]＜客員講師＞
「受験界のマドンナ」として絶大なる信頼を集める超有名実力講師！

河本 敏浩 先生 [現代文・小論文]
合格答案を知り尽くした「得点直結」の授業は必聴。

出口 汪 先生 [現代文]
ミスター驚異の現代文。数々のベストセラー著者としても超有名！ 

富井 健二 先生 [古文]
ビジュアル解説で古文を簡単明快に解き明かす実力講師 

樋口 裕一 先生 [小論文]＜客員講師＞
小論文指導の第一人者。著書「頭がいい人、悪い人の話し方」は230万部突破！

三羽 邦美 先生 [古文・漢文]
縦横無尽な知識に裏打ちされた立体的な授業に、グングン引き込まれる！

吉野 敬介 先生 [古文]
元代ゼミ講師の、あの超大物が東進に登場！ドラマチックで熱い講義を体験せよ 

理科

橋元 淳一郎 先生 [物理]
『物理をはじめからていねいに』は熱烈な支持

鎌田 真彰 先生 [化学]
駿台で最強と呼ばれる化学科を築いた"化学の鎌田"の名講義が東進でも大評判に！

田部 眞哉 先生 [生物]
全国の受験生が絶賛するその授業は、わかりやすさそのもの！

地歴公民

荒巻 豊志 先生 [世界史]
"受験世界史に荒巻あり"と言われる超実力人気講師

金谷 俊一郎 先生 [日本史]
入試頻出事項に的を絞った「表解板書」は圧倒的な信頼 

清水 雅博 先生 [公民]
著書の『政経ハンドブック』は政経受験生の8割が愛用！

付録 2

合格の秘訣 2 革新的学習システム

映像授業
完全個別カリキュラムを実現

一人ひとりの レベル・目標にぴったりの授業

東進はすべての授業を映像化しています。その数およそ1万種類。これらの授業を個別に受講できるので、一人ひとりのレベル・目標に合った学習が可能です。今までにない効率的な学習が実現します。

合格者の声
**東京大学 理科Ⅰ類
吉田 将人くん**

書画カメラなどの映像を駆使した斬新な学習スタイルで、授業の理解度が格段に上がりました。普通の授業ではやり直しはできませんが、映像授業なら可能です。難度の高い講座でも、先生がさりげなく言った一言まで拾うことができて、本当に助けられました。

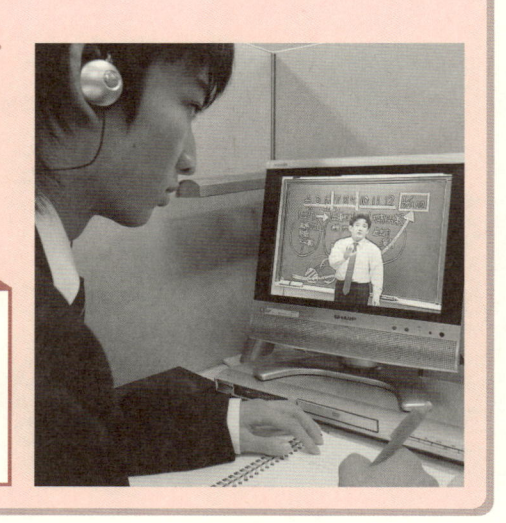

高速学習
部活との両立も先取りも自由自在！

1年分の授業を 最短2週間から3カ月で受講

従来の予備校は、毎週1回の授業。しかし、高速学習ならこれを毎日受講することができます。1年分の授業が最短2週間から3カ月程度で修了。先取り学習や苦手科目の克服、勉強と部活との両立が可能です。

合格者の声
**慶應義塾大学 法学部
鶴岡 マリアさん**

東進の高速学習は、自分のペースでどんどん授業を進めることができます。高3の夏休み中に通期・夏期講座の受講を終え、9月以降は大学対策講座や冬期講座を中心に受講。この時期に過去問を解いて力をつけたことが、合格の大きな要因だったと思います。

集中速習 × 1.5倍速受講

他の予備校 1週間に1回の授業
スタート／2日目／3日目／4日目／5日目／6日目／7日目／8日目

| 1回目 | 休み | 休み | 休み | 休み | 休み | 休み | 2回目 |

週に1回だと翌週までに忘れることも多い

8日目にやっと2回目の授業

東進の高速学習

| 1回目 | 2回目 | 3回目 | 4回目 | 5回目 | 6回目 | 7回目 | 8回目 |

8日目には8回目の授業

毎日授業を受けられるので理解も進み、定着度も高い

付録 3

個別説明会

全国の東進ハイスクール・東進衛星予備校の各校舎にて実施しています。
※連絡先は、付録9ページをご覧ください。

目標まで一歩ずつ確実に

スモールステップパーフェクトマスター

基礎から着実に難関レベルに到達できる

自分に合ったレベルから始め、確実に力を伸ばすことができます。「簡単すぎる」「難しすぎる」といった無駄がなく、志望校へ最短距離で進みます。理解してから先に進むので、わからない部分を残すことはありません。自分の学習成果を細かく確認しながら、着実に力をつけることができます。

受験の基礎を短期集中で学ぶ「高速マスター講座」
● センター英単語1500
● 英文法750 MY英文法
● まんが日本史200

毎回の授業後に行う「確認テスト」

合格者の声

東北大学 文学部
内川 勇佑くん

英語や古典の土台となる単語力を鍛える上で役立ったのが、高速マスター講座。市販の単語帳ではできない「フラッシュカード方式」での単語暗記は、効率が良かったです。自分の間違えた単語のみを表示できるので、最小限の労力と時間で暗記できました。

東進の担任が熱誠指導

合格指導コーチング

志望校合格のために君の力を最大限に引き出す

定期的な面談を通じた「熱誠指導」で、最適な学習方法をアドバイス。スケジュールを具体的に示し、君のやる気を引き出します。課題をともに考えて解決し、志望校合格までリードする存在、それが「担任」です。

合格者の声

早稲田大学 文学部
熊野 仁美さん

東進の担任の先生は、成績が伸び悩んでいるときに、いつも一緒に改善策を考えて示してくれました。また、試験直前で不安がいっぱいの私を励ましてくれたときには、本当に感動しました。どんなときも気にかけてくれる担任の先生は、とても心強い存在です。

合格の秘訣 3 東進ドットコム

ここでしか見られない受験と教育の情報が満載!
大学受験のポータルサイト www.toshin.com

モバイルでも東進ドットコム

東進ブックスのインターネット書店
東進WEB書店

ベストセラー参考書から夢ふくらむ人生の参考書まで

学習参考書から語学・一般書までベストセラー＆ロングセラーの書籍情報がもりだくさん！あなたの「学び」をバックアップするインターネット書店です。検索機能もグンと充実。さらに、一部書籍では立ち読みや試聴も可能。探し求める1冊に、きっと出会えます。

ケータイからもご覧いただけます

東進ドットコムは i-mode・EZweb・Yahoo!ケータイから簡単アクセス！

123大学以上の過去問を無料で閲覧
大学入試過去問データベース

13,096学科、55,882科目の過去問で志望校対策は万全！

東進ドットコムの「大学入試問題 過去問データベース」は、志望校の過去問をすばやく検索し、じっくり研究することが可能。123大学以上の過去問をダウンロードすることができます。センター試験の過去問も10年分以上掲載しています。登録は無料です。志望校対策の「最強の教材」である過去問をフル活用することができます。

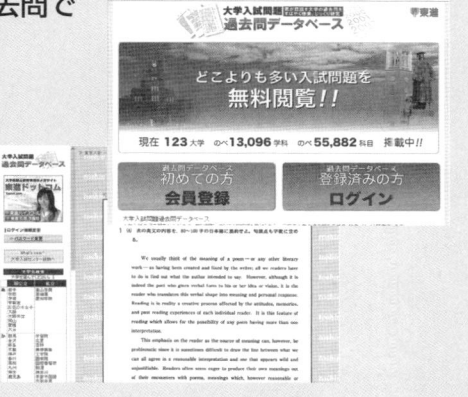

本当に行きたい大学が見つかる
(新)大学受験案内

本とWEBのフル活用で大学選びが変わる！

本当に行きたい大学が見つかる『(新)大学受験案内』がついに誕生！ 書籍を購入すると、WEBページでさらに詳しい情報が見られます。

※2008年度版

学校、地域ごとの天気がわかる
全国学校のお天気

毎日メール配信も可能!!

学校、地域ごとの3時間おきの天気がわかります。無料会員になれば、1時間おきの天気も閲覧できます。毎日の天気をメールでお知らせする天気メールも大好評！

付録 6

合格の秘訣4 東進模試

申込受付中
※連絡先は付録9ページをご覧ください。

志望校合格へ導く
学力のものさし

「自分の学力を知ること」が
受験勉強の第一歩!!

●絶対評価の連続模試
毎回同じ判定基準で、志望校と現在の学力を比較。
自分の成績の伸びが正確に把握できます。

●本番レベル模試
「合格まであと何点必要か」がわかる。
早期に本番レベルを知ることができます。

●成績表スピード返却
成績表を、最短で実施7日後に返却。
次の目標に向けた復習はバッチリです。

●合格指導解説授業
模試受験後に合格指導解説授業を実施。
重要ポイントが手に取るようにわかります。

東進模試 ラインアップ

模試名	対象	回数
センター試験本番レベル模試	受験生 / 高2生	年6回
センター試験高校生レベル模試	高2生 / 高1生	年4回
難関大本番レベル記述模試（センター試験本番レベル模試とのドッキング判定※）	受験生	年6回
東大本番レベル模試（センター試験本番レベル模試とのドッキング判定※）	受験生	年3回
京大本番レベル模試（センター試験本番レベル模試とのドッキング判定※）	受験生	年2回
高2トップレベル記述模試	高2生	年2回
高1トップレベル記述模試	高1生	年2回
中3トップレベル模試	中3生	年2回
大学合格力判定テスト	受験生 / 高2生 / 高1生	年5回

※最終回はセンター試験後の受験となりますので、
センター試験自己採点とのドッキング判定となります。

東進で勉強したいが、近くに校舎がない君は…

東進ハイスクール 在宅受講コースへ

「遠くて東進の校舎に通えない……」。そんな君も大丈夫! 在宅受講コースなら自宅のパソコンを使って勉強できます。ご希望の方には、在宅受講コースのパンフレットをお送りいたします。お電話にてご連絡ください。学習・進路相談も随時可能です。

2008年も難関大・有名大 ゾクゾク現役合格
●抜群の現役合格実績●

東進の合格実績には講習生や公開模試生※を含みません。（※公開模試生とは、東進の公開模試を受験した校外生） 2008年3月末締切分

東大 現役合格 432名　東進生占有率 21.5%

現役合格者 東大の5人に1人が東進生!!

昨年19.4％から2.1ポイント上昇
東進生現役占有率 21.5%

今年の東大合格者は現浪合わせて3,100名（うち、現役合格者は2,010名）。現役合格比率は、昨年の66.9％から64.8％と下がり、浪人生が頑張った年となりました。そんな中、東進の現役合格者は、29名増の432名。東大現役合格者における東進生の占有率は、昨年の19.4％から21.5％に躍進。東大現役合格者の約5人に1人が東進生です。

理Ⅰ…167名	文Ⅰ…93名
理Ⅱ…51名	文Ⅱ…52名
理Ⅲ…18名	文Ⅲ…51名

現役合格者 東大理Ⅲの3人に1人が東進生!!

東大理Ⅲ 18名
東進生現役占有率 32.7%

今年の東大理Ⅲ合格者は現浪合わせて90名。そのうちの61.1％（55名）が現役合格者です。東進の東大理Ⅲ現役合格者は18名。東大理Ⅲ現役合格者における東進生の占有率は32.7％となり、現役合格者の約3人に1人は東進生でした。

旧七帝大 +東工大 +一橋大 1,643名

- 東京大 …… 432名
- 京都大 …… 173名
- 北海道大 …… 119名
- 東北大 …… 116名
- 名古屋大 …… 214名
- 大阪大 …… 244名
- 九州大 …… 205名
- 東京工業大 …… 82名
- 一橋大 …… 58名

医学部医学科 413名

東京大(理Ⅲ)…18名	新潟大…4名	島根大…5名
京都大…8名	金沢大…8名	愛媛大…6名
大阪大…6名	福井大…2名	佐賀大…12名
北海道大…3名	山梨大…9名	長崎大…3名
東北大…3名	浜松医科大…14名	熊本大…2名
名古屋大…6名	三重大…18名	大分大…3名
九州大…10名	神戸大…4名	宮崎大…7名
東京医科歯科大…6名	岡山大…1名	慶應義塾大…13名
筑波大…4名	広島大…2名	自治医科大…6名
群馬大…8名	山口大…9名	産業医科大…2名
千葉大…2名	鳥取大…2名	その他の医学部医学科207名

早慶 2,832名

- 早稲田大 …… 1,857名

6.2人に1人が東進生!!
東進生現役占有率 16.2%

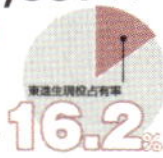

東進生の早大現役合格者は1,857名。うち、一般入試合格者は1,333名。今年の早大の一般入試現役合格者数は未発表のため、あくまで2007年の一般入試現役合格者数8,220名を分母とした推定ですが、東進生の占有率は16.2％。約6.2人に1人が東進生となっています。

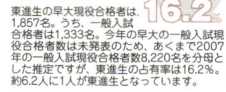

- 慶應義塾大 …… 975名

6.3人に1人が東進生!!
東進生現役占有率 15.8%

東進生の慶大現役合格者は975名。うち、一般入試合格者数は未発表のため、あくまで2007年の一般入試現役合格者数5,409名を分母とした推定ですが、東進生の占有率は15.8％。約6.3人に1人が東進生となっています。

上理明青立法中 8,429名

- 上智大 …… 480名
- 東京理科大 …… 1,259名
- 明治大 …… 1,924名
- 青山学院大 …… 987名
- 立教大 …… 1,062名
- 法政大 …… 1,429名
- 中央大 …… 1,288名

関関同立 5,920名

- 関西学院大 …… 1,173名
- 関西大 …… 1,403名
- 同志社大 …… 1,101名
- 立命館大 …… 2,243名

全国主要国公立大

北海道教育大…53名	横浜国立大…183名	奈良女子大…32名
弘前大…69名	横浜市立大…139名	和歌山大…47名
岩手大…33名	新潟大…154名	鳥取大…58名
宮城大…17名	富山大…115名	島根大…58名
秋田大…29名	金沢大…150名	岡山大…151名
山形大…76名	福井大…68名	広島大…195名
福島大…46名	山梨大…58名	山口大…163名
筑波大…182名	信州大…136名	徳島大…73名
茨城大…110名	岐阜大…108名	香川大…65名
宇都宮大…43名	静岡大…224名	愛媛大…165名
群馬大…50名	静岡県立大…56名	高知大…50名
埼玉大…120名	愛知教育大…93名	北九州市立大…97名
埼玉県立大…31名	名古屋工業大…115名	佐賀大…82名
千葉大…209名	名古屋市立大…88名	長崎大…116名
東京外国語大…76名	三重大…223名	熊本大…99名
首都大東京…161名	滋賀大…53名	大分大…41名
お茶の水女子大…35名	京都教育大…19名	宮崎大…55名
電気通信大…53名	大阪府立大…133名	鹿児島大…64名
東京学芸大…94名	大阪市立大…124名	琉球大…72名
東京農工大…63名	大阪教育大…90名	
東京医科歯科大…16名	神戸大…199名	

※各大学の合格実績は、東進ハイスクールと東進衛星予備校の現役生のみの合同実績であり、高卒生は含まれておりません。

付録 8

東進へのお問い合わせ・資料請求は
東進ドットコム www.toshin.com か下記のフリーダイヤルへ！

ハッキリ言って合格実績が自慢です!! 大学受験なら、

東進ハイスクール　0120-104-555（トーシン ゴーゴーゴー）

●東京都
[中央地区]
- 市ヶ谷校　0120-104-205
- 九段下校　0120-457-104
- 高田馬場校　0120-104-770

[城北地区]
- ★赤羽校　0120-104-293
- 本郷三丁目校　0120-104-068
- 茗荷谷校　0120-738-104

[城東地区]
- 綾瀬校　0120-104-762
- 金町校　0120-452-104
- 北千住校　0120-693-104
- ★錦糸町校　0120-104-249
- 西新井校　0120-266-104
- 西葛西校　0120-289-104
- 門前仲町校　0120-104-016

[城西地区]
- 大泉学園校　0120-104-862
- 荻窪校　0120-687-104
- 高円寺校　0120-104-627
- 石神井校　0120-104-159
- 巣鴨校　0120-104-780
- 成増校　0120-028-104
- 光が丘校　0120-382-104

[城南地区]
- 大井町校　0120-575-104

- 蒲田校　0120-265-104
- 五反田校　0120-672-104
- 三軒茶屋校　0120-104-739
- 渋谷駅新南口校　0120-389-104
- 下北沢校　0120-104-672
- 都立大学駅前校　0120-275-104

[東京都下]
- 吉祥寺校　0120-104-775
- 国分寺校　0120-622-104
- 聖蹟桜ヶ丘校　0120-104-069
- 調布校　0120-104-305
- 八王子校　0120-896-104
- 東久留米校　0120-565-104
- 府中校　0120-104-676
- 町田校　0120-104-507
- 武蔵小金井校　0120-480-104
- 武蔵境校　0120-104-769

●神奈川県
- 青葉台校　0120-104-947
- 厚木校　0120-104-716
- 川崎校　0120-226-104
- ★湘南台東口校　0120-104-706
- ★新百合ヶ丘校　0120-104-182
- ★たまプラーザ校　0120-104-445
- 鶴見校　0120-876-104
- 平塚校　0120-104-742
- 藤沢校　0120-104-549

- 向ヶ丘遊園校　0120-104-757
- 武蔵小杉校　0120-165-104
- 横浜校　0120-104-473

●埼玉県
- 浦和校　0120-104-561
- 大宮校　0120-104-858
- 春日部校　0120-104-508
- 上福岡校　0120-104-202
- 川越校　0120-104-538
- 小手指校　0120-104-759
- 新所沢校　0120-104-373
- ★せんげん台校　0120-104-388
- 所沢校　0120-104-594
- 南浦和校　0120-104-573
- 与野校　0120-104-755

●千葉県
- 我孫子校　0120-104-253
- 稲毛海岸校　0120-104-575
- 海浜幕張校　0120-104-926
- 柏校　0120-104-353
- 北習志野校　0120-344-104
- 行徳校　0120-104-911
- 新浦安校　0120-556-104
- 新松戸校　0120-104-354
- 千葉校　0120-104-564
- 津田沼校　0120-104-724

- 土気校　0120-104-584
- ★成田駅前校　0120-104-346
- 船橋校　0120-104-514
- 松戸校　0120-104-257
- 南柏校　0120-104-439
- 八千代台校　0120-104-863

●茨城県
- 荒川沖校　0120-104-264
- つくば校　0120-403-104
- ★土浦校　0120-059-104
- 取手校　0120-104-328

●静岡県
- 静岡校　0120-104-585

●長野県
- 長野校　0120-104-586

●奈良県
- JR奈良駅前校　0120-104-746
- 奈良校　0120-104-597

（2008年3月現在）
★は2007年度開校の校舎です。

新校舎開校情報
最新の情報は東進ドットコム（www.toshin.com）でご案内！

全国800校、10万人の高校生が通う、

東進衛星予備校　0120-104-531（トーシン ゴーサイン）

東進ドットコムからお近くの校舎が検索できます。

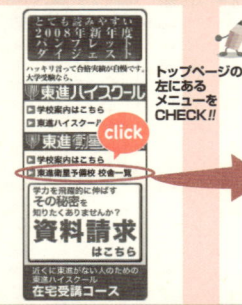

近くに東進の校舎がない高校生のための

東進ハイスクール 在宅受講コース　0120-531-104（ゴーサイン トーシン）

付録 9

世界の地域紛争マップ

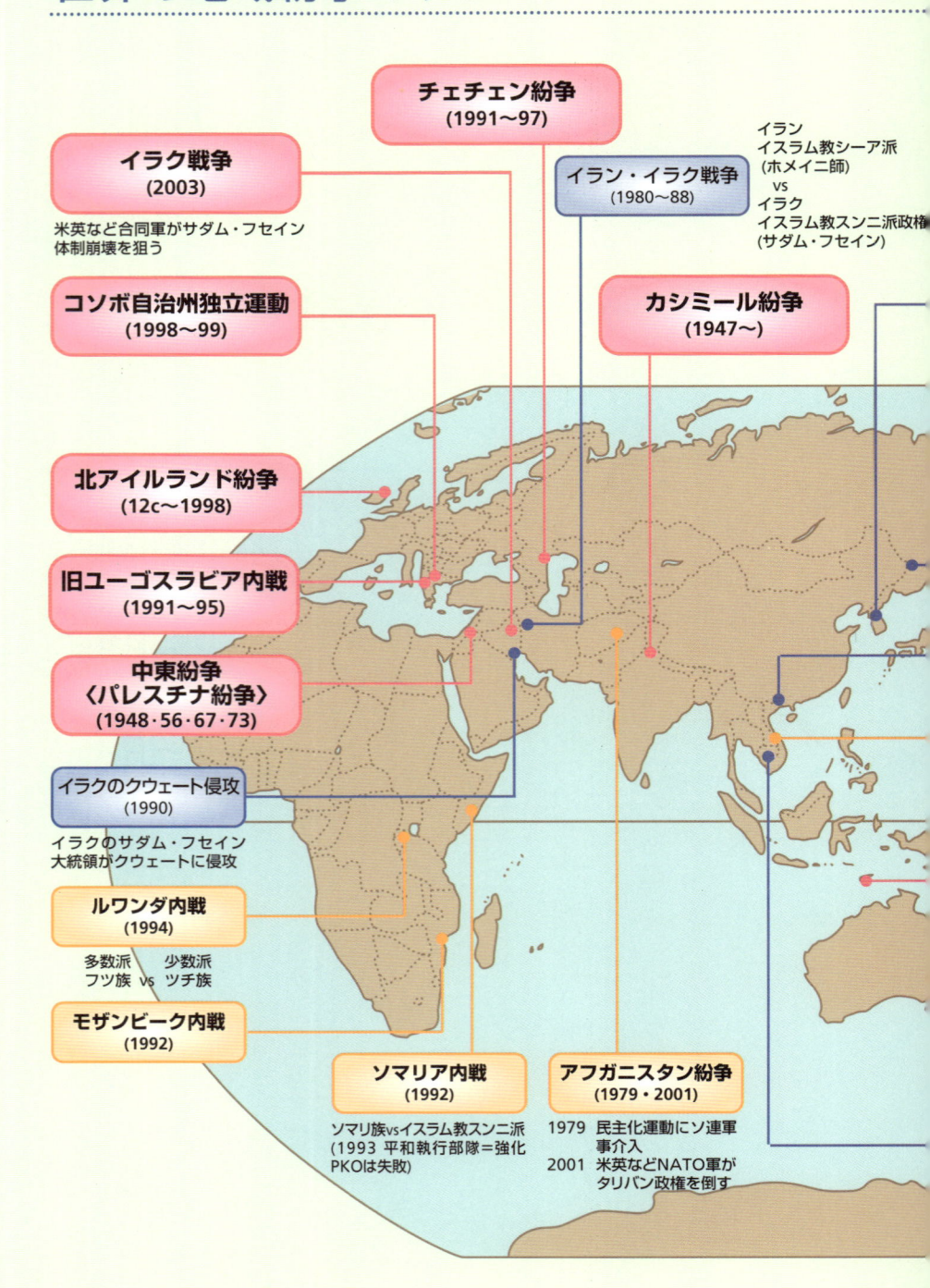

チェチェン紛争
(1991～97)

イラク戦争
(2003)
米英など合同軍がサダム・フセイン体制崩壊を狙う

イラン・イラク戦争
(1980～88)

イラン
イスラム教シーア派
(ホメイニ師)
vs
イラク
イスラム教スンニ派政権
(サダム・フセイン)

コソボ自治州独立運動
(1998～99)

カシミール紛争
(1947～)

北アイルランド紛争
(12c～1998)

旧ユーゴスラビア内戦
(1991～95)

中東紛争
〈パレスチナ紛争〉
(1948・56・67・73)

イラクのクウェート侵攻
(1990)
イラクのサダム・フセイン大統領がクウェートに侵攻

ルワンダ内戦
(1994)

多数派　　少数派
フツ族　vs　ツチ族

モザンビーク内戦
(1992)

ソマリア内戦
(1992)
ソマリ族vsイスラム教スンニ派
(1993 平和執行部隊＝強化
PKOは失敗)

アフガニスタン紛争
(1979・2001)
1979　民主化運動にソ連軍事介入
2001　米英などNATO軍がタリバン政権を倒す